凯里学院"十四五"学科专业平台团队一体化建设规划科研项目（项目编号：YTH-XM2024007）

新时代"三农"问题研究书系

乡村旅游网络关注度时空差异分析：理论与实践

刘 洋○著

西南财经大学出版社
Southwestern University of Finance & Economics Press
中国·成都

图书在版编目(CIP)数据

乡村旅游网络关注度时空差异分析:理论与实践/
刘洋著.--成都:西南财经大学出版社,2025.5.
ISBN 978-7-5504-6676-0

Ⅰ.F592.3

中国国家版本馆 CIP 数据核字第 2025RE7291 号

乡村旅游网络关注度时空差异分析:理论与实践
Xiangcun LüYou Wangluo Guanzhudu Shikong Chayi Fenxi:Lilun Yu Shijian
刘　洋　著

策划编辑:金欣蕾
责任编辑:金欣蕾
责任校对:冯　雪
封面设计:何东琳设计工作室
责任印制:朱曼丽

出版发行	西南财经大学出版社(四川省成都市光华村街55号)
网　　址	http://cbs.swufe.edu.cn
电子邮件	bookcj@swufe.edu.cn
邮政编码	610074
电　　话	028-87353785
照　　排	四川胜翔数码印务设计有限公司
印　　刷	四川煤田地质制图印务有限责任公司
成品尺寸	170 mm×240 mm
印　　张	20.25
字　　数	351 千字
版　　次	2025 年 5 月第 1 版
印　　次	2025 年 5 月第 1 次印刷
书　　号	ISBN 978-7-5504-6676-0
定　　价	98.00 元

前言

  乡村旅游是推进乡村全面振兴的重要抓手和路径，大力发展乡村旅游对于加强乡村基础设施建设，促进乡村第一、二、三产业深度融合，以及培育乡村特色产业有着至关重要的作用。为大力推进乡村全面振兴，2023 年中央一号文件《中共中央 国务院关于做好 2023 年全面推进乡村振兴重点工作的意见》、2024 年中央一号文件《中共中央 国务院关于学习运用"千村示范、万村整治"工程经验有力有效推进乡村全面振兴的意见》、2025 年中央一号文件《中共中央 国务院关于进一步深化农村改革 扎实推进乡村全面振兴的意见》均对乡村旅游发展作出重要指示。

  随着数字时代的到来，网络平台已逐渐成为越来越多游客获取旅游信息并做出旅游决策的主要途径。公众对乡村旅游的网络关注成为衡量乡村旅游当前市场基础及未来发展空间的重要标准。高网络关注度可以在短时间内迅速提高乡村旅游目的地的曝光率，提升其线上热度并转化为线下客流，推进乡村旅游经济快速增长，助力乡村振兴。然而，笔者梳理国内外相关文献发现，关于乡村旅游网络关注度的研究虽已有一定的成果，但从数据来源看，多以单一的百度指数为主，基于多维网络平台指标数据构建综合性评价体系的研究较少；从研究区域与对象看，多聚焦于微观或中观视角，以某地区、省（自治区、直辖市）、市等不同层面的单个或多个乡村旅游景区或示范点为例进行实证研究，从宏观视角进行的研究及针对民族村寨型景区的研究相对较少；从研究时间维度看，多以一年或三年等短期观测为主，缺乏对中长期时序的动态演变分析。鉴于此，本书综合选取搜索引擎指数、短视频应用程序（App）指数和资讯类应用程序（App）指数构建网络关注度评价指标体系，从宏观视角分析中国 31 个省（自治区、直辖市）^① 对乡村旅游的网络关注，并选取贵州西江千户苗寨为案例，探析 2019—2023 年国内市场对乡村旅游及民族村寨型景区如西江千户苗寨的网络关注的时空演变规律及影响因素，以期在理论层面上丰富乡村旅游网络关注度的研究框架，在实践指导上为中国乡村旅游产业及民族村寨型景区的高质量发展、乡村振兴的全面推进提供一定的参考。

最后，由于笔者水平有限，书中难免存在一些不足之处，恳请广大读者批评指正。

刘洋
2025 年 2 月

---

① 不含港、澳、台地区。本书中提及的"全国"，若无特殊说明，均指 31 个省（自治区、直辖市）。

目录

第一章 绪论

第一节 研究背景与意义

一、研究背景

（一）乡村振兴战略的实施

党的十九大报告首次提出实施乡村振兴战略。《国家乡村振兴战略规划（2018—2022年）》《中共中央 国务院关于实现巩固拓展脱贫攻坚成果同乡村振兴有效衔接的意见》等文件对乡村振兴的具体工作进行了部署。2022年中央一号文件指出"必须着眼国家重大战略需要，稳住农业基本盘、做好'三农'工作，接续全面推进乡村振兴"。同年，党的二十大报告明确提出"全面建设社会主义现代化国家，最艰巨最繁重的任务仍然在农村"。2023年中央一号文件指出"举全党全社会之力全面推进乡村振兴"。2024年中央一号文件指出"实施乡村文旅深度融合工程，推进乡村旅游集聚区（村）建设"。由此可见，一方面，一系列相关文件与规划为乡村振兴的推进提供了强有力的政策保障；另一方面，党中央和国务院将乡村旅游纳入乡村振兴战略总体布局，乡村旅游成为推动进乡村振兴的重要抓手。

（二）数字乡村建设的推进

随着我国信息化进程的加速推进，数字乡村建设逐渐成为乡村振兴的重要一环。中共中央办公厅、国务院办公厅印发的《数字乡村发展战略纲要》指出，"因地制宜发展数字农业、智慧旅游业、智慧产业园区，促进农业农村信息社会化服务体系建设"。《数字乡村发展行动计划（2022—

2025 年)》明确提出"数字乡村是乡村振兴的战略方向""加快推进数字乡村建设，充分发挥信息化对乡村振兴的驱动引领作用"。《2024 年数字乡村发展工作要点》指出："实施乡村文旅深度融合工程，依托互联网推进休闲农业、生态旅游、森林康养等新业态发展，更好促进供需对接、激活乡游消费。继续引导在线旅游平台企业将产品和服务向乡村下沉，加强对全国乡村旅游重点村镇、乡村旅游精品路线的宣传推介。持续开展乡村旅游数字提升行动、'游购乡村'系列活动，推广乡村旅游新产品、新场景、新体验。"因此，加快推进数字乡村建设，充分发挥信息化对乡村振兴的驱动引领作用，推进乡村旅游智慧化发展已成为必然趋势。数字乡村建设通过构建高效的信息网络体系，提升信息获取效率、丰富旅游产品、实现精准营销等，从而增强乡村旅游的吸引力和竞争力，提升乡村旅游的网络关注度。

（三）新质生产力的发展

发展新质生产力是推动高质量发展的内在要求和重要着力点。2023 年 9 月，习近平总书记考察黑龙江时第一次提出了新质生产力的概念。2024 年 3 月，李强总理在第十四届全国人民代表大会第二次会议上作《政府工作报告》，其中提到"大力推进现代化产业体系建设，加快发展新质生产力。充分发挥创新主导作用，以科技创新推动产业创新，加快推进新型工业化，提高全要素生产率，不断塑造发展新动能新优势，促进社会生产力实现新的跃升"。新质生产力是当今社会经济发展的关键驱动力之一。新质生产力强调科技创新与产业创新的深度融合，为乡村旅游产业带来了全新的发展机遇。新质生产力的发展有利于推进乡村旅游产品创新、服务创新、市场拓展和品牌建设等，为乡村旅游的发展提供了新的发展思路和方向。而流量是新质生产力的重要载体，关注度是流量最重要的特征[1]。由于网络关注度可以在短时间内迅速提高乡村旅游目的地的曝光率，提升其线上热度，并将流量转化为线下客流，因此可以成为发展乡村旅游新质生产力的切入点和着力点。

（四）城市化进程加速

随着我国经济、社会的不断发展，城市化进程加速明显，城镇化水平不断提高。国家统计局发布的数据显示，截至 2023 年年底，我国常住人口城镇化率达到 66.16%，超过 9.3 亿人生活在城镇。随着城镇化进程的加速，人们的生活状态与心理需求也在悄然改变。在快节奏的都市生活中，人们面临日益增大的工作压力和快节奏的生活方式，愈发向往慢生活，渴望逃离喧嚣的都市，寻找一处能够休闲放松、亲近自然的净土，渴望在自然的怀抱中找寻内心的平静。乡村旅游以其独特的自然风光、宁静的田园生活、丰富的民俗文化和淳朴的民风民情，成为都市人寻求心灵慰藉的理想选择，因此，乡村旅游市场需求显著增加。《中国乡村旅游发展白皮书2024》指出，2023 年中国乡村旅游业产值超 9 000 亿元，农民人均旅游产值达 1 903 元，发展乡村旅游成为实现农民增收的有力抓手。2024 年乡村旅游发展势头更为强劲，2024 年一季度，农村地区接待游客近 8 亿人次，创同期历史新高；乡村旅游经营主体数量同比增长 18%，继续保持高速增长态势。此外，乡村旅游游客群体逐渐从 80 后、90 后拓展到 00 后，乡村旅行游客来源半径持续扩大，游客平均停留时长持续增加。由此可见，乡村旅游市场潜力较大，发展态势良好，而且已成为增强乡村发展活力、增加农民收入，助力乡村全面振兴的重要产业。

二、研究意义

本书从网络关注度切入研究乡村旅游网络关注度的时空演变规律及其影响因素，并据此提出乡村旅游发展建议，无疑具有重要的现实意义：其一，有利于掌握乡村旅游潜在市场需求的时间和空间分布特征，解构游客出游意向，科学预测旅游流动向，掌握游客需求动态、特征及变化规律，提高乡村旅游供给与需求的匹配效率及准确性，从而进一步有针对性地提供乡村旅游产品，开展精准营销，合理优化资源配置；其二，有利于按照影响因素的重要程度高效提升潜在游客对乡村旅游的网络关注度，提高乡村旅游热度，增强其市场吸引力、竞争力；其三，有利于了解自身网络推介效应与市场影响力，明晰发展活力与潜力，明确未来发展方向与路径，为我国乡村旅游产业的总体布局、新质生产力的提升及高质量发展提供一定的参考，并进一步促进乡村旅游经济增长，推进乡村振兴。

此外，本书在理论研究上同样具有重要的意义：其一，丰富有关乡村旅游及网络关注度的研究，完善乡村网络关注度时空分析的理论体系及实例研究，拓展信息地理学在旅游学中的应用。其二，拓展乡村旅游网络关注度研究数据来源。目前，有关乡村旅游网络关注度的研究所研究的对象多为在线评论、照片及单一百度指数，对其他来源的数据利用不足，因此本书综合选取搜索引擎指数、短视频 App 指数、资讯类 App 指数构建乡村旅游网络关注度评价指标体系。其三，有利于为我国乡村旅游产业发展提供理论指导。

第二节　国内外研究综述

一、乡村旅游研究综述

（一）国外研究综述

国外关于乡村旅游的研究最早可追溯到 20 世纪 60 年代。随着乡村旅游的发展，国外关于乡村旅游的研究成果不断丰富，研究的关注点主要集中在乡村旅游内涵、乡村旅游所产生的影响、游客行为，以及乡村旅游可持续发展等方面。

有关乡村旅游的内涵研究，主要聚焦于对乡村旅游概念及经营主体的界定。关于乡村旅游的概念界定，Bramwell 等将乡村旅游界定为发生在农村地区的旅游活动，且旅游活动的形式多种多样，并且这些活动与当地居民的生产生活有关[2]。Vikneswaran 等认为，乡村旅游是为游客提供乡村文化、自然风光等乡村特有元素，同时也为乡村地区带来经济增长、环境改善等积极影响的旅游活动[3]。关于乡村旅游的经营主体，Pearce 认为，乡村旅游的经营主体是农场所有者与旅游企业[4]。

有关乡村旅游所产生的影响的研究主要从乡村旅游对旅游地的经济、社会文化及环境等方面产生的影响展开。如 Pearce 认为，发展乡村旅游能够增加农村收入、实现产业经营多元化，同时是改变农村单一的经济结构的主要方式和路径[4]。Farsani 等认为，地质公园可以为乡村地区创造新的就业机会、提高居民收入并带动相关产业发展[5]。Fatimah 探讨了博罗布杜尔地区乡村旅游活动对文化景观可持续性的影响[6]。Li 等认为，乡村旅游的发展为当地居民带来更多就业机会，提升居民幸福感，并促进当地经济发展[7]。

有关游客行为的研究的视角大多将游客看作价值的消费者，研究集中在游客动机与行为、体验、满意度及忠诚度等方面。如 Park 等通过对韩国游客的乡村旅游动机进行研究后发现，韩国乡村旅游者的旅游动机主要包括寻求家庭团聚、通过旅游放松身心、追求学习成长[8]。Clifford 等对澳大利亚 50 岁以上的老年人进行调查后发现，老年人乡村旅游的动机主要是放松身心、体验新奇和冒险[9]。Campón-Cerro 等通过对 464 名乡村旅游游客进行调查发现，目的地形象、质量和属性满意度影响游客忠诚度[10]。

有关乡村旅游可持续发展的研究更多聚焦于乡村旅游可持续发展的对策与路径。如 Wilson 等对美国伊利诺伊州乡村旅游可持续发展进行案例研究并提出发展建议[11]。Gossling 等对瑞典乡村旅游发展案例进行分析后提出可以通过成立乡村旅游协会推进乡村旅游可持续发展[12]。Briedenhann 等认为可以从景点建设、路线规划、社区参与及公共支持等方面促进乡村旅游可持续发展[13]。此外，Wanner 等[14]和 Chan[15]通过研究认为利益相关者的参与、合作与增权对乡村旅游可持续发展至关重要。

（二）国内研究综述

20 世纪 90 年代以来，我国乡村旅游产业在市场需求与政策导向的双重驱动下，呈现出显著的增长态势。关于乡村旅游领域的研究也取得了一系列有价值的成果。纵观相关文献发现，我国乡村旅游的研究大致可以划分为三个阶段[16]：萌芽阶段（1992—2005 年）、初步发展阶段（2006—2015 年）、快速发展阶段（2016 年至今）。

萌芽阶段的相关研究以对乡村旅游的概念性探索为起点，杨旭较早使用了"乡村旅游"一词，并对其概念进行界定，认为乡村旅游就是以由农业生物资源、农业经济资源、乡村社会资源构成的立体景观为对象的旅游活动[17]。熊凯将"意象"的概念引入乡村旅游，并认为乡村旅游的开发应以其意向内涵为基础[18]。何景明、李立华通过对乡村旅游概念的比较和分析，提出"乡村性"是界定乡村旅游的最重要标志；并重新界定乡村旅游的概念，认为乡村旅游是指在乡村地区以具有乡村性的自然和人文客体为旅游吸引物的旅游活动[19]。

初步发展阶段以 2006 年为重要转折点。原国家旅游局将 2006 年全国旅游主题确定为"中国乡村游"，乡村旅游在全国范围内迅速发展，学术界掀起一轮研究热潮，且将研究范围逐步拓展到乡村旅游发展模式[20-22]、驱动机制[23-24]、利益相关者[25-27]、社区参与[28]、游客行为[29-31]、影响因素[32-33]、发展问题及对策研究[34-36]等方面。如刘孝蓉、胡明扬通过对传统农业与乡村旅游融合互动的基础、动力、效益的分析，提出了五种传统农业与乡村旅游融合的互动发展模式[37]。张树民等在概述旅游系统理论、乡村旅游系统及其驱动因素的基础上，归纳了我国乡村旅游发展模式的类型与特点，并选取北京昌平康陵村等作为典型案例进行研究[38]。

在快速发展阶段，随着我国"三农"政策的倾斜和关注，以及精准扶贫、乡村振兴战略的进一步实施和推进，乡村旅游发展迅速，相关研究成果更加丰富和深入，且与发展实践紧密相连，关注点多集中在乡村旅游扶贫模式及路径[39-42]、乡村旅游与乡村振兴的耦合协调发展[43-44]、共同富裕目标下的旅游规划与开发[45-47]、产业融合[48-49]，以及高质量发展背景下的对策研究[50-52]等方面。近年来，随着云计算、互联网、大数据等数字技术的快速发展与广泛应用，部分学者开始利用网络数据对乡村旅游形象感知[53-54]、满意度[55-56]等进行研究，并积极探索借助数字技术赋能乡村旅游转型升级[57-58]。

综上所述，国内外关于乡村旅游的研究开始时间不同，侧重点也有所不同。国外对乡村旅游的研究相对较早，研究内容主要集中在乡村旅游的内涵、乡村旅游所产生的影响、游客行为，以及乡村旅游可持续发展等方面。国内随着乡村旅游的持续推进和发展，目前已取得较为丰富的研究成果。从研究内容来看主要聚焦于乡村旅游的发展机制、游客行为、利益相关者、产业融合、高质量发展、数字化转型等，与政策和时代背景密切相关。从研究方法来看，国内有关研究多为基于具体案例以论述方式展开的定性研究，定量研究成果相对较少。从研究范围来看，国内有关研究多以特定省份或区域为切入点开展个案研究，宏观层次的研究成果相对较少。此外，在数据获取上，国内有关研究仍以官方发布及问卷调查结果为主要来源，对网络数据的利用不足。

二、旅游网络关注度研究综述

（一）国外研究综述

关于旅游网络关注度的研究，国外学者主要基于谷歌趋势（Google Trends）、推特（Twitter）等的数据研究网络关注度的时空特征及影响因素、网络关注度与旅游营销的关系，以及对旅游需求或客流量的预测等方面。

在网络关注度的时空特征及影响因素研究方面，Kathryn研究了新西兰怀托摩洞穴群的空间演化规律及其影响因素[59]。Spillane等借助网络搜索引擎数据对爱琴海内海岛景区的空间分布规律进行分析[60]。Ballatore等以阿姆斯特丹都会区为研究对象，分析其网络关注度的时间变化趋势和空间分布特征，并据此提出该地区的旅游规划建议[61]。Jordan等深入分析了各地区的文化差异对潜在消费者互联网搜索行为的影响程度[62]。Smith等通过对在线平台提供的旅游路线分析发现，旅游保护区内的地形、交通便利程度以及其与城市之间的距离等对其网络关注度有显著影响[63]。

在网络关注度与旅游营销的关系研究方面，Xiang 等通过研究发现，在规划旅行前，游客往往倾向于通过网络平台搜寻目标旅游地的相关信息，因此旅游目的地的管理者可以充分利用游客的在线搜索数据精准分析市场需求与趋势并制定相应的营销策略[64]。Pan 提出，可以结合相关旅游要素信息在搜索引擎上的排名制订创新性的营销方案[65]。Park 等基于推特数据对用户群体的推文进行分析并据此提出邮轮旅游的营销策略[66]。但 Sotiriadis 等通过研究发现，推特这种社交媒体并不是万能的，它只是旅游服务整合、营销与传播的方式之一[67]。

在对旅游需求及客流量的预测方面，Pan 对谷歌搜索数据进行研究发现，可以通过网络点击率准确预测旅游目的地的实际客流量[65]。Önder 通过对维也纳、巴塞罗那、奥地利、比利时的谷歌访问量的对比发现，网络预测旅游量与实际旅游需求基本相符[68]。Havranek 等借助迈达斯（MIDAS）模型研究发现，谷歌趋势数据能够有效预测布拉格旅游目的地的每月游客数量以及过夜游客人数[69]。Murphy 等通过对谷歌趋势数据的分析发现，旅游目的地的网络关注度与同期游客量及游客需求之间存在着较为明显的正相关关系[70]。

（二）国内研究综述

随着互联网技术的快速发展和普及，我国网民规模持续扩大，利用互联网搜索相关旅游信息，在线完成票务、酒店等的预订已成为常态。在旅游活动中，游客利用各类在线旅游平台、搜索引擎获取相关信息的同时，产生了海量的网络搜索足迹。这些网络搜索信息在一定程度上反映了游客的潜在需求特征及行为意向，对其进行分析有利于快速、有效掌握旅游市场需求及规律，并进一步指导旅游产品设计与开发、旅游市场锁定与精准营销等。因此，越来越多的学者基于搜索引擎指数、在线旅游代理商（OTA）平台数据、社交网络指数等开展了对旅游网络关注度的研究且形成了较为丰富的成果。笔者通过梳理相关文献发现，目前研究的方向主要集中在：其一，对旅游景区、旅游城市等目的地以及特定旅游业态网络关注度的时空特征及影响因素的研究；其二，对网络关注度与客流量的关系研究；其三，基于网络关注度的需求分析及营销策略探讨；其四，对旅游现象的网络关注度研究。

对旅游景区、旅游城市等目的地以及特定旅游业态网络关注度的时空特征及影响因素的研究，主要着力于探讨旅游网络关注度的时空差异性及其背后的成因。如孙晓蓓等对百度指数收录的我国 64 个 A 级旅游洞穴景区网络关注度的分布特征进行研究，发现中国 A 级旅游洞穴景区网络关注度在空间分布格局上整体呈东北—西南走向并形成了 3 个高关注度带、2 个高值关注中心[71]。楚纯洁等[72]、赵芮等[73]分别以山岳型和沙漠型景区为例对其时空分布格局及影响因素进行分析。丁鑫等[74]、舒小林等[75]分别对热门旅游目的地厦门、贵州的网络关注度的时空差异及影响因素展开深入研究。王钦安等[76]、高楠等[77]、陈昆仑等[78]、殷紫燕和黄安民[79]等分别对红色旅游、研学旅游、露营旅游及虚拟旅游的网络关注度的时空特征及影响因素进行分析。总的来说，时空差异性是旅游网络关注度的一个重要特征，而其成因及影响因素涉及多种经济社会因素。

在网络关注度与客流量的关系研究方面，李山等通过研究发现，网络关注度与景区的实际客流量之间存在前兆效应[80]。汪秋菊等结合杭州市 38 个 3A 级以上景点（区）旅游客流量与网络关注度数据，对城市旅游客流量与网络关注度空间分布特征及两者的耦合关系进行分析，发现景点旅游客流量与网络关注度密度具有明显的呼应关系[81]。郑玉莲等基于芜湖方特的个人计算机（PC）端和移动端逐日网络搜索数据，分析了芜湖方特不同客户端百度指数的网络关注度分布特征，探索了网络关注度与实际客流量之间的关系[82]。刘玉芳等以百度指数平台为数据来源，通过研究发现贵州客流量与旅游网络关注度两者之间存在强相关性[83]。

在基于网络关注度的需求分析及营销策略探讨方面，蔡卫民等先根据百度指数获取韶山的网络关注度数据，并用波士顿矩阵分析法构建了网络关注热度矩阵；而后分析了位于四大象限内各省（自治区、直辖市）关注热度的时空特征，并据此针对各类型区域特征提出相应的韶山红色旅游品牌推广策略[84]。黄文胜对广西旅游网络关注度数据进行分析得出各省份对广西旅游的网络关注率差异显著，并据此进一步分析了网络关注率矩阵，最后针对各类市场制定了差异性的广西旅游营销策略[85]。

在旅游现象的网络关注度研究方面，有关研究主要聚焦于大型旅游危机事件的网络关注度特征及影响的理论和实证研究。如马丽君、张家凤依托百度指数收集网络关注度数据，从宏观理论视角分析了旅游危机事件网络舆情传播的时空演化特征及其形成机理[86]。马丽君和马曼曼[87]、陈金华和胡亚美[88]，吴佳倚和储建国[89]分别以青岛"天价虾"事件、泰国普吉岛"7·5沉船"事件、日本核污水排海事件为例，通过收集网络关注度相关数据，对这些事件的网络舆情传播特点及演化进行分析，并进一步探究事件背景下旅游目的地关注度的时空演变和空间关联特征。

综上所述，目前国内外关于旅游网络关注度的研究已取得较为丰富的成果。在研究内容上，国内外都侧重于对网络关注度的时空特征及影响因素、网络关注度与客流量的关系等进行研究。在研究方法上，国外学者多采用数据分析和预测模型，如时间序列分析、机器学习等，以定量的方式探究网络关注度的变化和趋势。国内学者多采用统计分析、社会网络分析、地理信息系统（GIS）空间分析等方法，对网络关注度数据进行多角度的交叉验证和深度分析。在数据来源上，国外多以 Google Trends、Twitter 等社交媒体平台的应用程序编程接口（API）数据为主。相对于国外，国内学者多以百度指数平台数据为主，对新兴网络平台的研究有待加强，如短视频平台等。

三、乡村旅游网络关注度研究综述

（一）国外研究综述

目前，国外对乡村旅游网络关注度的研究主要集中在以下几个方面：其一，利用在线评论等网络关注度数据研究游客对乡村旅游目的地的整体形象感知。如 Jyotsna 和 Maurya，Akay，Teles 等基于猫途鹰（Tripadvisor）平台的旅游评论分别研究游客对三个印度乡村旅游目的地、土耳其布尔杜尔省新兴乡村旅游目的地及葡萄牙纳扎雷乡村旅游目的地的形象感知[90-92]。Melo 等基于 Toprural 平台①发布的乡村游客在线评论数据研究游客对法国乡村旅游的形象感知，并据此探讨法国乡村旅游的定位策略[93]。Greaves 等研究了游客对迪安森林的形象感知，并说明了目的地形象分析对英国乡村旅游的重要性[94]。其二，基于网络关注度数据对乡村旅游吸引力及旅游需求的测度。如 Satriawati 等利用谷歌趋势分析公众对印度尼西亚乡村旅游的兴趣[95]。Cebrian 基于谷歌趋势的数据对西班牙乡村旅游流量及游客需求进行预测[96]。其三，基于网络关注度数据对乡村旅游市场进行细分。如 An 等借助在线评论等用户生成内容对西班牙乡村旅游市场进行细

---

　① 西班牙住宿租赁平台。

分，证实了西班牙乡村旅游存在三个细分市场，这三个市场所对应的游客可分为追求舒适的游客、乡村氛围的消费者和积极的休闲寻求者[97]。Pesonen基于从三个芬兰乡村旅游网站收集的用户数据进行研究，发现在互联网营销时代旅游活动是比旅游动机更好的细分标准[98]。其四，研究网络关注度数据对旅游者决策行为的影响。如 Joo 等通过研究发现游客对社交网络服务（SNS）的使用能显著增强其乡村旅游出游意向[99]。

（二）国内研究综述

国内关于乡村旅游网络关注度的研究主要集中在以下几个方面：其一，网络关注度的时空分布特征及影响因素研究；其二，基于网络关注度的旅游景点、旅游目的地热度测评、吸引力测度及空间分析；其三，基于网络关注度的旅游体验与形象感知研究；其四，基于网络关注度的旅游流时空特征研究。

在网络关注度的时空分布特征及影响因素研究方面，学者们通过分析百度指数等数据，从宏观角度探讨乡村旅游网络关注度的时空分布特征。如黄英等基于百度指数采用叠加关键词和83家全国休闲农业与乡村旅游示范点搜索了2011—2013年乡村旅游网络关注度数据，并通过研究揭示了国内乡村旅游关注度在年、月、周与"黄金周"等时段的分布特征及区域间不均衡的发展状态[100]。万田户等基于百度指数，分析了我国乡村旅游网络关注度的时空分布特征[101]。影响乡村旅游网络关注度的因素则包含社会经济[102]、文化[103]、技术[104]及政策环境[105]等多个方面。

基于网络关注度的旅游景点、旅游目的地热度测评、吸引力测度及空间分析方面的研究多以实证研究为主。如琚胜利等以去哪儿网、携程网、大众点评网为数据源，采集南京市74个主要乡村旅游景区（点）的网络关注数据，构建测算模型，利用耦合协调度及核密度测量方法探讨了乡村旅游景区（点）网络关注度与景区引力之间的耦合协调度特征[106]。荣慧芳等基于网络数据对江苏省乡村旅游景点热度及其成因进行了测评和分析[107]。朱中原等以江西省为例，基于网络信息构建了乡村旅游目的地的吸引力评价体系，并对吸引力的空间分布格局进行了分析[108]。

基于网络关注度的旅游体验与形象感知研究多以某一具体的乡村旅游景点或乡村旅游目的地为研究对象。如张琦等结合游客数字足迹信息，对关于沈阳市乡村旅游的游记及相关评论进行内容挖掘，从认知形象、情感形象及推荐意向三个方面对沈阳乡村旅游形象进行分析评价，探讨旅游者对沈阳乡村旅游的形象感知[109]。宋楠楠等基于网络文本对宁波奉化滕头村游客旅游体验进行研究并提出该村旅游形象提升策略[110]。袁超等[111]、曹兴平等[112]分别基于游客点评、照片对徽州呈坎村、安徽宏村两大传统村落的游客感知形象进行分析。

基于网络关注度的乡村旅游流时空特征研究，所研究的空间范围涉及不同维度。如荣慧芳等以苏南地区为例，基于网络游记数据，分析乡村旅游客源市场的时空演化特征及主要成因，探讨不同类型乡村旅游点的客源分布规律[113]。王朝辉等基于乡村旅游数字足迹，以湖州乡村旅游地为研究案例，对乡村旅游流的空间结构特征进行分析，并据此总结空间行为偏好[114]。奚雨晴等以浙江省为例，利用网络游记挖掘数据，综合应用时间分层法、社会网络分析法等对乡村旅游的旅游流时空特征及影响机制进行分析，并据此就乡村旅游存在的问题提出管理建议[115]。

总体而言，关于乡村旅游网络关注度的研究已有一定的成果。目前，国外对乡村旅游网络关注度的研究相对较少且存在较为明显的不均衡性，更多聚焦于利用在线评论等网络关注度数据研究游客对乡村旅游目的地的整体形象感知，而关于网络关注度数据在旅游决策、需求预测、市场细分以及吸引力测度等方面的应用研究相对较少。国内学者多对网络关注度的时空特征及影响因素，基于网络关注度数据的旅游流时空特征、旅游景点和旅游目的地热度测评、旅游体验与形象感知进行研究。研究主体多聚焦于全国[116]、地区[113]等不同层面的乡村旅游景区或示范点。数据源大致分为两类：一类是游记、评论等网络文本[109]或网络照片[112]，另一类是百度指数[101]。国内学者在研究过程中多运用网络文本分析法[111]等研究游客对旅游目的地的感知形象，运用数理统计法[100]、ArcGIS① 空间分析法[118]等揭示网络关注度的时空分布特征，运用地理探测器[101]、相关性分析和格兰杰因果检验[102]等方法分析影响网络关注度的时空特征的影响因素。其中，对影响因素的研究多以"旅游引力"[107]"推力-拉力-摩擦力"[115]模型为基础选取影响因子进行分析。但亦存在以下不足：其一，在数据来源上，多以游记、点评、照片等网络数据或单一百度指数为数据源，对其他来源的网络数据利用不足；其二，研究方法涉及网络文本分析法、社会网络方法等，时空特征的分析上多使用数理统计法、核密度分析法，有待进一步结合时空分布特点进行细化和深入研究；其三，研究对象多以某

---

① 一种计算机制图应用软件。

省、市乡村旅游地为例，聚焦于微观或中观视角，宏观视角的研究相对较为缺乏；其四，时间尺度多在 3 年以内，跨度较短。

鉴于此，本书综合选取搜索引擎指数、短视频 App 指数、资讯类 App 指数构建乡村旅游网络关注度评价指标体系，从宏观视角分析我国 31 个省（自治区、直辖市）对乡村旅游的网络关注，探析 2019—2023 国内市场对乡村旅游网络关注的时空演化规律及影响因素，明晰乡村旅游市场需求的时空分布格局及其成因，提高乡村旅游供给与需求的匹配效率及准确性，提升公众对乡村旅游市场的网络关注，以期在理论层面上丰富乡村旅游及网络关注度的研究框架，在实践层面上为我国乡村旅游产业的总体布局、新质生产力的提升及高质量发展提供一定的参考。

第三节　研究内容、研究方法与技术路线

一、研究内容

本书共十章。第一章为绪论。第二章为概念界定与理论基础。第三章为中国乡村旅游网络关注度数据来源与处理。笔者以百度指数和巨量算数为数据平台，爬取①我国 31 个省（自治区、直辖市）乡村旅游网络关注度逐日百度指数、抖音指数和头条指数作为分析时空分布特征的基础数据，构建了乡村旅游网络关注度评价指标体系，采用层次分析法（AHP）确定指标权重并通过加权计算得出综合关注度数值，进而对乡村旅游网络关注度进行量化评估与分析。第四章为中国乡村旅游网络关注度时间演变特征。笔者借助年际变动指数、季节性集中指数、各月比重指数分析我国乡村旅游网络关注度的年变化趋势和规律以及季节性特征。第五章为中国乡村旅游网络关注度空间演变特征。笔者借助 ArcGIS 10.8 软件，采用变差系数、全局莫兰指数、局部莫兰指数等方法，从地区、省级和市级三个维度探讨中国乡村旅游网络关注度的空间演变特征。第六章为中国乡村旅游网络关注度市场演变特征。笔者基于指数数据对我国乡村旅游市场客群以及游客具体画像进行深入分析。第七章为中国乡村旅游网络关注度时空演变的影响因素分析。笔者主要借助地理探测器分析中国乡村旅游网络关注度时空演变的影响因子。

---

① 爬取是指通过自动化程序从互联网上获取并提取数据的过程。

第八章为基于网络关注度的中国乡村旅游高质量发展建议。第九章为中国典型乡村旅游目的地网络关注度案例研究。第十章为结论、不足与展望。

二、研究方法

（一）文献分析法

笔者通过中国知网、万方数据知识服务平台、超星数字图书数据库等中文数据库，以及谷歌学术（Google Scholar）、科学网（Web of Science）、科学指引（Science Direct）、科学开放资源库（Sci-Hub）、施普林格数据库（Springer Link）、谷歌学院（Google Academy）等外文数据库，搜索相关文献资料，梳理和总结已有的研究成果，了解乡村旅游、旅游网络关注度、乡村旅游网络关注度的研究现状及趋势，明确本书的理论基础和研究背景，为研究的深入开展提供理论依据和文献支撑。

（二）网络数据挖掘法

网络数据挖掘法是指利用网络爬虫技术从互联网筛选研究所需样本数据的技术方法。笔者以"乡村旅游"为关键词输入百度指数、巨量算术数据平台进行搜索，使用爬虫（Python）① 数据挖掘工具对 2019 年 1 月 1 日—2023 年 12 月 31 日的百度指数、抖音指数和头条指数进行数据挖掘和数据获取，并进一步对数据进行统计、整理，进而构建了我国乡村旅游网络关注度数据库，为后续研究提供了丰富且扎实的数据来源和支撑。

（三）定量分析法

笔者运用 SPSS、Excel 等数据统计软件对处理后的数据进行定量分析。具体而言，笔者整理统计了 2019 年 1 月 1 日—2023 年 12 月 31 日乡村旅游逐年、逐月、逐日的网络关注度数据，借助周内分布偏度指数、各月比重指数、季节性集中指数、年际变动指数等对其周际变动特征、节假日变动特征、月际变动特征、季节变动特征、年际变动特征等时间特征进行分析，借助地理集中指数、变差系数、空间自相关等对其空间分布及演化特征进行研究。具体方法及公式如下：

1. 年际变动指数

年际变动指数是一种衡量年际差异相对量变化的指标。笔者用该指数测量乡村旅游网络关注度的年际变动幅度。其计算公式如下：

————————————

① Python 是一种计算机程序设计语言。

$$Y = \frac{N_i}{\frac{1}{n}\sum_{i=1}^{n} N_i} \qquad (1\text{-}1)$$

式中，Y 为年际变动指数值，N_i 表示第 i 年全国乡村旅游网络关注度，n 表示年度数。Y 值越趋于 100%，说明乡村旅游网络关注度年际变动幅度越小、越稳定；反之，年际变动幅度越大、越不稳定。

2. 季节性集中指数

季节性集中指数是一种研究旅游季节分布特征的重要指标，在本书中用以反映乡村旅游网络关注度在时间上的集中程度。其计算公式如下：

$$S = \sqrt{\sum_{i=1}^{12} (X_i - 8.33)^2 / 12} \qquad (1\text{-}2)$$

式中，S 为季节性集中指数值，i 为月份，X_i 为各月份乡村旅游网络关注度与全年乡村旅游网络关注度总值之比。S 值越大，说明各月份之间乡村旅游网络关注度差异越大，越集中于某一时段；反之，S 值越小，说明差异越小，全年分布越均匀。

3. 变差系数

变差系数又称离散系数，在本书中用以衡量区域之间以及内部子区域乡村旅游网络关注度的空间差异程度。其计算公式如下：

$$CV = A/\bar{x}, \quad A = \sqrt{\sum_{i=1}^{n} (x_i - \bar{x})^2 / n} \qquad (1\text{-}3)$$

式中，CV 为变差系数值，A 为标准差系数，$\bar{x}$ 为 n 个省（自治区、直辖市）乡村旅游网络关注度均值，n 为省（自治区、直辖市）总数，x_i 为各省（自治区、直辖市）的乡村旅游网络关注度。CV 值越大，说明地区差异越显著；反之，则不显著。

4. 空间自相关

笔者先利用全局莫兰指数（Moran's I）对乡村旅游网络关注度在一定空间范围内的总体集聚程度进行观测，再利用局部莫兰指数进一步测度各省（自治区、直辖市）之间乡村旅游网络关注度的集聚程度。全局莫兰指数和局部莫兰指数的计算公式分别见式（1-4）、式（1-5）：

$$I = \frac{n}{\sum_{i=1}^{n}\sum_{j=1}^{n} w_{ij}} \times \frac{\sum_{i=1}^{n}\sum_{j=1}^{n} w_{ij}(x_i - \bar{x})(x_j - \bar{x})}{\sum_{i=1}^{n} (x_i - \bar{x})^2} \qquad (1\text{-}4)$$

$$I_i = \frac{n^2}{\sum\limits_{i=1}^{n}\sum\limits_{j=1}^{n} w_{ij}} \times \frac{(x_i - \bar{x}) \sum\limits_{j=1}^{n} w_{ij}(x_j - \bar{x})}{\sum\limits_{j=1}^{n} (x_j - \bar{x})^2} \qquad (1-5)$$

式中，I、I_i 分别为全局和局部 Moran's I，n 为研究单元数，x_i 和 x_j 分别表示第 i 个和第 j 个单元的乡村旅游网络关注度，$\bar{x}$ 表示各单元乡村旅游网络关注度的平均值，w_{ij} 表示单元 i、j 之间的空间权重矩阵。I 的取值范围在 $[-1, 1]$。I 的取值为正，表明空间正相关，即空间分布显著集聚；I 的取值为负，表明空间负相关，即空间分布呈显著差异；I 的取值为 0，表明不存在空间自相关，即呈现随机分布状态。

（四）地理探测器

地理探测器是一种用来探测被解释变量与其解释因子的空间分布是否一致的空间分析法。笔者借助因子探测器、交互探测器分析乡村旅游网络关注度空间分异的影响因素以及各因素间的内在联系。

因子探测器模型的公式如下：

$$q = 1 - \frac{1}{N\sigma^2} \sum_{i=1}^{L} N_i \sigma_i^2 \qquad (1-6)$$

式中，q 为探测因子 X 的解释力，N 和 N_i 分别代表研究区和层 i 的单元数，$i=1$，2，$\cdots$，L 为探测因子 X 的分层数，σ^2 和 σ^{2i} 分别代表研究区及层 i 的网络关注度方差。q 的取值范围为 $[0, 1]$。q 值越大说明探测因子对乡村旅游网络关注度空间分异的解释力越大；反之，则越小。

交互探测器用来探测两两因子不同组合对乡村旅游网络关注度的影响效果。计算任意两个因子对应的 q 值——$q(X_1)$、$q(X_2)$，记两个因子的交互作用为 $q(X_1 \cap X_2)$，对比 $q(X_1)$、$q(X_2)$、$q(X_1 \cap X_2)$，两个探测因子交互作用的强弱及判断依据如表 1-1 所示。

表 1-1 两个探测因子交互作用的强弱及判断依据

判据	交互作用
$q(X_1 \cap X_2) <$ Min $[q(X_1), q(X_2)]$	非线性减弱
Min $[q(X_1), q(X_2)] < q(X_1 \cap X_2)$ $<$ Max $[q(X_1), q(X_2)]$	单因子非线性减弱
$q(X_1 \cap X_2) >$ Max $[q(X_1), q(X_2)]$	双因子增强
$q(X_1 \cap X_2) = q(X_1) + q(X_2)$	独立
$q(X_1 \cap X_2) > q(X_1) + q(X_2)$	非线性增强

（五）案例研究法

笔者选取贵州西江千户苗寨作为案例研究对象，通过深入分析该地的乡村旅游网络关注度数据，揭示其时空演变特征及规律，分析各阶段各地区、省级和市级层面网络关注度的差异及影响因素，为贵州西江千户苗寨了解自身网络推介效应与市场影响力、实现高质量发展提供依据。

三、技术路线

本书技术路线如图 1-1 所示。

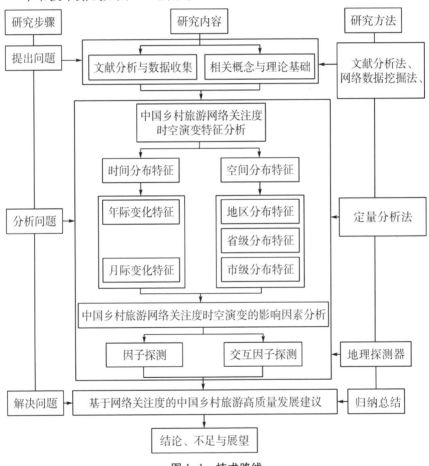

图 1-1　技术路线

第四节　拟解决的关键问题与创新点

一、拟解决的关键问题

（一）中国乡村旅游网络关注度的量化与测量

中国乡村旅游网络关注度数据是研究我国乡村旅游网络关注度的时空演变特征及影响因素的基础和关键。明确网络关注度数据的来源及量化方式是开展研究的首要任务。本书拟通过查阅文献对当前学者采用的网络关注度数据获取平台进行梳理和归纳，然后以平台指标数据的可采集性、一致性、完整性为原则，对数据源进行再次梳理和筛选，最终选出适用的数据源平台，并构建乡村旅游网络关注度评价指标体系，实现对我国乡村旅游网络关注度的量化与测量。

（二）中国乡村旅游网络关注度数据库的构建

中国乡村旅游网络关注度数据库的构建，对中国乡村旅游网络关注度的时空演变规律及其影响因素的研究至关重要。数据库是确保后续分析具备严谨性、准确性与深度的关键。本书拟在确定数据源平台后，采用层次分析法，通过发放问卷的形式，邀请行业专家分别对数据来源平台的重要程度打分，然后回收问卷，对各专家打分矩阵进行一致性检验，计算并确定评价指标权重，最终完成数据库的构建。

（三）中国乡村旅游网络关注度时空演变规律及其作用机制的揭示

中国乡村旅游网络关注度时空演变规律及其作用机制的揭示是本书的研究重点。本书借助年际变动指数、季节性集中指数、各月比重指数对中国乡村旅游网络关注度的年际变化、月际变化进行分析；借助 ArcGIS 10.8 软件，采用变差系数、全局莫兰指数、局部莫兰指数等方法，从地区、省级和市级三个层面探讨中国乡村旅游网络关注度在地理空间层面的演变特征；利用百度指数平台、巨量算术平台人群画像功能，对乡村旅游市场客群及人群画像进行分析；运用地理探测器的因子探测和交互因子探测，识别影响乡村旅游网络关注度的关键因素。

（四）基于网络关注度的中国乡村旅游高质量发展建议的提出

对中国乡村旅游网络关注度的时空演变规律及其影响因素进行研究，

其目的在于了解中国乡村旅游的群众基础、市场吸引力及发展前景，明晰中国乡村旅游网络关注度的时间和空间演变特征及趋势，厘清影响乡村旅游网络关注度的内在因素，从而提高乡村旅游供给与需求的匹配效率及准确性，促进乡村旅游的精准营销和产品投放，优化乡村旅游产业布局及资源配置，并提升公众对乡村旅游市场的网络关注，提高乡村旅游的吸引力和竞争力。因此，基于时空分析和影响因素探析的中国乡村旅游高质量发展建议的提出是最终着力点和落脚点。本书拟依据研究结论，从乡村旅游产品开发、营销策略变革及品牌建设等多个维度出发，提出相应的中国乡村旅游高质量发展建议。

二、创新点

（一）研究视角的创新

"新质生产力"概念自 2023 年被首次提出以来，热度不断攀升。"大力推进现代化产业体系建设，加快发展新质生产力"被列为 2024 年政府十大工作任务之首。可以说新质生产力已成为当今社会经济发展的关键驱动力之一，是未来发展的重要方向。中国乡村旅游发展也不例外，同样需要寻找自身的新质生产力，实现高质量发展。流量是新质生产力的重要载体，关注度是流量最重要的特征[1]。因此，本书从网络关注度的视角切入研究乡村旅游网络关注度的时空演变规律及其影响因素并据此提出乡村旅游高质量发展建议，推进乡村旅游新质生产力的培育与提升，在研究视角上有一定的创新性。

（二）研究内容的创新

本书在研究内容的创新上主要体现在：一方面，构建了一个包含搜索引擎指数、短视频 App 指数、资讯类 App 指数三个维度，百度指数、抖音指数、头条指数三个具体评价指标的乡村旅游网络关注度评价指标体系；另一方面，在典型乡村旅游目的地的选择上，重点选择目前研究中较为缺乏的民族村寨型乡村旅游目的地为研究案例，有利于丰富乡村旅游网络关注度时空分析实证案例库，拓展乡村旅游研究的理论视野与实践边界，同时拓展民族村寨旅游研究视角，完善民族村寨旅游发展的理论体系，并为民族地区乡村旅游的可持续发展提供科学依据与策略支持。

第五节　本章小结

本章主要对国内外乡村旅游、旅游网络关注度及乡村旅游网络关注度领域的研究成果进行了梳理。通过梳理，笔者发现：目前关于乡村旅游网络关注度的研究已有一定的成果，但在数据来源、研究方法及研究对象等方面存在一定的不足。鉴于此，笔者综合选取搜索引擎指数、短视频 App 指数、资讯类 App 指数构建乡村旅游网络关注度评价指标体系，从宏观视域分析我国 31 个省（自治区、直辖市）对乡村旅游的网络关注，探析 2019—2023 年国内市场对乡村旅游网络关注的时空演变规律及影响因素，以期在理论层面上丰富乡村旅游网络关注度的研究框架，在实践层面上为我国乡村旅游产业的总体布局及高质量发展提供一定的参考，并进一步推进乡村振兴。此外，本章详细介绍了研究的背景与意义，明确了研究内容、研究方法及技术路线，并指出了拟解决的关键问题与创新点。本章的阐述，为后续章节的深入探讨与分析奠定了坚实的基础。

第二章　概念界定与理论基础

第一节　相关概念界定

一、乡村旅游

（一）乡村旅游的概念

在国外，乡村旅游通常被称为"rural tourism""farm tourism""agritourism"。关于乡村旅游概念的界定，学者们从不同学科视角出发展开研究，目前尚未形成统一的认识。较有代表性的观点：世界旅游组织（UN Tourism）将乡村旅游界定为"旅游者在乡村（通常是偏远地区的传统乡村）及其附近逗留、学习、体验乡村生活方式的活动"[119]。欧盟（EU）和经济合作与发展组织（OECD）将乡村旅游定义为发生在乡村地区的旅游活动，"乡村性"是其核心，是乡村旅游区别于其他旅游活动的关键所在[120]。Gilbert 认为乡村旅游是指依托农户提供的食宿服务，旅游者在乡村典型环境中从事各类休闲活动的旅游形式[121]。Bill 等认为乡村旅游是一个多样性的活动[122]。Nulty 认为乡村旅游的概念包括很多要素，其中，乡村社区、乡村遗产、乡村文化、乡村活动、乡村生活是乡村旅游的基础[123]。Barbu 认为乡村旅游的主要功能是在乡村地区提供包括住宿、餐饮在内的游客所需的一系列旅游服务[124]。Melo 等认为乡村旅游是一种位于乡村地区的、建立在乡村典型特征之上的旅游活动[125]。

在国内，学者们在早期研究中常将乡村旅游与农家乐、休闲农业等混为一谈，但随着乡村旅游的不断发展，其概念逐渐得以清晰。具体而言，杨旭较早地提出了乡村旅游的概念，认为乡村旅游是以由农业生物资源、农业经济资源、乡村社会资源构成的立体景观为对象的旅游活动[117]。之后，我国学者大多从地区性、乡村性两个方面对乡村旅游的概念进行界定，认为乡村旅游是发生在乡村区域的，基于乡村独特的自然和人文资源的旅游形式。如肖佑兴等认为乡村旅游是以乡村空间为依托，以乡村独特的生产形态、民俗风情、生活形式、乡村风光等为对象，以突出城乡差异为重点，满足游客观光游览、娱乐休闲、度假和购物需求的旅游形式[126]。何景明和李立华认为，狭义的乡村旅游就是指在乡村地区，以具有乡村性的自然和人文客体为旅游吸引物的旅游活动。其概念包含了两个方面：一是发生在乡村地区，二是以乡村性作为旅游吸引物，二者缺一不可[19]。郭焕成认为，乡村旅游是指在乡村地域内利用乡村自然环境、田园景观、农村牧渔业生产、农耕文化、民俗文化、古镇村落、农家生活等资源条件，为城市居民提供观光、休闲、娱乐、健身的一种新的旅游经营活动[127]。此外，邹统钎[128]，王小磊等[129]，卢小丽等[130]均认可乡村旅游是发生在非城市区域即乡村区域的以乡村文化景观为主要依托的旅游活动。

综上，虽然目前国内对乡村旅游的概念尚未形成统一的认识，但在以下几个方面已形成共识：

其一，地域性。乡村旅游具有鲜明的地域性和空间性，即发生在乡村地区。

其二，乡村性。乡村性是乡村旅游的核心特征，具有乡村性的自然和人文资源是乡村旅游的核心吸引物。

其三，目标明确。乡村旅游的目标客源市场主要为城市居民。

其四，多样性。一方面，乡村旅游具有不同的类型和模式；另一方面，乡村旅游可以满足游客的多种旅游需求，如观光、休闲等。

因此，笔者认为，乡村旅游是指发生在乡村地域的，以具有乡村性的旅游吸引物为核心构成要素的，可以满足游客观光、休闲等需求的旅游活动。

（二）乡村旅游的特征

对乡村旅游特征的认知是开展乡村旅游研究的基础[131]。关于乡村旅游特征的研究，国内外学者们从不同的学科视角，基于不同的研究需求，提出了不同的看法和观点，如 Lane 认为乡村旅游具有乡村性、传统性等特征[132]。姚素英指出，乡村旅游与其他形式的旅游相比，其特点主要体现在：浓郁的乡土气息、鲜明的地区差异、多彩的民族风情、众多的参与体验，以及实惠的旅游消费五个方面[133]。肖佑兴等认为，乡村旅游具有乡土性、知识性、娱乐性、参与性、高效益性、低风险性，以及能满足游客回归自然的需求等特点[126]。邹统钎认为，乡村旅游生存的基础是乡村性，乡村性是乡村旅游整体推销的核心和独特卖点[134]。郭焕成、韩非认为，乡村旅游主要包括七大特征：旅游资源的丰富性、旅游分布的地域性、旅游时间的季节性、旅客行为的参与性、旅游产品的文化性、人与自然的和谐性，以及旅游经营的低风险性[135]。黄震方等认为乡村性和游憩性构成了乡村旅游的基本特性。其中，乡村性是形成乡村旅游核心吸引力的基本要素，是游客感知到的乡村价值的核心，是乡村旅游的本质属性。游憩性是指在乡村开展游览、体验和休闲活动的特性[131]。

总体而言，对于乡村旅游的特征，虽然学者们所持观点各有不同，但基本都认为"乡村性"是乡村旅游的核心属性。

（三）乡村旅游的类型

关于乡村旅游的类型，学者们一方面开展理论研究直接对乡村旅游的类型进行划分，另一方面多以某地为例开展实证研究并据此对乡村旅游类型进行提炼。但总体而言，目前学者们对乡村旅游类型的划分包括以下几种：

其一，基于旅游资源和景观的划分。如杨建翠根据乡村旅游资源环境情况，将乡村旅游划分为观光型、休闲型、体验型（参与型）、度假型、游乐型、商务会议型、品尝型、购物型、研修型（求知型）、综合型十种[136]。卢云亭依据资源特点将传统乡村旅游细分为乡村民俗型、乡村传统农业类、古村古镇类、乡村风水或风土类、乡村土特产类、乡村休闲娱乐类、乡村名胜类、乡村红色旅游类八种，依据景观和产品内容将现代乡村旅游细化为现代新农村类、乡村农业高新科技类、乡村生态环境类、乡村园林旅游类、乡村康体疗养类、乡村自我发展类六种[137]。蒋建兴认为乡村旅游的类型主要包括回归自然类、农家乐旅游类、民俗风情类、文化名镇名村类、田园农业类、休闲度假类、休闲农庄俱乐部类、科普及教育类等[138]。

其二，基于地理区位和空间特征的划分。贺小荣认为，从地理区位划分，我国乡村旅游可分为城郊型和景郊型两类[140]。王云才等认为，从空间特征来看，乡村旅游可以划分为城郊型、景郊型、村寨型三种。其中，城郊型主要依托大、中城市，主要客源为城市居民；景郊型主要依托大型景区，以景区游客为主要目标市场；村寨型主要依托特色村寨及其群落开展旅游[141]。

其三，基于经营模式和发展载体的划分。如叶宝忠根据乡村旅游的经营模式的不同将乡村旅游划分为农旅结合模式、CCTV 模式①、旅-农-工-贸联动发展模式、景区带动模式、政府+公司+旅行社+农民旅游协会模式、产业依托型模式、综合开发模式七种[142]。龙花楼等根据乡村旅游发展的产业载体的不同，将东部沿海地区的乡村旅游划分为农业主导型、工业主导型、商旅服务型、均衡发展型四种[143]。郭焕成和韩非按照发展模式的不同将乡村旅游分为民风民俗旅游、田园农业旅游、传统村落旅游、教育实践旅游、农家乐旅游、亲近自然旅游、乡村休闲旅游七类[135]。

此外，还有学者以乡村旅游对资源和市场的依赖程度、乡村旅游的科技含量、游客流量动机和乡村旅游发展项目等为标准进行划分。代表学者如肖佑兴等按照对资源和市场的依赖程度将乡村旅游划分为资源型、市场型和中间型三种；按照科技含量将乡村旅游划分为科技含量高的现代型和科技含量较低的传统型两种[126]。骆高远根据游客流量动机和乡村旅游发展项目的不同，将乡村旅游划分为休闲观光型、务农参与型和综合型；根据乡村旅游成长协调机制的不同，将乡村旅游划分为政府牵引型、市场推动型和混合成长型；根据乡村旅游定位的不同，将乡村旅游划分为观光游览型、都市科技型和乡村度假型[144]。

总体而言，不同的学者基于不同的研究需求及标准将乡村旅游划分为不同的类型，乡村旅游类型随着乡村旅游实践的发展仍在不断丰富和完善。

（四）中国乡村旅游发展历程

关于我国乡村旅游的起源，目前学术界大致有以下几种观点：第一种观点认为，我国乡村旅游起源于 20 世纪 50 年代，由于外事接待的需要山东省的石家庄村开展了乡村旅游活动。第二观点认为，我国乡村旅游萌芽于 20 世纪 70 年代初期，当时为满足外事接待的需要，在北京近郊的四季青人民公社、山西昔阳县大寨大队、天津静海县小靳庄等地定点开展了具有乡村旅游性质的政治性接待活动。第三种观点认为，1984 年开业的珠海

---

① 该模式是张华明、腾健提出的以保护开发为前提，公司起主导作用，有鲜明特色主题，村民普遍受益的多赢发展模式，即保护（conservancy）、公司（company）、主题（topic）、村民（villager）的"CCTV"模式。

白藤湖农民度假村是中国乡村旅游兴起的标志。第四种观点认为，我国乡村旅游是从 20 世纪 80 年代后期开始的，以深圳首次举办的荔枝节为标志。第五种观点认为，1986 年成都市农科村"徐家大院"农家乐的兴起是中国乡村旅游兴起的标志。对于乡村旅游起源的五种说法，国内学者较多倾向于第四种和第五种。

纵观乡村旅游的发展脉络，结合学术界观点[145-150]，笔者梳理总结得出我国乡村旅游的发展大致经历了萌芽起步阶段、快速发展阶段、规范发展阶段和优化完善阶段。

1. 萌芽起步阶段（20 世纪 50 年代至 1994 年）

我国乡村旅游萌芽于 20 世纪 50 年代，1986 年成都市农科村"徐家大院"的诞生标志着现代乡村旅游的兴起。在这一阶段，乡村旅游具有如下特点：在发展背景上，明显受到早期政治接待、大力发展入境旅游等国家指导方针的影响；在发展模式上，以"政府主导模式"和"农民自发组织模式"为主；在空间区位上，以景区依附型为主，且多分布在大城市的近郊和特色农业地区及东部发达地区；在开发规模上，相对较小且工作人员多为农户家庭成员；在经营形态上，多为自发和粗放型经营为主，以"旅游个体户"的形式存在；在表现形式上，以"农家乐""农家院"为主；在旅游产品供给上，主要为游客提供食宿、采摘、观光等服务。此外，这一阶段还出现了早期的乡村旅游行业组织，即"中国乡村旅游协会"，协会的成立对提升乡村旅游产业整体发展水平、规范行业健康有序发展起着至关重要的作用。总体而言，这一阶段为我国乡村旅游的后续发展打下了坚实的基础。

2. 快速发展阶段（1995—2005 年）

政府多项政策的出台大大推动了乡村旅游的发展。在这一阶段，政府推出了一系列相关政策为乡村旅游的发展提供了充足的政策支持和保障。例如，1995 年双休制度开始实行；1999 年，春节、"五一"、"十一"的休息时间与前后的双休日拼接，从而形成了 7 天的长假；等等。这些为公众出游提供了充足的时间。1998 年"华夏城乡游"、1999 年"生态旅游年"的推出，吸引了公众对乡村旅游的关注，为乡村旅游培育了大批客源。此外，2002 年《全国农业旅游示范点、工业旅游示范点检查标准（试行）》的颁布，创建全国农业旅游示范点工作的启动，以及 2004 年、2005 年全国农业旅游示范点的评定等驱动了乡村旅游的快速发展。总体而言，这一阶段在一系列利好政策的加持下，我国乡村旅游得以快速发展。

3. 规范发展阶段（2006—2015 年）

原国家旅游局将 2006 年全国旅游主题确定为"2006 中国乡村游"，将 2007 年全国旅游主题确定为"2007 中国和谐城乡游"。连续两年将全国的旅游主题直指乡村，为乡村旅游的发展提供了契机。在这一阶段，中央层面加大了对乡村旅游的政策扶持力度，并引领我国乡村旅游逐渐走向规范化发展。如 2006 年原国家旅游局发布的《关于促进农村旅游发展的指导意见》，2007 年发布的《国家旅游局　农业部关于大力推进全国乡村旅游发展的通知》以及 2009 年原国家旅游局发布的《全国乡村旅游发展纲要（2009—2015 年）》等在加大对乡村旅游政策扶持力度的同时，更为乡村旅游的规范化发展指明方向。总体而言，这一阶段相关的政策体系得到了进一步完善，为乡村旅游的规范化发展提供了政策依据。

4. 优化完善阶段（2016 年至今）

随着我国乡村旅游市场规模的不断扩大、管理体制的不断优化，具有中国特色的乡村旅游产业正在逐渐形成，并步入优化完善阶段。在这一阶段，2017 年乡村振兴战略提出，2018 年《促进乡村旅游发展提质升级行动方案（2018 年—2020 年）》《关于促进乡村旅游可持续发展的指导意见》印发，2023 年《中共中央　国务院关于做好 2023 年全面推进乡村振兴重点工作的意见》发布，这一系列的政策文件为乡村旅游的健康、可持续发展提供了坚实的支撑和保障。总体而言，目前我国乡村旅游已基本形成布局合理、类型多样、品牌鲜明的乡村旅游发展格局。

（五）中国乡村旅游总体发展成效

1. 市场规模持续扩张

近年来，我国出台的一系列政策文件为乡村旅游的健康、可持续发展提供了有力的支撑和保障，带动了乡村旅游的快速发展。笔者对我国历年旅游业统计公报，以及中华人民共和国中央人民政府、中华人民共和国文化和旅游部、中华人民共和国农业农村部等政府网站的公开文件、数据资料进行搜集、整理与测算，得到的数据分别如表 2-1、表 2-2 所示。可以看出，从 2013 年到 2022 年，我国乡村旅游总人次及总收入整体上呈现出波动增长态势，乡村旅游已逐渐成为国内旅游的重要组成部分，其市场地位越来越重要。从乡村旅游总人次来看，2013 年我国乡村旅游总人次为 9.9 亿人次，占国内旅游总人次的 30.35%。2019 年年底新型冠状病毒感染疫情（简称"新冠疫情"）暴发，2020 年全国旅游业明显受到影响，旅游总人次大幅下降。但乡村旅游总人次占比高达 90.31%，达到历史新高，2021 年、2022 年依然保持着 70.86%、89.41% 的高占比水平。从我国乡村旅游总收入来看，2019 年高达 8 500 亿元，达到历史最高峰。然而，2020 年受新冠疫情的冲击，乡村旅游收入遭遇了显著的下滑，但值得注意的是，其恢复态势颇为迅猛，2022 年，乡村旅游的总收入不仅成功超越了疫情前的峰值水平，而且乡村旅游总收入在国内旅游总收入中所占的比例也攀升至历史最高点，达到了 45.72%。由此可见，我国乡村旅游市场展现出良好的发展前景与广阔的发展空间，市场潜力较大。

表 2-1　2013—2022 年我国乡村旅游总人次和国内旅游总人次

年份	乡村旅游总人次/亿人次	国内旅游总人次/亿人次	乡村旅游总人次占国内旅游总人次百分比/%
2013 年	9.9	32.62	30.35
2014 年	12	36.11	33.23
2015 年	22	40	55.00
2016 年	21	44.4	47.30
2017 年	25	50.01	49.99
2018 年	28	55.39	50.55
2019 年	33	60.06	54.95
2020 年	26	28.79	90.31
2021 年	23	32.46	70.86
2022 年	22.62	25.3	89.41

资料来源：笔者根据我国历年旅游业统计公报，以及中华人民共和国中央人民政府、中华人民共和国文化和旅游部、中华人民共和国农业农村部等政府网站的公开文件、数据资料等整理而成。

注：数据为四舍五入后结果，下同，不再赘述。

表 2-2　2013—2022 年我国乡村旅游总收入和国内旅游总收入

年份	乡村旅游总收入/亿元	国内旅游总收入/亿元	乡村旅游总收入占国内旅游总收入百分比/%
2013 年	2 800	26 276	10. 66
2014 年	3 200	30 300	10. 56
2015 年	4 400	34 195	12. 87
2016 年	5 700	39 400	14. 47
2017 年	7 400	45 700	16. 19
2018 年	8 000	59 700	13. 40
2019 年	8 500	66 300	12. 82
2020 年	6 000	22 300	26. 91
2021 年	7 000	29 200	23. 97
2022 年	9 326	20 400	45. 72

资料来源：笔者根据我国历年旅游业统计公报，以及中华人民共和国中央人民政府、中华人民共和国文化和旅游部、中华人民共和国农业农村部等政府网站的公开文件、数据资料等整理而成。

2. 品牌形象持续提升

近年来，随着我国社会经济的发展，相关旅游政策的完善，我国乡村旅游逐渐向高标准、高品质发展，并已形成了一系列乡村旅游特色品牌，如全国乡村旅游重点村、全国乡村旅游重点镇（乡）、全国休闲农业与乡村旅游示范县和示范点、中国历史文化名镇名村、中国乡村旅游创客示范基地、中国少数民族特色村寨、中国美丽休闲乡村、中国最美休闲乡村、中国最有魅力休闲乡村、最佳旅游乡村、中国传统村落等，大大提高了我国乡村旅游的品牌形象。截至 2023 年年底，我国乡村旅游特色品牌建设项目如表 2-3 所示。此外，我国部分省（自治区），如江苏、广西、湖南、海南、浙江、四川、广东等地开展了五星级乡村旅游区的评定，推动了我国乡村旅游品牌形象持续提升。

表 2-3　我国乡村旅游特色品牌建设项目

乡村旅游品牌名称	数量/个
中国历史文化名镇	312
中国历史文化名村	487
中国最有魅力休闲乡村	40
全国休闲农业与乡村旅游示范县	383
全国休闲农业与乡村旅游示范点	543
中国传统村落	7 294
中国少数民族特色村寨	1 652
中国最美休闲乡村	220
中国乡村旅游创客示范基地	100
中国美丽休闲乡村	1 728
全国乡村旅游重点村	1 399
全国乡村旅游重点镇（乡）	198
最佳旅游乡村	8

3. 发展模式多元并存

随着我国乡村旅游的不断发展，各地区结合本地实际情况，形成了各具特色的乡村旅游发展模式。笔者通过对相关资料及文献的查阅与梳理[150-158]发现，我国乡村旅游典型发展模式主要有四种（如表 2-4 所示）。其一，企业主导型，即由外来的旅游企业统一负责乡村旅游地的投资建设、运营管理等。其二，政府主导型，即以政府为主导，通过政策、资金、技术等方面的引导与扶持促进乡村旅游地的持续发展。其三，村集体主导型，即乡村旅游地社区通过村委会、专业合作社等进行集体投资开展旅游经营活动，村民直接参与到开发决策、服务管理、利益分配等各个环节，强调村民的主导地位。其四，混合发展型，即由企业、政府、村集体等多个主体联合或分工协作，共同对乡村旅游地进行开发与运营，具体包括"社区+农户""企业+农户""政府+农户""政府+企业+农户""政府+合作社+农户""政府+公司+旅行社+农民旅游协会""政府+国有企业+合作社+村民""企业+政府+村民""企业+协会+村'两委'+农户"等多种模式。

表 2-4　我国乡村旅游典型发展模式及案例

发展模式			典型案例
企业主导型			北京密云区北庄镇干峪沟村、奶头山村
政府主导型			北京房山区周口店镇黄山店村、广西平安壮寨、贵州西江千户苗寨
村集体主导型			贵州郎德上寨、云南安中村
混合发展型	社区+农户		陕西咸阳袁家村
	企业+农户	合作社+农户模式	山西临汾太度村
		示范农户+农户模式	
		现代农庄帮带模式	
	政府+农户		四川成都农科村
	政府+企业+农户		福建漳州山重村
	政府+合作社+农户		四川成都青杠树村
	政府+公司+旅行社+农民旅游协会		贵州天龙屯堡
	政府+国有企业+合作社+村民		贵州郎德苗寨
	企业+政府+村民		贵州天龙屯堡
	企业+协会+村"两委"+农户		四川阆中"凤舞天宫"乡村旅游度假区

4. 政策保障不断加强

乡村旅游是新时代乡村经济发展的强大引擎，是优化乡村资源配置，促进乡村第一、二、三产业深度融合，拓展乡村产业链，实现乡村振兴及高质量发展的重要路径和抓手[159-161]。乡村旅游市场需求旺盛、富民效果突出、发展潜力巨大，是居民休闲度假旅游消费的重要方式，也是促进农民增收、农业增效和农村经济社会全面发展的重要力量。因此，我国高度重视乡村旅游的发展，出台了一系列政策文件（如表 2-5 所示），为乡村旅游的蓬勃发展提供了坚实而系统的政策支撑。这些政策文件的发布不仅彰显了国家对乡村旅游领域的高度重视，还通过明确的政策导向和具体措施，为乡村旅游的规划、开发、运营及可持续发展奠定了坚实的基础。

表 2-5 2006—2024 年国家级乡村旅游相关政策及指导意见

发布时间	发布单位	政策文件名称
2006 年	原国家旅游局	《关于促进农村旅游发展的指导意见》
2007 年	原国家旅游局、原农业部	《关于大力推进全国乡村旅游发展的通知》
2009 年	原国家旅游局	《全国乡村旅游发展纲要（2009—2015 年）》
2009 年	国务院	《国务院关于加快发展旅游业的意见》
2009 年	中共中央、国务院	《中共中央　国务院关于加大统筹城乡发展力度进一步夯实农业农村发展基础的若干意见》
2012 年	国务院	《国务院关于大力实施促进中部地区崛起战略的若干意见》
2013 年	国务院办公厅	《国民旅游休闲纲要（2013—2020 年）》
2014 年	国务院办公厅	《国务院办公厅关于改善农村人居环境的指导意见》
2014 年	国务院	《国务院关于促进旅游业改革发展的若干意见》
2015 年	中共中央、国务院	《中共中央　国务院印发〈关于加大改革创新力度加快农业现代化建设的若干意见〉》
2015 年	国务院办公厅	《国务院办公厅关于加快转变农业发展方式的意见》
2015 年	国务院办公厅	《国务院办公厅关于进一步促进旅游投资和消费的若干意见》
2015 年	中共中央、国务院	《中共中央　国务院关于落实发展新理念加快农业现代化实现全面小康目标的若干意见》
2016 年	原农业部等 14 部门	《关于大力发展休闲农业的指导意见》
2016 年	国务院	《全国农业现代化规划（2016—2020 年）》
2016 年	国务院办公厅	《国务院办公厅关于进一步扩大旅游文化体育健康养老教育培训等领域消费的意见》
2016 年	国务院	《"十三五"脱贫攻坚规划》
2016 年	国务院	《"十三五"旅游业发展规划》
2016 年	国务院	《国务院关于印发"十三五"促进民族地区和人口较少民族发展规划的通知》

表2-5(续)

发布时间	发布单位	政策文件名称
2016 年	中共中央、国务院	《中共中央　国务院关于深入推进农业供给侧结构性改革加快培育农业农村发展新动能的若干意见》
2017 年	国家发展改革委等14 部门	《关于印发〈促进乡村旅游发展提质升级行动方案（2017 年）〉的通知》
2018 年	中共中央、国务院	《中共中央　国务院关于实施乡村振兴战略的意见》
2018 年	国务院办公厅	《国务院办公厅关于促进全域旅游发展的指导意见》
2018 年	文化和旅游部等13 部门	《促进乡村旅游发展提质升级行动方案（2018 年—2020 年）》
2018 年	文化和旅游部等17 部门	《关于促进乡村旅游可持续发展的指导意见》
2019 年	中共中央、国务院	《中共中央　国务院关于坚持农业农村优先发展做好"三农"工作的若干意见》
2019 年	国务院办公厅	《国务院办公厅关于深入开展消费扶贫助力打赢脱贫攻坚战的指导意见》
2019 年	国务院	《国务院关于促进乡村产业振兴的指导意见》
2019 年	国务院办公厅	《国务院办公厅关于加快发展流通促进商业消费的意见》
2019 年	农业农村部	《农业农村部关于积极稳妥开展农村闲置宅基地和闲置住宅盘活利用工作的通知》
2020 年	国务院	《关于提升大众创业万众创新示范基地带动作用进一步促改革稳就业强动能的实施意见》
2021 年	中共中央、国务院	《中共中央　国务院关于全面推进乡村振兴加快农业农村现代化的意见》
2021 年	农业农村部等10 部门	《农业农村部　发展改革委　财政部　商务部　文化和旅游　人民银行　银保监会　林草局　乡村振兴局　供销总社关于推动脱贫地区特色产业可持续发展的指导意见》
2021 年	文化和旅游部	《"十四五"文化和旅游发展规划》
2023 年	中共中央、国务院	《中共中央　国务院关于做好 2023 年全面推进乡村振兴重点工作的意见》

表2-5（续）

发布时间	发布单位	政策文件名称
2024年	中共中央、国务院	《中共中央　国务院关于学习运用"千村示范、万村整治"工程经验有力有效推进乡村全面振兴的意见》

二、网络关注度

关注度是指公众对某一现象或事件的关注程度、重视程度。关注度能衡量出公众与该现象或事件之间的联系程度[162-164]。关于网络关注度，不同的学者基于不同的学科视角和研究需求，提出了各自不同的看法[78][102][165-168]，如表2-6所示。但总体而言，已有研究多从网络关注度的本质、形式及意义三方面进行定义，并在一定程度上达成了共识：其一，网络关注度是公众通过网络进行信息检索与决策时留下的数字痕迹，是一种基于需求的主动搜索行为，其实质是一种旅游大数据或旅游信息流。其二，网络关注度的表现形式多样，包含搜索次数、点击量、网民评论数、转发点赞数等。其三，网络关注度能够反映出公众对某一现象、事件或活动的关注程度和热度，折射出该现象、事件或活动的群众基础或市场基础。

表2-6　网络关注度代表性概念

学者	观点
陈昆仑、林晨喧、刘小琼等	互联网时代，网络关注可以作为测度马拉松社会关注程度的工具之一，表征马拉松运动的群众基础
许敬阳	网络关注度是指人们对某一事件或事物的关注程度，通常以搜索点击量、网民评论数、转发点赞数等形式测算社会与该事件之间的关联程度
李梦程、王成新、薛明月等	网络关注度是指基于需求的主动搜索行为，反映人们对某些热点的关注程度
张博、吴柳	网络关注度是基于关键词网络搜索次数的统计记录，代表了居民对相关活动的关注程度及行动意愿
杨利、谢慧、谢炳庚	大数据背景下的网络关注度是指游客在信息检索与决策时留下的数字痕迹

表2-6(续)

学者	观点
丁志伟、马芳芳、张改素	网络关注度是指通过分析点击浏览网络信息的后台数据，了解所有对象在互联网中受公众关注的状态与热度，在一定程度上能够反映网民对某事件或事物的关注程度

三、旅游网络关注度

（一）概念界定

随着互联网的普及，越来越多的游客在出游过程中会利用各类旅游网站、平台、搜索引擎等进行搜索从而获取所需的旅游信息。而这些搜索行为就是游客对旅游关注的网络化表达，这些网络搜索痕迹经过统计就形成了旅游网络关注度。

关于旅游网络关注度概念的界定，一部分学者直接将网络关注度的既有概念引入旅游领域。如何小芊等提出旅游网络关注度是旅游者需求状况和行为习惯在网络上的直观表现[169]。另一部分学者则更倾向于结合旅游目的地、旅游景区及某种特定旅游形式等对旅游网络关注度的概念进行更为细致的阐释。如王湘荣[170]、马静[171]、潘立新等[172]从研究旅游目的地网络关注度的意义出发，认为旅游网络关注度是指以搜索查询时所涉及的互联网信息量为基准，通过具体数值反映出旅行者对旅游目的地的兴趣和关心程度，进行搜索的网民即旅游目的地的潜在游客，研究其旅游信息流可以从侧面获知潜在客源市场的情况。南明聪[173]、杨晓霞等[174]从旅游景区视角切入，提出旅游景区网络关注度就是游客在做出旅行决定前，在互联网上对旅游景区进行搜索的轨迹，与旅游需求关系密切。黄洋[175]、冯晓兵[176]等分别结合具体的智慧旅游、民宿旅游进行概念界定，并提出智慧旅游网络关注度即公众对智慧旅游相关信息的关注指数，民宿旅游网络关注度是游客潜在出游行为的前兆，体现了网民对民宿旅游的现实关注和潜在需求。

综上，虽然学者们基于不同的研究目的对旅游网络关注度的概念进行了不同界定，但在以下几个方面达成了共识：其一，旅游网络关注度主要体现公众对特定旅游信息的关注和偏好程度。其二，旅游网络关注度与旅游需求、旅游行为关系密切，三者虽不等同但旅游网络关注度在一定程度上是旅游需求和行为的数字化映射和前兆。其三，旅游网络关注度表征了潜在客源市场情况、民众认可度、品牌运营效果等，可为旅游市场开发、营销战略制定、消费趋势和市场发展前景预测等提供重要依据。

（二）测量与评价

关于旅游网络关注度的测量，综合已有研究[73][168][177-179]可以发现，在指标维度上，主要以搜索引擎指数、视频网站指数、短视频 App 指数和社交媒体指数为主；在指标数据来源上，主要有百度指数、360 趋势指数、腾讯视频、搜狐视频、爱奇艺、哔哩哔哩、抖音、快手、微信、微博等；在指标测度标准的选择上，主要有浏览点击量、评论次数、点赞次数、收藏次数、分享次数、视频播放量、视频热度指数等。但与此同时，值得注意的是，在数据来源的选择上，目前学者们多以单一百度指数为测量指标，基于多源数据对旅游网络关注度的测量和评价相对较少。

第二节　理论基础

一、有限关注理论

有限关注理论源于心理学，1973 年由卡尼曼（Kahneman）提出，他认为关注是一种稀缺资源，人们在面对纷繁复杂的信息世界时，其注意力分配具有一定的局限性，即当人们聚焦于某一特定对象时，必然会减弱对其他对象的关注[180]。随后，该理论逐渐被应用于金融投资等领域。目前，越来越多的学者们认识到关注不仅是一种有限的资源，还存在着一个阈值水平。尤其在大数据时代，旅游者每天面临海量旅游数据，信息过载加剧了旅游决策时的复杂性，扩大了旅游者的信息选择偏差，旅游者通常倾向于将其有限的注意力分配给在特定时段内感兴趣的旅游信息。因此，近年来越来越多的学者将有限关注理论应用于旅游领域进行研究。具体而言，学者们多从搜索平台、视频平台、社交平台等选取对某一关键词的点击次数、搜索次数、下载频数、点赞数、转发量等关键指标进行深入研究，以此来分析哪些旅游业态或旅游目的地受到了游客的广泛关注、在时空上又呈现何种特征等，从而洞察和预测旅游信息的热度变化及未来市场前景和发展趋势，为旅游业提供决策支持。本书认为有限关注使得乡村旅游受关注的程度在不同时段和客源地产生显著性差异，构成了研究乡村旅游网络关注度时空分布差异的现实和理论基础。

二、旅游偏好理论

偏好这一概念起源于经济领域。经济学家试图通过对偏好的研究解释人们是如何根据自己的价值观、情感状态及其他心理因素决定购买哪一种产品或服务。从心理学角度看，偏好是一种包含情感、认知和意向的心理倾向[181]，是人们对某种产品的喜好程度，是态度的具体化表现形式。随后，学者们将偏好的概念引入旅游业，并逐渐形成旅游偏好理论。该理论认为在旅游消费过程中，游客会根据个人的性格、兴趣等产生心理偏好并进行旅游决策和行为选择[182]。旅游偏好间接或直接影响游客的旅游行为，能够反映出游客的不同喜好特征和需求。人们对旅游目的地或旅游业态等的检索行为即旅游意愿的数字化表达，而旅游网络关注度即游客潜在偏好的一种网络化体现。本书采集百度、抖音和头条搜索指数作为研究的基础数据，衡量乡村旅游网络关注度的高低、判断潜在旅游者的旅游偏好、探寻乡村旅游的市场基础及时空分布差异，并据此提出相应的乡村旅游产品开发、市场营销推广及品牌形象提升等发展建议，以期推进全国乡村旅游的发展。

三、核心-边缘理论

核心-边缘理论由美国区域规划专家弗里德曼（J. R. Friedman）在1996年提出，是区域空间结构和形态演化的重要解释模型，主要应用于区域空间结构研究[185-189]。该理论认为任何一个区域均由经济发达的核心区和经济欠发达的边缘区组成，二者在区域中的发展地位不平等。核心区居于领导和统治地位，而边缘区依赖核心区处于从属地位，空间分异明显。但与此同时，核心区与边缘区的空间结构地位是动态演变的，二者的边界会发生变化，区域的空间关系和结构会不断调整，孤立发展的各个分区会逐渐从不平衡状态向互联互通、平衡发展的状态转化并最终达到区域空间一体化[185]。之后，学者们将该理论引入旅游研究之中，并提出具有良好旅游发展条件的地区凭借其完善的旅游设施、便捷的交通网络等有极大的潜力发展成旅游活动的中心节点，即"核心区"；反之，旅游条件相对匮乏、经济条件较为落后的地区则更容易成为旅游空间结构中的"边缘区"，处于相对次要和从属的地位。该理论为解释旅游空间不平衡格局提供了独特的视角。本书应用核心-边缘理论研究中国乡村旅游网络关注度的空间分布格局及其动态演变规律并据此提出相应的旅游发展建议，以期强化核心区的引领与辐射作用，促进边缘区的乡村旅游开发与升级，从而促进乡村旅游产业的全面振兴与区域间的协调发展。

四、空间异质性理论

空间异质性理论源于景观生态学领域，主要用于阐释地理空间中的不均衡性，随后被引入经济学领域，用以分析与解释不同空间环境下的不同经济现象[186]。该理论认为，空间异质性即空间差异性，空间中各种因素及综合能力的不同会导致区域社会经济活动现象的分布异质[187]。具体而言，由于地理位置的不同，空间单元上的属性值会随着空间单元的变化而变化，同一区域内的活动现象会呈现多样化的空间分布趋势并受到多种因素和不同地理空间的影响和限制，这就是空间异质性理论[188]。可以说，空间异质性体现了自然和经济地理因素、经济因素等在不同的经济空间中所表现出来的差异性。此外，不同的空间要素会导致区域社会经济活动现象的分布异质性。与此同时，空间异质性是相对而非绝对的，会随着系统中各要素的变化而变化，并表现出差异。本书运用空间异质性理论研究我国乡村旅游网络关注度的空间特征及其空间差异的影响因素。

第三节　本章小结

本章主要对乡村旅游、网络关注度及旅游网络关注度等核心概念进行了阐述，并构建了本书的理论基础。本章通过对乡村旅游概念、特征、类型等的分析，以及对中国乡村旅游发展历程和成效的梳理与归纳，揭示了乡村旅游在推动中国乡村振兴及促进经济发展方面的重要作用；通过对网络关注度、旅游网络关注度概念及其测量与评价方法的整理与总结，为后续分析在研究范式和方法框架等方面提供了有效的参考依据；通过对有限关注理论、旅游偏好理论、核心-边缘理论及空间异质性理论的阐述，为深入理解和分析中国乡村旅游网络关注度的形成机制、时空分布特征及其影响因素提供了有力的理论支撑。

第三章 中国乡村旅游网络关注度数据来源与处理

第一节 评价指标体系的构建

国内学者大多以百度指数为数据源对乡村旅游网络关注度的时空分布特征展开研究，数据来源较为单一。随着互联网技术的不断发展与普及，百度、搜狐、抖音、快手、微信、微博等平台广泛应用，并已成为旅游者获取信息的重要渠道。部分学者尝试从搜索引擎、视频网站、短视频 App、社交网络指数维度将以上平台纳入网络关注度评价指标体系[73][77][189]，采用多源数据对网络关注度时空分布特征进行测度和评价，但这些研究所使用的部分指标的时空信息在一定程度上存在不一致的问题。因此，本书一方面将多源数据分析引入乡村旅游网络关注度的研究，另一方面以指标数据的可采集性、一致性、完整性为原则，对数据进行筛选和梳理，最终从搜索引擎指数、短视频 App 指数、资讯类 App 指数 3 个维度，分别选取百度指数、抖音指数、头条指数构建乡村旅游网络关注度评价指标体系（如表 3-1 所示）。

表 3-1　本书的评价指标体系

维度	评价指标	权重/%	属性	研究时限	测度标准
搜索引擎指数	百度指数	36.75	正向	2019—2023 年	用户关注度
短视频 App 指数	抖音指数	49.39	正向	2019—2023 年	用户关注度
资讯类 App 指数	头条指数	13.86	正向	2019—2023 年	用户关注度

一、指标释义

（一）搜索引擎指数

百度指数是以百度海量网民行为数据为基础的数据分析平台。百度在国内搜索引擎市场活跃度最高，排名第一。此外，百度指数是目前学者们使用频率最高的指数平台，具有鲜明的代表性和信服力。因此，笔者选择将百度指数作为数据源。笔者以"乡村旅游"为关键词进行搜索，选取2019年1月1日—2023年12月31日我国31个省（自治区、直辖市）"个人计算机（PC）+移动"端指数数据进行研究。

（二）短视频 App 指数

目前的研究中，对于短视频指数的衡量多采用抖音指数和快手指数。但基于各指标数据的一致性以及时空数据的可获取性，笔者最终选择抖音平台作为数据源。笔者在巨量算数以"乡村旅游"为关键词，以我国31个省（自治区、直辖市）为空间范围，以抖音为指数来源平台进行搜索，选择2019年1月1日—2023年12月31日的数据进行研究。

（三）资讯类 App 指数

在诸多的资讯类 App 中，仅有头条指数可获取研究所需用户关注度数据，因此笔者选择将头条指数作为数据源。笔者在巨量算数中以"乡村旅游"为关键词，以我国31个省（自治区、直辖市）为空间范围，以头条指数为平台进行搜索，选择2019年1月1日—2023年12月31日的数据进行研究。

二、指标权重的确定

笔者采用层次分析法，通过发放问卷的形式，邀请14位行业专家，（研究领域为乡村旅游、传统村落旅游、民族村寨旅游、旅游景区发展的高校学者，旅游发展委员会工作人员，乡村旅游景区管理者，旅行社工作人员等），分别对百度指数、抖音指数、头条指数3个评价指标的重要程度打分。回收问卷后，笔者运用一致性检验法，对各专家打分矩阵进行检验，并通过计算确定评价指标权重（如表3-1所示）。

第二节 数据的获取及预处理

一、数据的获取

2024 年 8 月中国互联网络信息中心（CNNIC）发布的第 54 次《中国互联网络发展状况统计报告》显示，截至 2024 年 6 月底，我国网民规模近 11 亿人，与 2023 年 12 月底相比增长 742 万人，互联网普及率达到 78.0%。随着互联网技术的不断普及，公众通过网络平台搜寻并获取所需的旅游信息已成为当下主流趋势。在此过程中，网络上遗留下的海量搜索痕迹为研究提供了丰富且有价值的数据样本。

笔者以"乡村旅游"为搜索关键词，以 2019 年 1 月 1 日—2023 年 12 月 31 日为自定义时间段，以百度指数和巨量算数为数据平台，爬取我国 31 个省（自治区、直辖市）的乡村旅游网络关注度逐日百度指数、抖音指数和头条指数作为分析时空分布特征的基础数据。基础底图取自国家基础地理信息中心（http：//www.ngcc.cn）；影响因素指标数据主要来自中华人民共和国国家统计局数据库（https：//data.stats.gov.cn）、历年中国统计年鉴、中华人民共和国文化和旅游部官网，以及各省（自治区、直辖市）的国民经济和社会发展统计公报。对于部分地区个别年份指标数据缺失的，本书综合采用指数平滑法和插值法进行补充。

二、数据的预处理

在百度指数、巨量算数平台，笔者以"乡村旅游"为关键词，运用网络数据抓取工具爬取 2019 年 1 月 1 日—2023 年 12 月 31 日我国 31 个省（自治区、直辖市）的乡村旅游网络关注度的逐日百度指数、抖音指数和头条指数后，将数据分别录入数据库。在此基础上，笔者对所有数据进行标准化处理，确保数据的一致性和可比性。然后，笔者通过使用层次分析法确定权重后，利用该权重对各原始数据进行加权处理，得到最终的乡村旅游逐日网络关注度数据，为后续时空分布特征的分析提供基础数据。此外，笔者还对时空分布特征影响因素指标数据进行数据的收集、整理、录入、查证与补充，为后续影响因素分析提供数据支撑。

第三节　本章小结

本章在对现有研究进行分析的基础上，从搜索引擎指数、短视频 App 指数、资讯类 App 指数三个维度，分别选取百度指数、抖音指数、头条指数构建中国乡村旅游网络关注度评价指标体系。笔者采用层次分析法，计算并最终确定评价指标权重。笔者以百度指数和巨量算数为数据平台，爬取我国 31 个省（自治区、直辖市）的乡村旅游网络关注度逐日百度指数、抖音指数和头条指数作为分析我国乡村旅游网络关注度时空分布特征的基础数据。笔者通过中华人民共和国国家统计局数据库、历年中国统计年鉴等渠道获取影响因素指标数据。最后，笔者对以上数据进行标准化处理、录入与补充等，为后续深入分析提供数据支撑。

第四章 中国乡村旅游网络关注度时间演变特征

第一节 年际变化特征

笔者对 2019—2023 年我国 31 个省（自治区、直辖市）乡村旅游网络关注度进行统计发现：乡村旅游网络关注度呈现出明显的快速增长态势（如图 4-1 所示），且先缓慢增长后迅速增长。2019—2021 年，研究区域的乡村旅游网络关注度增长较为平缓，2020 年增长率仅为 15.19%。究其原因可能在于 2019 年年底新冠疫情暴发并在全国范围内迅速蔓延，居民的空间移动受限，网络关注度自然也较低。2022 年新冠疫情得到有效控制，网络关注度明显上升，增长率高达 102.72%。2023 年出行数据迅速回升，乡村旅游强势复苏，网络关注度持续增长 62.31%。总体而言，2019—2023 年，我国 31 个省（自治区、直辖市）的乡村旅游网络关注度持续上升。

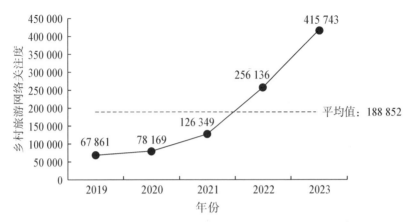

图 4-1　2019—2023 年我国 31 个省（自治区、直辖市）的乡村旅游网络关注度

为进一步明晰乡村旅游网络关注度年际变化特征，笔者根据式（1-1）对其年际变动指数进行测算（如表 4-1 所示）。结果显示，2019—2023 年我国 31 个省（自治区、直辖市）的乡村旅游网络关注度年际变动指数均有一定的偏离且与 100% 相比偏离程度较大，其中尤以 2023 年偏离程度最大，与图 4-1 所示一致。这说明公众对乡村旅游市场的关注年际变动幅度整体较大，较不稳定，且在 2023 最为突出。整体而言，新冠疫情对乡村旅游网络关注度影响较大，网络关注度随疫情所处阶段及其对旅游市场的不同影响分别呈现出不同的特征。

表 4-1　2019—2023 年我国 31 个省（自治区、直辖市）的
乡村旅游网络关注度年际变动指数

年份	2019 年	2020 年	2021 年	2022 年	2023 年
年际变动指数/%	35.93	41.39	66.90	135.63	220.14

第二节　月际变化特征

笔者根据式（1-2）测算的季节性集中指数如表 4-2 所示。2019—2023 年我国 31 个省（自治区、直辖市）的乡村旅游网络关注度存在季节性差异。其中，2019—2022 年季节性差异逐步增大，且在 2022 年表现最为突出，可能原因为 2022 年新冠疫情得到控制，为出游提供了安全的环境条件。此外，有关部门相继推出"全国乡村旅游精品路线"，并通过多家

媒体及网络平台积极营销宣传，为乡村旅游造势引流，促使其网络关注度大幅提升。2023 年季节性差异有所降低，月度分布较为均衡，究其原因在于旅游市场复苏，人们抑制已久的出游欲望得以释放，旅游需求大幅增长。加之乡村旅游、乡村振兴等相关政策的持续发力与支持，促使其网络关注度在全年各月得以快速增长，形成了相对均衡的月度分布特征。总体而言，乡村旅游网络关注度季节性差异存在但相对较小。

表 4-2　2019—2023 年我国 31 个省（自治区、直辖市）的乡村旅游网络关注度各月指数及季节性集中指数

指数	2019 年	2020 年	2021 年	2022 年	2023 年
1 月指数	4 842	4 160	5 062	8 858	37 735
2 月指数	3 956	5 758	5 674	12 215	28 019
3 月指数	5 795	9 432	10 001	22 512	44 295
4 月指数	5 532	5 923	9 935	21 126	42 939
5 月指数	5 842	6 499	13 483	23 393	38 263
6 月指数	5 606	5 954	10 109	21 774	29 637
7 月指数	6 034	5 900	10 993	32 503	41 520
8 月指数	5 669	5 314	8 902	28 824	34 301
9 月指数	5 783	10 179	13 341	21 313	27 030
10 月指数	6 491	5 924	14 442	27 334	35 749
11 月指数	6 512	6 617	11 713	20 379	26 952
12 月指数	5 799	6 509	12 694	15 905	29 303
季节性集中指数	0.973 2	2.052 8	2.228 8	2.499 6	1.469 4

笔者用各月网络关注度除以当年网络关注度总量，得到 2019—2023 年我国 31 个省（自治区、直辖市）乡村旅游网络关注度各月比重指数（如图 4-2 所示）。结果表明，乡村旅游网络关注度各月比重指数总体呈波浪起伏态势，每年形成多个峰值与低谷，多峰山形特征明显。波峰多集中在春季的 3 月、5 月，夏季的 7 月和秋季的 10 月，这些时段温度适宜，气候舒适度较高，草木茂盛，动植物多样性丰富，乡村旅游景点观赏性较强，且其中包含"五一"劳动节假期、暑假及"十一"国庆假期，公众闲暇时

间较为充足。此外，市场对乡村旅游的网络关注多在 1 月、2 月触底。可能原因在于该时段我国大部分地区天气寒冷，花草凋零，自然景观失去生机，多数乡村旅游景区景点进入"冬眠模式"，且公众出游气候舒适度较低。

此外，由图 4-2 可知，我国 31 个省（自治区、直辖市）的乡村旅游网络关注度各月比重指数总体较为稳定，但亦有部分月份存在跳跃性变化。如 2020 年 9 月比重指数迅速增加到 13.02%，笔者经查阅相关政策、新闻事件等发现，可能原因分别在于 2020 年 7 月《文化和旅游部办公厅关于统筹做好乡村旅游常态化新冠疫情防控和加快市场复苏有关工作的通知》的发布，这在一定程度上推动了乡村旅游网络关注度的增长。由此可见，国家政策的支持和导向能够显著提升乡村旅游网络关注度。

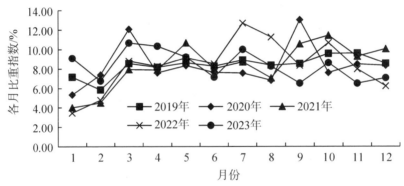

图 4-2　2019—2023 年我国 31 个省（自治区、直辖市）的乡村旅游
网络关注度各月比重指数

第三节　本章小结

笔者借助数理统计法及年际变动指数分析了 2019—2023 年我国 31 个省（自治区、直辖市）乡村旅游网络关注度的年际变化特征，结果表明研究区域乡村旅游网络关注度整体持续上升，市场发展空间及前景较好。但与此同时，受新冠疫情的影响，2019—2023 年公众对乡村旅游市场的网络关注度年际变动幅度整体较大。笔者通过计算季节性集中指数、各月比重指数探析我国 31 个省（自治区、直辖市）乡村旅游网络关注度的月际变化特征，研究发现乡村旅游网络关注度存在季节性差异，且各月比重指数

呈波浪状起伏态势，每年形成多个峰值与低谷，多峰山形特征明显。此外，我国 31 个省（自治区、直辖市）乡村旅游网络关注度各月比重指数总体较为稳定，但由于受到国家相关政策及旅游推介活动等的影响亦有部分月份存在跳跃性变化。

第五章　中国乡村旅游网络关注度空间演变特征

第一节　地区维度

为更直观地反映乡村旅游网络关注度的空间分布格局，一方面，笔者对三大地区乡村旅游网络关注度进行梳理。另一方面，笔者借助 ArcGIS 10.8 对 2019—2023 年我国 31 个省（自治区、直辖市）的乡村旅游网络关注度数据进行空间可视化分析，以各年份不同省（自治区、直辖市）网络关注度数值为标准，基于自然断点法将 31 个省（自治区、直辖市）分为极高关注区、高关注区、中关注区、低关注区和极低关注区 5 个等级，如表 5-1 所示。可以发现，东、中、西部三大地区乡村旅游网络关注度整体上升趋势明显，但总体呈现出东高西低的阶梯状空间分布格局，三大区域空间分布不均衡且区域间存在较大差异。东部地区乡村旅游网络关注度普遍较高，尤其是广东省对乡村旅游的网络关注度在 2023 年更是以 53 062 的关注指数位居全国第一。究其原因，东部地区人口密集，经济发展水平、信息化水平相对较高，乡村旅游产业发展环境较好，旅游需求较为旺盛，关注度自然较高。

从区域内来看，东部区域内高关注区及以上数量最多，占比较高，尤其是广东省始终处于极高关注区，位列第一，关注热度不减。中部区域内处于高关注区及以上的主要有河南、湖北、安徽、湖南四省，处于中关注区及以下的省份主要有山西、江西、吉林、黑龙江四省。西部区域内仅有四川、云南两省始终处于高关注区及以上，其余省（自治区、直辖市）多处于中关注区及以下，尤其是西藏、青海、宁夏始终处于极低关注区，内蒙古在 2023 年也向极低关注区转变，说明该区域的乡村旅游网络关注度整体较低。

总体而言，东、中、西部三大地区乡村旅游网络关注度等级特征明显，空间格局差异鲜明。

表 5-1　2019—2023 年我国 31 个省（自治区、直辖市）的
乡村旅游网络关注度及其等级分布

地区	省级行政区	2019 年	2020 年	2021 年	2022 年	2023 年
东部地区	北京	13 874（◇）	14 043（◇）	13 921（◇）	16 062（△）	23 324（△）
	天津	4 733（□）	3 980（○）	4 561（○）	5 460（○）	7 849（○）
	河北	11 581（△）	11 904（△）	11 735（△）	14 658（△）	18 601（△）
	浙江	16 793（◎）	16 135（◎）	16 668（◎）	23 160（◎）	31 757（◇）
	江苏	15 846（◎）	15 730（◎）	15 784（◎）	22 202（◎）	33 715（◇）
	山东	15 687（◎）	15 354（◎）	15 355（◎）	20 324（◇）	28 689（◎）
	广东	17 875（◎）	16 933（◎）	16 702（◎）	28 748（◎）	53 062（◎）
	福建	12 441（◇）	11 857（△）	12 358（△）	14 997（△）	19 728（△）
	上海	9 162（△）	8 532（△）	9 032（△）	10 955（△）	16 008（△）
	辽宁	9 244（△）	8 146（□）	9 201（□）	11 693（□）	29 967（◇）
	海南	5 823（□）	5 694（□）	6 644（□）	7 391（□）	7 156（○）
中部地区	河南	14 464（◇）	14 337（◇）	15 135（◎）	25 203（◎）	34 669（◇）
	山西	10 887（△）	10 790（△）	10 431（△）	13 343（△）	16 837（□）
	江西	11 467（△）	11 407（△）	12 001（△）	16 569（△）	22 527（△）
	安徽	12 997（◇）	13 461（◇）	13 847（◇）	19 366（◇）	31 439（◇）
	湖北	13 434（◇）	12 939（◇）	13 591（◇）	24 183（◎）	26 981（◇）

表5-1（续）

地区	省级行政区	2019年	2020年	2021年	2022年	2023年
中部地区	吉林	6 820（□）	6 157（□）	9 165（□）	9 631（□）	11 081（□）
	湖南	13 743（◇）	13 567（◇）	14 048（◇）	20 819（◇）	30 069（◇）
	黑龙江	6 582（□）	4 963（□）	6 084（□）	8 059（□）	8 809（○）
西部地区	重庆	13 376（◇）	13 218（◇）	14 140（◇）	22 472（◎）	22 472（△）
	西藏	677（○）	2 570（○）	1 063（○）	1 459（○）	1 485（○）
	新疆	5 187（□）	6 274（□）	8 379（□）	9 805（□）	10 830（□）
	广西	11 172（□）	10 727（□）	12 443（□）	18 422（◇）	28 192（◇）
	甘肃	9 831（△）	9 859（△）	9 401（□）	11 678（□）	13 893（□）
	内蒙古	6 347（□）	6 062（□）	7 432（□）	9 082（□）	9 293（○）
	贵州	11 485（△）	11 929（△）	12 504（△）	17 505（◇）	27 412（◇）
	青海	2 403（○）	2 511（○）	3 327（○）	3 605（○）	4 176（○）
	四川	17 225（◎）	16 734（◎）	17 070（◎）	23 852（◎）	37 583（◎）
	云南	12 333（◇）	13 106（◇）	13 433（◇）	18 747（◇）	30 635（◇）
	宁夏	2 028（○）	3 027（○）	3 260（○）	4 652（○）	6 367（○）
	陕西	10 359（△）	10 198（△）	11 262（△）	14 529（△）	19 726（△）

注："○"表示极低关注区，"□"表示低关注区，"△"表示中关注区，"◇"表示高关注区，"◎"表示极高关注区。

笔者通过式（1-3）测算乡村旅游网络关注度变差系数，结果如图5-1所示。结果表明，三大地区间，东部和中部地区间差异逐渐增大，东部和西部、中部和西部地区间差异逐渐缩小。2019—2023年三大地区的乡村旅游网络关注度变差系数均显现出先降后升的"V"形趋势，且在2021年降到最低，在2023年升至最高。另外，东部地区变差系数居于中、西部之间，说明东部地区省域间网络关注度差异高于中部，低于西部，处于中间水平；中部地区变差系数最小，说明内部省域间网络关注度相对较为均衡；西部地区变差系数明显高于中部、东部及全国，说明内部省域间网络关注度发展差异较大。

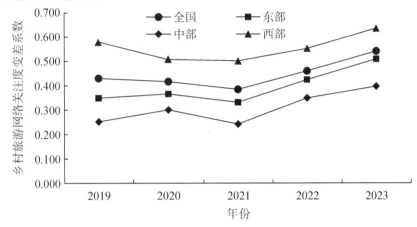

图 5-1　2019—2023 年我国乡村旅游网络关注度变差系数

笔者依据式（1-4）对全国及三大地区乡村旅游网络关注度的空间自相关性进行测算，结果如图 5-2 所示。2019—2023 年全国乡村旅游网络关注度全局莫兰指数在 0.276～0.358 波动，均为正且通过了 99% 的置信度检验，其中 2022 年增长明显，达到最大值 0.358，说明全国乡村旅游网络关注度呈现较强的空间正相关，且在 2022 年相关性最强，集聚特征最为鲜明。从区域来看，东、中、西部三大地区差异较大。东部地区乡村旅游网络关注度全局莫兰指数均为负，整体呈现下降趋势，且在 2023 年降到最低值 -0.151，说明内部呈现显著负相关，空间差异较大，相异属性地区集聚明显。中部地区乡村旅游网络关注度全局莫兰指数均为正且大于 0.5，数值明显高于东、西部，但整体呈现下降趋势，说明中部地区呈现明显正相关，且集聚程度明显高于东、西部地区。西部地区乡村旅游网络关注度全局莫兰指数在 0.196～0.326 波动，居于中、东部之间，整体呈现缓慢上升趋势，说明该地区集聚程度高于东部，低于中部，位于两者之间，但内部集聚趋势正逐步增强。

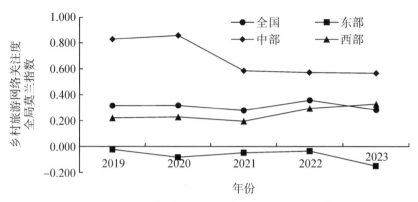

图 5-2　2019—2023 年我国乡村旅游网络关注度全局莫兰指数

第二节　省级维度

为进一步了解各省（自治区、直辖市）的乡村旅游网络关注度的变化，笔者将排序细分为 1～10（上游）、11～20（中游）、21～31（下游）三个层级，以及平稳（排名在上游、中游、下游各层级内波动）、上升（排名由中游或下游向更高层级上升）、下降（排名由上游或中游向更低层级下降）、波动（排名在不同层级间跳跃）四种类型，如表 5-2 所示。结果表明，全国乡村旅游网络关注度序位变化整体保持稳定，波幅较小，77.42% 的省（自治区、直辖市）属于平稳型，上升型、下降型、波动型省（自治区、直辖市）占比仅为 22.58%。平稳型中处于上游的有广东、四川、浙江、江苏、山东、河南、湖南等，平稳型中处于下游的有宁夏、青海、西藏等。上升型有辽宁、安徽、云南三省，其中辽宁上升趋势最为明显，并在 2023 年上升 11 个序位一跃到上游。究其原因可能是 2023 年《辽宁省支持乡村旅游重点村建设方案》《辽宁省文旅产业高质量发展行动方案（2023—2025 年）》等政策文件发布，并且辽宁省推出了文旅促消费便民惠民举措近百项，以及举办了"辽宁乡村文化旅游季"系列推广活动等。下降型主要是北京、重庆和甘肃，其中尤以重庆降幅最大，2023 年相较上年下降 10 个序位，乡村旅游网络关注度骤减。波动型主要是湖北，2019—2023 年不断在上游、中游波动，尤以 2022 年最为突出，相较上年上升了 8 个序位一跃到上游且排名第 3，但在 2023 年又下降 10 个序位排名降至 13 退回中游，波动幅度较大。

表 5-2 2019—2023 年我国 31 个省（自治区、直辖市）的乡村旅游网络
关注度的序位变化

类型	东部地区	中部地区	西部地区
平稳型	广东（上游，1、1、2、1、1）	河南（上游，6、6、6、2、3）	四川（上游，2、2、1、4、2）
	浙江（上游，3、3、3、5、5）	湖南（上游，8、8、8、8、8）	贵州（中游，15、13、13、13、12）
	江苏（上游，4、4、4、7、4）	江西（中游，16、16、16、14、15）	广西（中游，17、18、14、12、11）
	山东（上游，5、5、5、9、10）	山西（中游，18、17、19、19、20）	陕西（中游，19、19、18、18、18）
	福建（中游，12、15、15、16、17）	吉林（下游，23、24、22、24、23）	内蒙古（下游，25、25、25、25、25）
	河北（中游，14、14、17、17、19）	黑龙江（下游，24、27、27、26、26）	新疆（下游，27、23、24、23、24）
	上海（下游，22、21、23、22、21）	—	青海（下游，29、31、29、30、30）
	海南（下游，26、26、26、27、28）	—	宁夏（下游，30、29、30、29、29）
	天津（下游，28、28、28、28、27）	—	西藏（下游，31、30、31、31、31）
上升型	辽宁（下游—中游—上游，21、22、21、20、9）	安徽（中游—上游，11、9、10、10、6）	云南（中游—上游，13、11、12、11、7）
下降型	北京（上游—中游，7、7、9、15、14）	—	重庆（上游—中游，10、10、7、6、16）
			甘肃（中游—下游，20、20、20、21、22）
波动型	—	湖北（上游—中游—上游—中游，9、12、11、3、13）	—

注：括号内数值依次为 2019—2023 年乡村旅游网络关注度的序位。

笔者计算了 2019—2023 年我国 31 个省（自治区、直辖市）的乡村旅

游网络关注度局部莫兰指数，并据此绘制了图 5-3。由图 5-3 可知，我国 31 个省（自治区、直辖市）主要分布在第一、三象限，呈现出明显的"高-高"和"低-低"集聚。其中，"高-高"集聚以东部地区的浙江、山东、广东和江苏，中部地区的安徽、江西、河南、湖北和湖南等为主，"低-低"集聚以吉林、黑龙江、内蒙古、西藏、甘肃、青海、宁夏和新疆等中西部地区省级行政区为主，其中西部地区尤为明显。这充分说明省级行政区之间对乡村旅游的网络关注存在明显的空间异质性和不均衡性，且区域极化现象显著。

（a）2019年Moran's *I*=0.313　（b）2020年Moran's *I*=0.311　（c）2021年Moran's *I*=0.272

（d）2022年Moran's *I*=0.357　（e）2023年Moran's *I*=0.285

图 5-3　2019—2023 年我国 31 个省（自治区、直辖市）的乡村旅游网络关注度省域分布情况

注：第一、二、三、四象限分别代表"高-高"集聚、"低-高"集聚、"低-低"集聚、"高-低"集聚。

第三节　本章小结

　　本章主要借助 ArcGIS 10.8 对 2019—2023 年我国 31 个省（自治区、直辖市）的乡村旅游网络关注度数据进行空间可视化分析，并以各年份不同省（自治区、直辖市）的网络关注度的数值为标准将 31 个省（自治区、直辖市）划分为极高关注区、高关注区、中关注区、低关注区和极低关注区 5 个等级。本章通过对变差系数及空间自相关性的测算了解乡村旅游网络关注度在东、中、西部三大地区之间及内部子区域的空间差异程度和集聚程度；通过对乡村旅游网络关注度进行排序，将 31 个省（自治区、直辖市）划分为上游、中游和下游三个层级，以及平稳型、上升型、下降型和波动型四种类型。笔者通过研究发现，中国乡村旅游网络关注度整体上升趋势明显，但呈现出东高西低的阶梯状空间分布格局，三大地区以及空间分布不均衡且区域间差异较大。极高关注区主要分布在山东、江苏、浙江等东部地区，高关注区主要分布在湖北、湖南、安徽等中部地区，低关注区及以下则主要分布在西藏、青海、宁夏等西部地区。此外，我国 31 个省（自治区、直辖市）乡村旅游网络关注度序位变化整体保持稳定，波幅较小，以平稳型为主。

第六章 中国乡村旅游网络关注度市场演变特征

第一节 市场客群分析

一、2019 年市场客群分析

（一）省级维度

2019 年全国游客乡村旅游抖音、头条指数省域排名分别如图 6-1、图 6-2 所示。从省域分布的占比来看，各省级行政区差异显著。其中，抖音指数显示广东占比超 12% 遥遥领先，意味着广东的游客在抖音上搜索乡村旅游内容的频率明显高于其他省级行政区，是乡村旅游的高搜索热度地区，充分显示出广东在乡村旅游方面的热度和关注度。位于第二梯度的是江苏和四川两个省份。位于第三梯度的分别为浙江、安徽、河南、湖北、贵州等省级行政区。其余省级行政地区占比低于 4%，市场份额明显较低。头条指数显示，广东以 10.95% 的占比排名第一，是搜索乡村旅游频率最高的省份，占比在 4% 以上的分别是四川、山东、河南、江苏、陕西和河北六省。可以发现，两大平台的搜索指数虽略有差异但均表明广东在乡村旅游市场的优势。

从省域分布的目标群体指数（TGI）来看，抖音指数显示，贵州、甘肃、安徽三省的 TGI 分别为 174.11、144.96、142.02，均大于 140，排名前三，说明这三个省的游客在搜索乡村旅游内容的活跃度上远高于全国平均水平，乡村旅游在这三个省的市场潜力和受欢迎程度明显较高。头条指数显示，青海以 237.8 的 TGI 领先，其次是甘肃（180.2）和陕西（170.92）。可以看出，两大平台存在显著差异，TGI 省域排名明显不同：在抖音平台，贵州活跃度最高；在头条平台，青海活跃度最高。

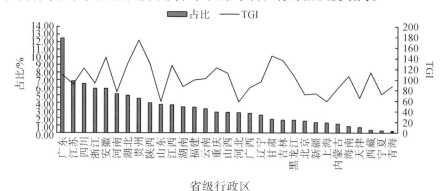

图 6-1　2019 年全国游客乡村旅游抖音指数省域排名

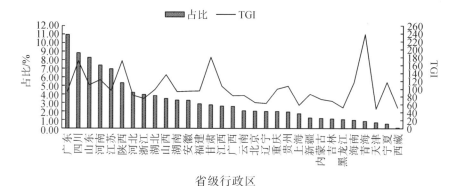

图 6-2　2019 年全国游客乡村旅游头条指数省域排名

总的来说，2019 年乡村旅游的高搜索热度地区主要集中在广东、江苏、四川、河南，其中尤以广东为最，排名第一，是 2019 年乡村旅游的核心市场。但与此同时，甘肃、青海、贵州、四川、陕西的 TGI 排名前列，说明这些省份的游客对乡村旅游的关注度较高，市场增长潜力强劲，未来或将成为乡村旅游发展的重要新兴市场，不容忽视。

（二）市级维度

2019 年全国游客乡村旅游抖音、头条指数城市排名分别如图 6-3、图 6-4 所示。2019 年全国游客乡村旅游搜索排名前 30 城市所属级别见表 6-1。

从城市层级的维度审视，其一，抖音指数显示，2019 年乡村旅游关注热度排名前 30 的城市包含一线城市 4 个、新一线城市 11 个、二线城市 6 个、三线城市 7 个、四线城市 2 个、五线城市 0 个。这说明关注乡村旅游的城市以新一线城市居民为主，二、三线城市次之，四、五线城市明显较少。再结合当年各城市级别所包含的城市数量（见附表 3-11），我们可以得出对乡村旅游市场的关注一线城市覆盖率为 100%，新一线城市覆盖率为 73.33%，二线城市覆盖率为 20%，三线城市覆盖率为 10%，四线城市覆盖率为 2.22%，五线城市覆盖率为 0。由此可知，城市级别与乡村旅游关注度覆盖率呈现出较为明显的正相关性。进一步分析可知，一线城市居民对乡村旅游市场的关注度最高，显示出极强的参与意愿。随着城市等级的下降，关注度逐渐降低。新一线城市居民虽然也有较高的关注度，但与一线城市相比差距明显。二线、三线、四线城市居民的关注度依次递减，而五线城市则完全没有覆盖，表明乡村旅游市场在这些地区的认知度较低。此外，还可以看出乡村旅游市场的关注度在城市间分布不均衡，主要集中在经济发达、消费水平高的一线城市和新一线城市，而较低等级的城市，尤其是四、五线城市，乡村旅游市场的开发和宣传显然不足。其二，头条指数显示，2019 年乡村旅游关注热度排名前 30 的城市，包含一线城市 4 个、新一线城市 12 个、二线城市 8 个、三线城市 5 个、四线城市 1 个、五线城市 0 个。再结合当年各城市级别所包含的城市数量，我们可以得出对乡村旅游市场的关注一线城市覆盖率为 100%，新一线城市覆盖率为 80%，二线城市覆盖率为 26.67%，三线城市覆盖率为 7.14%，四线城市覆盖率为 1.11%，五线城市覆盖率为 0。与抖音平台显示结果基本相同，再次说明不同城市级别居民对乡村旅游的偏好和需求差异，说明经济较为发达、人口密集的大城市居民对乡村旅游的兴趣和需求更高。

从具体城市的搜索指数占比来看，2019 年抖音指数显示重庆以 4.72% 的占比位列榜首。其次是宣城和成都占比均超过 3%，位列第二梯队。紧随其后的是广州、深圳、南京、北京和西安，占比分别为 2.84%、2.59%、2.57%、2.53% 和 2.50%，均大于 2.50%，相差较小，同属第三梯队。2019 年头条指数则显示成都占比高达 6.10%，位列第一，其次是西安、北京、重庆和广州，占比分别是 3.99%、3.38%、3.30% 和 3.17%。由此可见，无论是抖音指数还是头条指数，都有某个城市以显著优势占比明显高于其他城市，说明这些城市在乡村旅游方面的关注度远高于其他城市，形成了明显的头部效应。此外，在排名较靠后的城市中，关注度逐渐降低，形成了明显的梯队分布。如抖音指数中的第二梯队（宣城、成都）和第三梯队（广州、深圳、南京等），头条指数中第二梯队（西安、北京、重庆、广州）和第三梯队（上海、深圳、郑州等）。

从各城市的 TGI 来看，2019 年抖音指数显示安徽省宣城市的 TGI 以 1 882.08 的绝对性优势排名第一，对乡村旅游内容的关注和偏好极高。其次较为突出的分别是广东省的潮州市和湖北省的黄石市，它们的 TGI 分别为 759.55、692.64。各城市 TGI 差异明显。2019 年头条指数显示四川省南充市 TGI 最高，为 494.9；其次较高的是江苏省常州市、陕西省咸阳市和四川省成都市，它们的 TGI 分别为 336.22、301.36、293.11。不难发现，TGI 高的城市多为三线和四线城市，充分说明三、四线城市用户对乡村旅游内容的关注和偏好程度较高，未来乡村旅游发展潜力较大。

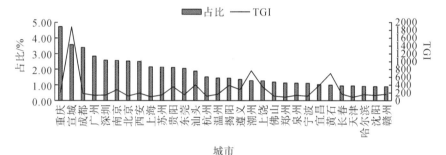

图 6-3　2019 年全国游客乡村旅游抖音指数城市排名

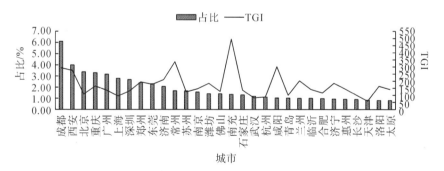

图 6-4　2019 年全国游客乡村旅游头条指数城市排名

表 6-1　2019 年全国游客乡村旅游搜索排名前 30 城市所属级别

城市级别	抖音指数城市列表	头条指数城市列表
一线城市	北京、上海、广州、深圳	北京、上海、广州、深圳
新一线城市	重庆、成都、南京、西安、苏州、东莞、杭州、郑州、宁波、天津、沈阳	成都、西安、重庆、郑州、东莞、苏州、南京、武汉、杭州、青岛、长沙、天津
二线城市	贵阳、温州、泉州、长春、哈尔滨、佛山	济南、常州、佛山、石家庄、兰州、合肥、太原、惠州
三线城市	汕头、揭阳、遵义、潮州、上饶、宜昌、赣州	潍坊、咸阳、临沂、济宁、洛阳
四线城市	宣城、黄石	南充

注：关于城市所属级别的划分均以当年官方公布的划分结果为准（见附表 3-11）。

总的来说，2019 年关注乡村旅游的城市以一线、新一线城市为主，二、三线城市次之，城市级别与关注度覆盖率呈现出较为明显的正相关性。此外，乡村旅游市场的关注度在城市分布上呈现出明显的不均衡性，主要集中在经济发达、消费水平高的一线城市和新一线城市。可能原因在于随着城市化进程的加速，大城市居民对逃离城市喧嚣、寻求自然与宁静的乡村旅游体验的需求日益增加。乡村旅游作为一种休闲方式，可能正在成为大城市居民减压、放松和体验不同生活方式的重要途径。但与此同时，宣城、南充、黄石、潮州等三、四线城市的发展潜力不容忽视。

二、2020 年市场客群分析

（一）省级维度

2020 年全国游客乡村旅游抖音、头条指数省域排名分别如图 6-5、图 6-6 所示。从省域分布的占比来看，2020 年抖音指数显示，广东以 9.47% 的占比位居榜首，显著领先于其他省级行政区，河南、四川、江苏和安徽紧随其后。2020 年头条指数显示，广东同样以 10.53% 的占比位列第一，进一步印证了广东在乡村旅游搜索方面的领先地位，山东、江苏、四川和河南紧随其后，与抖音平台结果基本吻合。此外，虽排序与抖音平台略有不同，但宁夏、青海、西藏均为排名靠后的三个省级行政区。由此可见，除广东之外，河南、四川、江苏的游客在两大平台上搜索乡村旅游的频率亦较高；而宁夏、青海、西藏乡村旅游热度低。

　　从省域分布的 TGI 来看，抖音指数显示，甘肃、新疆、西藏、贵州、云南的 TGI 分别为 184.43、168.02、147.72、144.01、143.46。头条指数显示，甘肃和陕西的 TGI 分别为 249.26、197.91。显然，两大平台数据差异较大，抖音平台省级行政区的 TGI 最高值远低于头条平台，但抖音平台各省级行政区的 TGI 相对较为均衡。此外，还可以发现虽然两大平台各省级行政区的 TGI 排序不同，但排名靠前的甘肃、新疆、西藏、贵州、云南和陕西等均属于西部地区，充分说明西部地区游客在搜索乡村旅游内容的活跃度上高于全国平均水平。

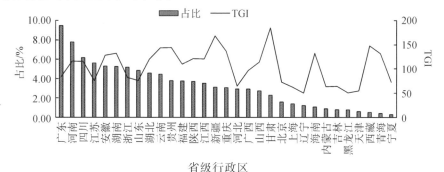

图 6-5　2020 年全国游客乡村旅游抖音指数省域排名

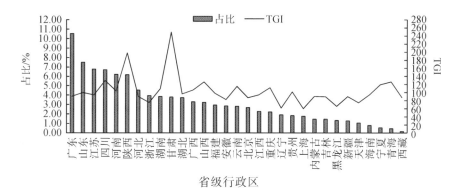

图 6-6　2020 年全国游客乡村旅游头条指数省域排名

　　总的来说，2020 年广东在乡村旅游搜索方面占据显著领先地位，河南、四川、江苏也表现出较高的搜索热度，是乡村旅游的重要市场。此外，西藏、青海、宁夏在两大平台均占比低，乡村旅游热度低。与此同时，甘肃、新疆、西藏、贵州、云南和陕西的乡村旅游搜索的活跃度显著高于全国均值，说明乡村旅游在西部地区的市场潜力不可小觑。

（二）市级维度

2020 年全国游客乡村旅游抖音、头条指数城市排名分别如图 6-7、6-8 所示。2020 年全国游客乡村旅游搜索排名前 30 城市所属级别如表 6-2 所示。

从城市层级的维度审视，其一，抖音指数显示，乡村旅游关注热度排名前 30 的城市中，一线城市 4 个、新一线城市 13 个、二线城市 7 个、三线城市 5 个、四线城市 1 个、五线城市 0 个。这说明乡村旅游在全国范围内已基本获得普遍关注且以新一线城市为主，二、三线城市次之。此外，一线城市和新一线城市合计 17 个，占了前 30 名中的 56.67%，在乡村旅游关注热度上占据主导地位。可能原因在于经济较为发达的城市居民，由于生活节奏快、工作压力大，因此更加渴望在闲暇时到乡村放松心情、体验不同的生活方式。与此同时，虽然二线、三线和四线城市的数量相对较少，但亦可表明乡村旅游的吸引力不仅限于经济发达的大城市，这些城市的居民同样对乡村旅游有需求，只是可能由于经济条件、交通便捷性等因素，关注度相对较低。其二，头条指数显示，乡村旅游关注热度排名前 30 的城市包含一线城市 4 个、新一线城市 14 个、二线城市 8 个、三线城市 4 个、四线和五线城市均为 0 个。与抖音平台显示结果基本相同，再次证明一线城市和新一线城市在乡村旅游关注热度上占据显著优势，表明这些城市的居民更有条件和意愿去探索和体验乡村旅游。

从具体城市的搜索指数占比来看，2020 年抖音指数显示，重庆以 6.93% 的占比位列榜首。成都紧随其后占比 4.65% 位列第二梯队，但与重庆差距明显较大。第三梯队主要有广州、北京、西安、上海、长沙、合肥和深圳，占比均超过 3%。2020 年头条指数显示，西安占比 5.59%，位居第一；紧随其后的是成都和北京，分别占比 5.27%、4.98%，与西安相差较小，竞争激烈。对比两个指数，可以发现部分城市存在"错位"现象，如：重庆在抖音指数中位列榜首，但在头条指数中则排名较后；西安在头条指数中领先，但在抖音指数中仅在第三梯队。这反映了不同平台用户对不同城市的乡村旅游资源和宣传的接受度和偏好存在差异。

从各城市的 TGI 来看，2020 年抖音指数显示，安徽省合肥市的 TGI 以 365.13 排名第一，紧追其后的是河南省洛阳市和重庆市，它们的 TGI 分别为 343.99、309.24，均在 300 以上。2020 年头条指数显示，陕西省西安市的 TGI 高达 385.55，其次较高的是陕西省的咸阳市、甘肃省的兰州市和江苏省的南京市，它们的 TGI 分别为 351.1、342.22、299.04，远超平均水平。这表明这些城市的乡村旅游在相应平台上具有巨大的市场潜力，可能吸引更多的用户关注和参与。

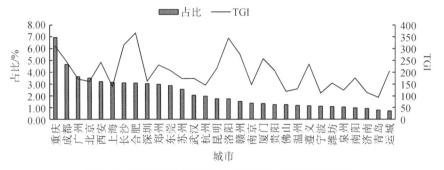

图 6-7　2020 年全国游客乡村旅游抖音指数城市排名

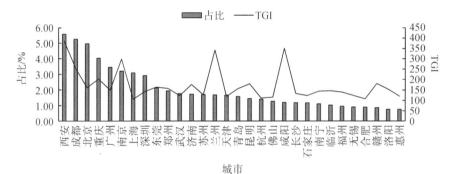

图 6-8　2020 年全国游客乡村旅游头条指数城市排名

表 6-2　2020 年全国游客乡村旅游搜索排名前 30 城市所属级别

城市级别	抖音指数城市列表	头条指数城市列表
一线城市	广州、北京、上海、深圳	北京、广州、上海、深圳
新一线城市	重庆、成都、西安、长沙、合肥、郑州、东莞、苏州、武汉、杭州、南京、佛山、青岛	西安、成都、重庆、南京、东莞、郑州、武汉、苏州、天津、杭州、青岛、佛山、长沙、合肥
二线城市	昆明、厦门、贵阳、温州、宁波、泉州、济南	济南、兰州、昆明、石家庄、南宁、福州、无锡、惠州
三线城市	洛阳、赣州、遵义、潍坊、南阳	咸阳、临沂、赣州、洛阳
四线城市	运城	

注：关于城市所属级别的划分均以当年官方公布的划分结果为准（见附表 3-12）。

总的来说，2020 年乡村旅游在全国范围内已基本获得普遍关注，一线城市和新一线城市在乡村旅游关注热度上持续占据主导地位，四线和五线城市则明显缺席。对比两个指数，一方面，我们可以发现部分城市存在"错位"现象，即部分城市在两大平台的排名次序相差较大，如江苏省南京市、山东省青岛市和河南省洛阳市等；另一方面，我们可以发现部分城市如云南省昆明市、广东省深圳市等在两大平台的搜索指数占比和 TGI 基本保持一致。

三、2021 年市场客群分析

（一）省级维度

2021 年全国游客乡村旅游抖音、头条指数省域排名分别如图 6-9、图 6-10 所示。从省域分布的占比来看，抖音指数显示，河南和广东分别以 8.97%、8.51%的占比位列第一、第二。占比低的五个省级行政区分别是青海、天津、黑龙江、西藏和宁夏。头条指数显示，广东以 10.61%的占比显著领先，而后是河南、山东、四川、江苏、湖北和陕西。占比低的五个省级行政区分别为黑龙江、海南、宁夏、青海和西藏，其中尤以西藏最低占比仅为 0.12%。综合两大平台数据可以发现，河南和广东乡村旅游热度极高，是乡村旅游的两大主力市场，四川、湖北是乡村旅游的重要市场，而青海、黑龙江、西藏和宁夏乡村旅游热度明显处于极低关注区水平，乡村旅游市场有待挖掘。

从省域分布的 TGI 来看，抖音指数显示，甘肃、云南、贵州和青海和 TGI 分别为 206.73、195.61、181.84、174.59。头条平台显示，甘肃的 TGI 高达 254.16，远高于全国其他省级行政区。而后为陕西、湖北和青海，它们的 TGI 分别为 156.64、152.53 和 147.64。不难发现，两大平台 TGI 排名前列的省级行政区除湖北外均为西部地区省级行政区，充分表明甘肃、云南、贵州、青海、陕西等西部地区省级行政区的游客在搜索乡村旅游内容的活跃度上逐渐提高，蕴藏着巨大的增长机遇和发展空间。

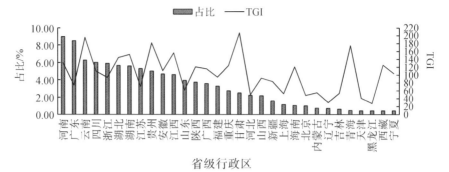

图 6-9 2021 年全国游客乡村旅游抖音指数省域排名

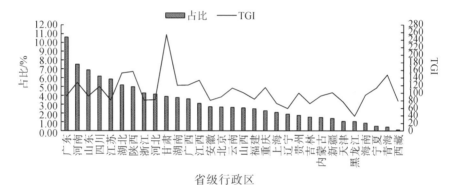

图 6-10 2021 年全国游客乡村旅游头条指数省域排名

总的来说，2021 年乡村旅游的热度主要集中在河南和广东两个省份，四川、湖北的乡村旅游热度也较高，而青海、黑龙江、西藏和宁夏乡村旅游热度明显处于较低水平，当地政府对其乡村旅游市场有待加强宣传、营销和推广。此外，甘肃、青海也展现出强劲的市场增长潜力。

（二）市级维度

2021 年全国游客乡村旅游抖音、头条指数城市排名分别如图 6-11、6-12所示。2021 年全国游客乡村旅游搜索排名前 30 城市所属级别见表 6-3。

从城市层级的维度审视，其一，抖音指数显示，乡村旅游关注热度排名前 30 的城市中，一线到五线城市的数量分别为 4 个、12 个、7 个、5 个、1 个和 1 个。新一线城市和二线、三线城市数量合计 24 个，在热度排名前 30 的城市中占据 80%。其中又以新一线城市数量最多，达到 12 个，占比 40%。这充分说明 2021 年乡村旅游在各级城市均已获得普遍关注，但不均衡性较为明显。可能原因在于新一线城市居民对乡村旅游有着较高的兴趣和需求，更倾向于选择距离适中、环境优美的乡村作为休闲度假的目的地。此外，四线和五线城市均仅有 1 个，一方面说明四、五线城市整体在乡村旅游关注热度上的表现明显较弱；另一方面也说明恩施和临沧脱颖而出，是四、五线城市未来乡村旅游市场发展的潜力股。其二，头条指数显示，乡村旅游关注热度排名前 30 的城市中，一线到五线城市的数量分别为 4 个、14 个、10 个、2 个、0 个和 0 个。其中，数量最多的当属新一线城市，有 14 个，占比 46.67%。其次是二线城市，有 10 个，占比 33.33%。三线、四线和五线城市数量极少，尤其是四线和五线城市数量为 0。这再次论证了乡村旅游市场热度分布的不均衡性，说明了乡村旅游市场的空间差异性。

从具体城市的搜索指数占比来看，2021 年抖音指数显示，重庆以 3.28% 的占比排名首位，虽与上一年 6.93% 的高占比相差甚远，但依然位列榜首，且明显高于其他城市，优势明显。紧随其后排在第二的依然是成都，没有变化，说明成都对乡村旅游市场的关注持续稳定。而后占比较高的主要有洛阳、郑州、赣州等地。头条指数显示与上年相比，2021 年北京与成都在乡村旅游市场的关注度上实现了对西安的超越，分别跃升至第一位与第二位，而西安则滑落至第三位，排名的变动说明了市场竞争格局的动态变化性。另外值得注意的是，尽管排序有所调整，但城市阵容保持了一贯性，依然由北京、成都、西安三座城市构成。此外，就占比而言，三个城市的占比分别为 3.34%、3.04% 和 2.88%，三者在市场份额上保持了高度的接近性，而且均处于较高水平，充分说明这三个城市均具备较强的市场影响力和竞争力。

从各城市的 TGI 来看，2021 年抖音指数显示，云南省临沧市的 TGI 以高达 800.74 的数值遥遥领先，占据首位，显示了临沧市在抖音平台上乡村旅游的相关内容或用户活跃度相较于其他地区有极为显著的增长。河南省洛阳市、江西省赣州市和湖北省恩施市位列其后，它们的 TGI 分别为 380.82、308.33 和 290.17，同样远超平均水平，表明这些地区在抖音上的表现同样较为活跃，但相较于临沧市仍有较大的差距。整体而言，不同地区在抖音平台上的影响力和用户参与度存在显著差异，临沧市在这一年的表现尤为亮眼。对比头条指数与抖音指数，可以观察到头条指数呈现出更为均衡的分布特征。具体而言，2021 年，甘肃省兰州市的 TGI 达到了 346.71，稳居首位，凸显了兰州市在头条平台上的独特影响力和内容活跃度。相比之下，其他城市如河南省洛阳市、陕西省西安市、江西省赣州市、湖北省武汉市以及山东省临沂市等的 TGI 相差较小，乡村旅游市场活跃度趋于一致，呈现出"百花齐放、平分秋色"的竞争态势。简而言之，在头条平台，TGI 显示出乡村旅游市场活跃度在各城市间表现出更为均衡的态势。

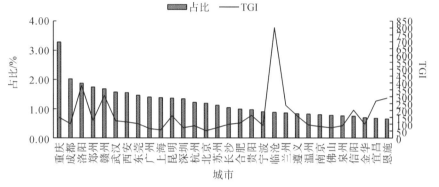

图 6-11　2021 年全国游客乡村旅游抖音指数城市排名

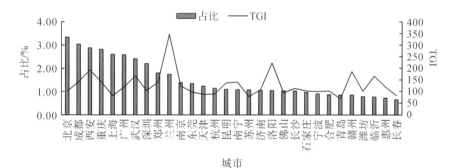

图 6-12　2021 年全国游客乡村旅游头条指数城市排名

表 6-3　2021 年全国游客乡村旅游搜索排名前 30 城市所属级别

城市级别	抖音指数城市列表	头条指数城市列表
一线城市	深圳、北京、广州、上海	北京、上海、广州、深圳
新一线城市	重庆、成都、郑州、南京、佛山、杭州、苏州、长沙、宁波、东莞、武汉、西安	成都、西安、重庆、武汉、郑州、南京、东莞、天津、杭州、苏州、佛山、长沙、宁波、青岛
二线城市	温州、泉州、金华、合肥、贵阳、兰州、昆明	兰州、昆明、南宁、济南、石家庄、合肥、潍坊、临沂、惠州、长春

表6-3（续）

城市级别	抖音指数城市列表	头条指数城市列表
三线城市	洛阳、赣州、遵义、信阳、宜昌	洛阳、赣州
四线城市	恩施	
五线城市	临沧	

注：关于城市所属级别的划分均以当年官方公布的划分结果为准（见附表3-13）。

总的来说，2021年乡村旅游在全国范围内从一线至五线城市均受到了关注，但各级城市之间的不均衡性较为明显。一线城市、新一线城市及二线城市在乡村旅游市场中占据主导地位，是乡村旅游发展的主要推动力。相比之下，三线、四线和五线城市表现较弱，但亦涌现出了如湖北恩施、云南临沧等亮点城市，展现出了巨大的发展潜力。此外，抖音和头条平台的城市TGI波动情况也反映出乡村旅游市场的竞争日益激烈。

四、2022年市场客群分析

（一）省级维度

2022年全国游客乡村旅游抖音、头条指数省域排名分别如图6-13、图6-14所示。从省域分布的占比来看，抖音指数显示，广东以10.21%的占比遥遥领先，排名第一。河南、四川、浙江和云南分别占6.93%、6.90%、6.19%、6.08%，不相上下，相差较小。宁夏、西藏、青海仅分别占0.38%、0.35%、0.29%，处于较低水平。头条指数显示，广东以高达12.76%的占比居榜首，位于第二梯度的有山东、河南、江苏和四川。山东虽仅次于广东排名第二，但与广东相差甚远，差距较大。位列倒数三位的分别是宁夏、青海、西藏。由此可见，广东在乡村旅游市场中占据着举足轻重的地位，其乡村旅游的关注热度显著超越其他省级行政区，展现出无可比拟的市场优势与吸引力。河南、四川两个省份在两个平台均拥有较高占比，是乡村旅游不容忽视的重要市场。宁夏、青海、西藏依然处于乡村旅游极低关注区。

从省域分布的TGI来看，2022年抖音指数显示，贵州和云南的TGI分别为194.15、189.22，排名第一、第二。而后依次为江西、海南和重庆。2022年头条指数显示，甘肃、陕西、青海、吉林、宁夏的TGI分别为

184.85、136.17、129.31、124.58、120.36，明显高于其他省级行政区，两大平台排名前五的省级行政区虽不同，但亦存在明显的共同点。抖音指数中排名前五的省级行政区中有贵州、云南和重庆，头条指数中排名前五的省级行政区中有甘肃、陕西、青海和宁夏，均属于西部地区，充分表明这些地区的乡村旅游市场具有较大的增长空间和发展潜力，可以通过加大宣传力度、精准营销等方式进一步开发和推广，提升乡村旅游的知名度和增大吸引力。

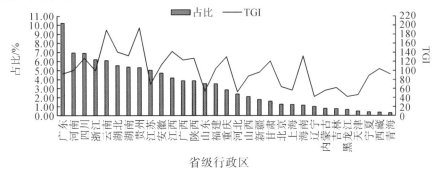

图 6-13　2022 年全国游客乡村旅游抖音指数省域排名

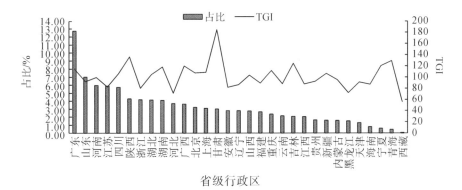

图 6-14　2022 年全国游客乡村旅游头条指数省域排名

总的来说，2022 年各省级行政区在两大平台上所体现出的对乡村旅游的关注和偏好存在差异，但不可否认广东、河南、四川等省级行政区在乡村旅游市场中占据重要地位。尤其是广东在两个平台上的搜索分布占比均居首位，TGI 亦表明广东游客基数庞大且对乡村旅游的兴趣保持稳定。反观宁夏、青海、西藏依然属于乡村旅游极低关注区。

（二）市级维度

2022 年全国游客乡村旅游抖音、头条指数城市排名分别如图 6-15、

图 6-16 所示。2022 年全国游客乡村旅游搜索排名前 30 城市所属级别列表见表 6-4。

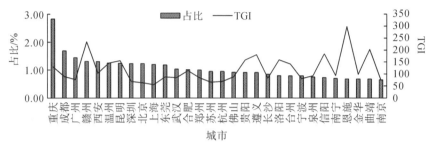

图 6-15　2022 年全国游客乡村旅游抖音指数城市排名

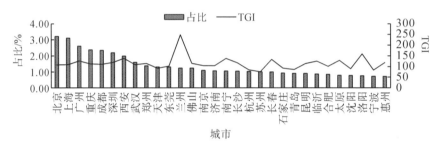

图 6-16　2022 年全国游客乡村旅游头条指数城市排名

表 6-4　2022 年全国游客乡村旅游搜索排名前 30 城市所属级别

城市级别	抖音指数城市列表	头条指数城市列表
一线城市	上海、北京、广州、深圳	上海、北京、广州、深圳
新一线城市	成都、重庆、杭州、西安、武汉、苏州、郑州、南京、长沙、东莞、宁波、佛山、合肥	成都、重庆、杭州、西安、武汉、苏州、郑州、南京、天津、长沙、东莞、宁波、佛山、合肥、青岛
二线城市	昆明、温州、贵阳、泉州、南宁、金华	昆明、沈阳、济南、兰州、南宁、长春、石家庄、临沂、太原、惠州
三线城市	台州、赣州、遵义、洛阳、信阳	洛阳
四线城市	恩施、曲靖	

注：关于城市所属级别的划分均以当年官方公布的划分结果为准（见附表 3-14）。

从城市层级的维度来看，抖音指数显示，2022 年乡村旅游关注热度排名前 30 的城市中，一线城市、新一线城市、二线城市、三线城市、四线城市和五线城市的数量分别为 4 个、13 个、6 个、5 个、1 个、1 个；头条指数显示，2022 年乡村旅游关注热度排名前 30 的城市中，一线城市、新一线城市、二线城市、三线城市、四线城市和五线城市的数量分别为 4 个、15 个、10 个、1 个、0 个、0 个。首先，无论是抖音指数还是头条指数，一线城市在乡村旅游关注热度排名前 30 的城市中都占据了 4 个席位，表明一线城市居民对乡村旅游的兴趣依然很高。其次，新一线城市仍是乡村旅游的主要关注群体。在两个平台中，新一线城市在乡村旅游关注热度上均占据了重要地位。抖音指数中新一线城市有 13 个，头条指数中更是达到了 15 个，反映出新一线城市居民可能因为相对于一线城市居民有更多的闲暇时间和经济能力去体验乡村旅游，对乡村旅游的关注度最高。再次，二线城市在两个平台的数量存在差异，抖音指数中有 6 个，而头条指数中有 10 个，但总体上二线城市对乡村旅游的关注亦相对较高。最后，三线、四线和五线城市在乡村旅游关注热度上的表现明显较弱，尤其是在头条指数中，排名前 30 的城市中四线和五线城市数量为 0，反映了这些城市居民在乡村旅游方面的需求和关注度依然处于低水平。

从具体城市的搜索指数占比来看，首先，2022 年抖音指数城市占比相较上年明显更为均衡。具体体现在 2021 年与 2022 年的指数分析中，重庆连续两年稳居榜首。然而对比两年数据可以发现，2021 年重庆的搜索占比为 3.28%，超越了 3% 的阈值，远超其他城市，显示出极强的头部效应。2022 年搜索占比下降至 2.83%，意味着市场热度在一定程度上分散至其他城市，头部效应减弱。其次，其他城市的搜索占比数值差异逐渐缩小。2021 年搜索占比在 2%~3%、1%~2%、1% 以下的城市数量分别为 1 个、14 个和 14 个，2022 年则分别为 1 个、13 个和 16 个，表明原本集中在较高占比区间的城市数量有所减少，而在较低占比区间的城市数量则有所增加，反映出游客对乡村旅游的需求和偏好日益多样化，因此不同城市都能吸引到一定比例的游客关注，从而使得市场分布更加均衡。从头条指数来看，梯队划分依然明显。北京和上海两地以超过 3% 的占比遥遥领先，位于第一梯队。广州、重庆、成都和深圳紧随其后，占比在 2.19%~2.60%，相差较小，属于第二梯队。西安、武汉等 13 个城市占比在 1%~2%，属于第三梯队。长春、石家庄、青岛等地占比在 1% 以下，属于第四梯队。

从各城市的 TGI 来看，2022 年抖音指数显示，各城市的 TGI 分布显示出显著的波动性和局部高峰，不同城市的 TGI 差异明显较大。如湖北省恩施市和江西省赣州市的 TGI 分别为 297.96、234.84，明显高于其他地区，形成局部高峰。而上海市和江苏省苏州市的 TGI 分别为 55.79、65.9，形成局部低谷。2022 年头条指数显示，甘肃省兰州市的 TGI 为 247.65，明显高于其他地区，而其他城市的 TGI 虽不相同，但基本活跃在 80 到 150 的区间，相差较小，充分说明在头条平台上兰州居民对乡村旅游相关内容的关注和热度远超其他城市。相比之下，其他城市并未形成类似于兰州的显著热点效应，而是呈现出一种相对平稳、均衡的分布状态，反映了这些城市在头条平台上的乡村旅游内容宣传和推广没有突出的亮点或特色。

总的来说，2022 年一线城市、新一线城市以及二线城市仍是乡村旅游的主要关注群体，三线城市、四线城市和五线城市在乡村旅游关注热度上的表现明显较弱。从具体城市的搜索指数占比来看，抖音指数显示城市占比相较上年明显更为均衡，而头条指数显示城市间梯队划分依然明显。从各城市的 TGI 来看，两大平台均显示各城市的 TGI 分布局部高峰和整体均衡同时存在，不同城市之间的 TGI 差异较大。此外，综合两大平台数据可以发现，随着更多城市加入乡村旅游的竞争行列，原本由少数城市主导的市场格局逐渐被打破，各城市间的竞争变得更加激烈。乡村旅游市场正在经历一个由少数城市主导向多城市均衡发展的转变过程，这既是市场竞争加剧的结果，也是旅游资源均衡开发和游客需求多样化的体现。

五、2023 年市场客群分析

（一）省级维度

2023 年全国游客乡村旅游抖音、头条指数省域排名分别如图 6-17、图 6-18 所示。从省域分布的占比来看，2023 年抖音指数显示，广东以 11.14% 的高占比位列榜首，以绝对性的优势远超其他省级行政区。浙江同为东部地区经济发达省份，虽紧随其后，但占比仅为 6.74%，与广东相差甚远，差距较大。浙江、河南、云南和湖北占比超过 6%，相差较小，同为第二梯队。位列倒数三位的分别是青海、宁夏、西藏。2023 年头条指数显示，广东以 13.95% 的高占比位列榜首，彰显了广东在乡村旅游领域的广泛关注度。而后分别是山东、江苏、河南和四川，占比分别为 8.18%、6.34%、5.90%、5.11%。不难发现，在两大平台，广东均以显著优势位列第一。但排名第二到第五的省级行政区，抖音平台省级行政区间相差较小；而头条平台则呈现较为鲜明的阶梯状分布，各省级行政区之间层级差异明显。

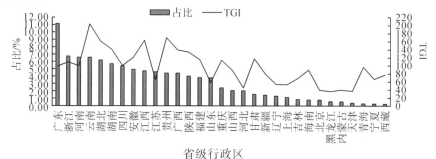

图 6-17　2023 年全国游客乡村旅游抖音指数省域排名

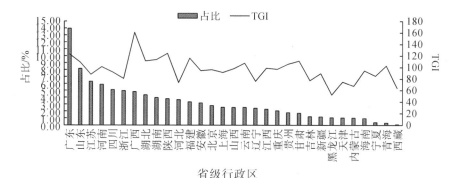

图 6-18　2023 年全国游客乡村旅游头条指数省域排名

从省域分布的 TGI 来看，抖音指数显示，云南、贵州、江西、湖北和湖南的 TGI 分别为 203.44、169.48、162.88、160.49、141.07。其中，云南的 TGI 超过 200，远超其他省级行政区。广西、陕西、广东、福建和湖南的 TGI 分别为 160.67、124.28、123.11、116.11 和 113.61。其中，广西的 TGI 最高。对比两大平台各省级行政区的 TGI 排名还可以发现，湖南省是共同认证的乡村旅游活跃度较高的省份。

总的来说，广东始终独占鳌头，为乡村旅游的核心市场，而且不仅在用户基数上占据优势，在对乡村旅游内容的关注上亦保持高度活跃。河南在两大平台的占比均较高，充分说明河南乡村旅游群众基础深厚，市场发展空间较大。此外，湖南是两大平台共同显示的乡村旅游活跃度较高的省份，用户对乡村旅游内容兴趣较大，市场潜力不容忽视。

（二）市级维度

2023 年全国游客乡村旅游抖音、头条指数城市排名分别如图 6-19、

图 6-20 所示。2023 年全国游客乡村旅游搜索排名前 30 城市所属级别如表 6-5 所示。

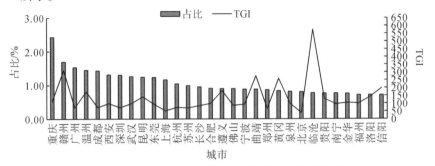

图 6-19　2023 年全国游客乡村旅游抖音指数城市排名

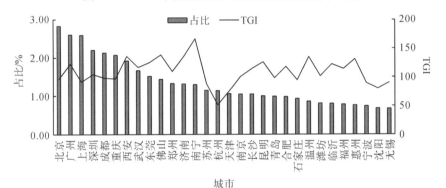

图 6-20　2023 年全国游客乡村旅游头条指数城市排名

表 6-5　2023 年全国游客乡村旅游搜索排名前 30 城市所属级别

城市级别	抖音指数城市列表	头条指数城市列表
一线城市	上海、北京、广州、深圳	上海、北京、广州、深圳
新一线城市	成都、重庆、杭州、武汉、苏州、西安、长沙、郑州、东莞、昆明、宁波、合肥	成都、重庆、杭州、武汉、苏州、西安、南京、长沙、天津、郑州、东莞、青岛、昆明、合肥、宁波
二线城市	佛山、温州、泉州、贵阳、南宁、金华、福州	佛山、沈阳、无锡、济南、南宁、石家庄、温州、潍坊、临沂、福州、惠州
三线城市	赣州、遵义、黄冈、洛阳、信阳	
四线城市	曲靖	
五线城市	临沧	

注：关于城市所属级别的划分均以当年官方公布的划分结果为准（见附表 3-15）。

　　从城市层级的维度来看，2023 年乡村旅游关注热度排名前 30 的城市中，抖音指数显示一线城市、新一线城市、二线城市、三线城市、四线城市和五线城市的数量分别为 4 个、12 个、7 个、5 个、1 个、1 个；头条指数显示一线城市数量为 4 个，新一线城市和二线城市数量分别为 15 个和 11 个，数量明显均多于抖音平台，然而三线城市、四线城市和五线城市数量均为 0。这充分说明在 2023 年，抖音平台乡村旅游网络关注相对较为均衡，乡村旅游热度遍及各级城市，尤其是云南的四线城市曲靖和五线城市临沧表现突出，乡村旅游市场蕴藏着巨大的发展潜力与广阔的前景。与抖音形成鲜明对比的是，头条平台上的乡村旅游关注度呈现出高度的集聚效应，且主要集中在一线城市、新一线城市及二线城市，三线城市、四线城市和五线城市明显处于乡村旅游市场的外围区域，各级城市间乡村旅游关注度的差异与不平衡较为显著。三线城市、四线城市和五线城市需要注重利用社交媒体等新媒体渠道进行宣传和推广，以提升其乡村旅游的知名度和吸引力。

　　从具体城市的搜索指数占比来看，2023 年抖音指数显示，重庆是唯一占比在 2%～3%的城市。但与此同时可以看出，重庆自身的占比持续降至 2.43%，头部优势进一步减弱，与排名第二位的城市差值也在逐渐缩小，从 2022 年的 1.14%减少为 2023 年的 0.74%。此外，占比在 1%～2%、1%以下的城市数量分别为 11 个和 18 个，说明大多数城市的乡村旅游网络关注度相对较低，且这种低关注度的情况在扩大，乡村旅游市场分化现象加剧。2023 年头条指数显示，乡村旅游市场竞争愈加激烈。具体来说，2023 年占比在 3%以上的城市数量为 0，北京和上海的占比相较去年下降明显，降至 2%～3%，绝对性优势减弱。此外，广州、深圳、成都和重庆乡村旅游市场稳定依然属于该区间内。

　　从各城市的 TGI 来看，2023 年抖音指数显示，云南省临沧市以 575.02 的高值远超其他城市。此外，TGI 超过 250 的城市主要是江西省赣州市、云南省曲靖市和湖北省黄冈市。其余城市的 TGI 则相对较低且差距较小。这说明一方面临沧、赣州、曲靖和黄冈等地的用户对乡村旅游内容兴趣浓厚，另一方面部分城市如北京、郑州、上海等地的 TGI 较低，可能存在乡村旅游市场推广内容与用户需求之间的不匹配问题。2023 年头条指数排名前 30 的城市的 TGI 主要集中在 80 到 150 的区间，与抖音平台相比明显处于较低水平。但亦可发现 TGI 基本围绕 100 的大盘水平上下波动，说明各城市间乡村旅游市场竞争激烈，对乡村旅游内容的关注相对均衡，但整体偏低，乡村旅游内容在头条上的推广力度、用户兴趣度上有待进一步提升。

总的来说，2023年乡村旅游市场结构呈现出持续动态演化的特征。具体而言，2023年乡村旅游的关注热点显著聚集于一线、新一线及二线城市；相比之下，三线、四线及五线城市则明显处于外围地带，面临着关注度不足和资源分配不均的挑战。但与此同时，三线、四线和五线城市乡村旅游市场发展机遇与挑战并存。如何进一步加强对乡村旅游资源的开发、加大宣传推广力度，提升乡村旅游在抖音、头条等社交媒体平台上的影响力和吸引力，为乡村旅游市场的进一步拓展提供潜在空间和机遇亟待探究。

六、2019—2023年市场客群演变分析

（一）省级维度

笔者通过对2019—2023年全国游客乡村旅游抖音指数的省域占比排名（见表6-6）进行分析发现：其一，广东持续领跑。2019—2023年，广东的占比分别为12.48%、9.47%、8.51%、10.21%、11.14%，只在2021年被河南赶超，排名降到第二，其余四年均占据榜首位置，充分显示出广东在乡村旅游方面的强大吸引力和很高的游客关注度。其二，河南异军突起，排名上升明显。河南在2019年排名第六，但随后两年其乡村旅游抖音指数占比逐年上升，尤其在2021年跃居榜首，在2022年、2023年亦保持在前三名之内，表明乡村旅游在河南的知名度和吸引力不断提升，这可能与该省在乡村旅游开发、宣传和推广方面的努力有关。其三，江苏、安徽等排名下滑明显。江苏排名在2019年之后逐年下降且降幅明显，从2019年的第二持续降低到2023年的第十。安徽在2019、2020年均排名第五，之后下降明显，在2021年、2022年排名第十。其四，其他省级行政区排名有所变化，但整体相对稳定。具体而言，即除了上述几个省级行政区外，其他省级行政区排名如四川、浙江、湖北等亦有所变化，但整体相对稳定。

表 6-6　2019—2023 年全国游客乡村旅游抖音指数的省域占比排名

排序	2019 年	2020 年	2021 年	2022 年	2023 年
1	广东（12.48%）	广东（9.47%）	河南（8.97%）	广东（10.21%）	广东（11.14%）
2	江苏（6.84%）	河南（7.77%）	广东（8.51%）	河南（6.93%）	浙江（6.74%）
3	四川（6.49%）	四川（6.17%）	云南（6.27%）	四川（6.90%）	河南（6.58%）
4	浙江（5.86%）	江苏（5.62%）	四川（6.02%）	浙江（6.19%）	云南（6.57%）
5	安徽（5.86%）	安徽（5.29%）	浙江（5.90%）	云南（6.08%）	湖北（6.20%）
6	河南（5.16%）	湖南（5.24%）	湖北（5.67%）	湖北（5.53%）	湖南（5.69%）
7	湖北（4.96%）	浙江（5.17%）	湖南（5.61%）	湖南（5.37%）	四川（5.40%）
8	贵州（4.57%）	山东（4.83%）	江苏（5.31%）	贵州（5.30%）	安徽（4.93%）
9	陕西（3.98%）	湖北（4.56%）	贵州（5.02%）	江苏（5.03%）	江西（4.73%）
10	山东（3.77%）	云南（4.45%）	安徽（4.69%）	安徽（4.70%）	江苏（4.60%）
11	江西（3.70%）	贵州（3.78%）	江西（4.61%）	江西（4.17%）	贵州（4.44%）
12	湖南（3.45%）	福建（3.75%）	山东（3.95%）	广西（3.86%）	广西（4.42%）
13	福建（3.41%）	陕西（3.70%）	陕西（3.75%）	陕西（3.86%）	陕西（4.02%）
14	云南（3.17%）	江西（3.52%）	广西（3.59%）	山东（3.54%）	福建（3.83%）
15	重庆（2.74%）	新疆（3.11%）	福建（3.28%）	福建（3.53%）	山东（3.80%）
16	山西（2.70%）	重庆（3.06%）	重庆（2.75%）	重庆（2.83%）	重庆（2.43%）
17	河北（2.67%）	河北（2.92%）	甘肃（2.51%）	河北（2.37%）	山西（2.06%）
18	广西（2.58%）	广西（2.92%）	河北（2.22%）	山西（2.09%）	河北（2.05%）
19	辽宁（2.34%）	山西（2.73%）	山西（2.18%）	新疆（1.77%）	甘肃（1.57%）
20	甘肃（1.80%）	甘肃（2.29%）	新疆（1.59%）	甘肃（1.57%）	新疆（1.45%）
21	吉林（1.70%）	北京（1.58%）	上海（1.17%）	北京（1.23%）	辽宁（1.32%）

表6-6（续）

排序	2019 年	2020 年	2021 年	2022 年	2023 年
22	黑龙江（1.69%）	上海（1.40%）	海南（1.06%）	上海（1.20%）	上海（1.16%）
23	北京（1.57%）	辽宁（1.22%）	北京（1.01%）	海南（1.13%）	吉林（0.86%）
24	新疆（1.37%）	海南（1.08%）	内蒙古（0.75%）	辽宁（0.99%）	海南（0.81%）
25	上海（1.33%）	内蒙古（0.89%）	辽宁（0.72%）	内蒙古（0.77%）	北京（0.80%）
26	内蒙古（1.18%）	吉林（0.80%）	吉林（0.63%）	吉林（0.74%）	黑龙江（0.58%）
27	海南（0.87%）	黑龙江（0.79%）	青海（0.49%）	黑龙江（0.64%）	内蒙古（0.56%）
28	天津（0.73%）	天津（0.61%）	天津（0.44%）	天津（0.47%）	天津（0.39%）
29	西藏（0.40%）	西藏（0.52%）	黑龙江（0.44%）	宁夏（0.38%）	青海（0.31%）
30	宁夏（0.30%）	青海（0.42%）	西藏（0.44%）	西藏（0.35%）	宁夏（0.29%）
31	青海（0.28%）	宁夏（0.30%）	宁夏（0.44%）	青海（0.29%）	西藏（0.26%）

笔者通过对 2019—2023 年全国游客乡村旅游抖音指数的省域 TGI 排名（见表6-7）进行分析发现：其一，领先省级行政区轮换与稳定性并存。五年间领先省级行政区在贵州、甘肃、云南、新疆等之间时有变换，说明各省级行政区在乡村旅游市场的竞争较为激烈，且市场偏好可能随时间变化而变化。但与此同时，亦存在明显的稳定性。尤其是贵州始终保持在前四的排名区间，充分显示出贵州乡村旅游的持久魅力和游客的高度关注，显示出其在乡村旅游市场的持续热门。其二，西部地区省级行政区崭露头角，竞争力逐渐增强。西部地区省级行政区如贵州、云南、甘肃、广西等的 TGI 排名在不同年份有所波动，但总体上呈现出较高水平，在乡村旅游市场展现出了强劲的实力。其三，江西、湖北、湖南等中部地区省级行政区快速崛起，发展潜力巨大。2019—2023 年，江西从第七上升到第三，湖北从第五上升到第四，湖南从第二十一上升到第五，这些省份乡村旅游市场的竞争力和吸引力提升明显，乡村旅游市场得到显著发展。

表 6-7　2019—2023 年全国游客乡村旅游抖音指数的省域 TGI 排名

排序	2019 年	2020 年	2021 年	2022 年	2023 年
1	贵州（174.11）	甘肃（184.43）	甘肃（206.73）	贵州（194.15）	云南（203.44）
2	甘肃（144.96）	新疆（168.02）	云南（195.61）	云南（189.22）	贵州（169.48）
3	安徽（142.02）	西藏（147.72）	贵州（181.84）	江西（141.91）	江西（162.88）
4	吉林（136.12）	贵州（144.01）	青海（174.59）	湖北（140.72）	湖北（160.49）
5	湖北（130.92）	云南（143.46）	江西（156.52）	湖南（132.51）	湖南（141.07）
6	陕西（130.39）	重庆（136.57）	湖南（152.43）	海南（131.7）	广西（139.02）
7	江西（126.96）	海南（132.41）	湖北（144.61）	重庆（130.15）	陕西（133.77）
8	重庆（122.29）	湖南（132.36）	河南（131.86）	陕西（126.93）	安徽（120.69）
9	四川（121.57）	青海（131.6）	西藏（125.55）	四川（126.87）	甘肃（117.22）
10	西藏（113.63）	安徽（128.21）	重庆（124.18）	广西（122.93）	福建（115.26）
11	山西（112.36）	陕西（121.22）	陕西（121.3）	甘肃（120.55）	重庆（113.43）
12	广东（109.38）	江西（120.78）	海南（121.24）	安徽（111.76）	浙江（108.73）
13	黑龙江（107.93）	湖北（120.37）	广西（116.26）	福建（103.88）	四川（99.76）
14	海南（106.66）	河南（116.05）	安徽（111.15）	西藏（103.62）	河南（98.9）
15	云南（102.19）	四川（115.57）	四川（109.98）	河南（100.06）	广东（98.31）
16	福建（99.6）	山西（113.61）	宁夏（103.95）	浙江（99.14）	青海（96.18）
17	辽宁（96.05）	福建（109.54）	福建（94.96）	新疆（95.97）	海南（88.87）
18	浙江（93.26）	广西（96.57）	浙江（93.81）	广东（92.25）	山西（87.57）
19	江苏（91.73）	广东（83）	山西（92.54）	青海（91.94）	新疆（79.74）
20	青海（87.73）	浙江（82.28）	新疆（83.81）	宁夏（88.45）	西藏（77.07）
21	湖南（87.15）	山东（75.62）	广东（74.86）	山西（87.4）	吉林（67.91）
22	广西（85.32）	江苏（75.37）	江苏（71.2）	江苏（69.25）	宁夏（66.29）
23	内蒙古（83.69）	宁夏（72.69）	山东（61.62）	北京（63.55）	江苏（64.62）
24	河南（77.07）	北京（72.5）	内蒙古（55.61）	吉林（61.51）	山东（57.54）
25	新疆（74.01）	河北（64.21）	吉林（54.03）	上海（55.81）	辽宁（53.24）
26	宁夏（72.69）	吉林（64.06）	上海（52.91）	内蒙古（55.36）	上海（52.42）
27	北京（72.04）	内蒙古（63.12）	河北（50.39）	山东（53.92）	河北（44.43）

表6-7（续）

排序	2019 年	2020 年	2021 年	2022 年	2023 年
28	天津（65.38）	上海（62.25）	北京（48.48）	河北（52.12）	内蒙古（39.19）
29	上海（59.14）	天津（54.64）	天津（41.38）	天津（45.77）	北京（38.83）
30	山东（59.03）	黑龙江（50.45）	辽宁（30.37）	黑龙江（41.67）	天津（36.37）
31	河北（58.71）	辽宁（50.08）	黑龙江（28.29）	辽宁（41.56）	黑龙江（35.95）

笔者通过对2019—2023 年全国游客乡村旅游头条指数的省域占比排名（见表6-8）进行分析发现：其一，广东持续领跑，引领乡村旅游发展。2019—2023 年广东省居民在头条平台对乡村旅游的搜索在全国范围的占比分别为10.95%、10.53%、10.61%、12.76%、13.95%，以绝对性的优势远高于其他省级行政区，充分说明了广东在乡村旅游市场的地位，表明广东乡村旅游市场扎实的群众基础，更展示了广东乡村旅游市场的巨大潜力。其二，旅游强省保持稳定，持续推进乡村旅游发展。从表6-8 中可以看出2019—2023 年各省级行政区的排名次序虽有所波动，但四川、山东、河南、江苏四省的排名持续保持前五的市场地位。其三，各省级行政区发展差异显著。如河北五年间占比的排名分别为第七、第七、第九、第十、第十一，排名缓慢下降，体现出该省居民对乡村旅游关注减弱，属于缓速下降型。浙江五年间占比排名分别为第八、第八、第八、第七、第六，排名稳定上升，属于稳步上升型。广西五年间占比排名分别为第十六、第十二、第十二、第十一、第七，排名上升明显，属于快速上升型。

表6-8　2019—2023 年全国游客乡村旅游头条指数的省域占比排名

排序	2019 年	2020 年	2021 年	2022 年	2023 年
1	广东（10.95%）	广东（10.53%）	广东（10.61%）	广东（12.76%）	广东（13.95%）
2	四川（8.81%）	山东（7.48%）	河南（7.53%）	山东（7.01%）	山东（8.18%）
3	山东（8.28%）	江苏（6.76%）	山东（6.88%）	河南（5.98%）	江苏（6.34%）
4	河南（7.37%）	四川（6.67%）	四川（6.18%）	江苏（5.90%）	河南（5.90%）
5	江苏（6.95%）	河南（6.19%）	江苏（5.85%）	四川（5.74%）	四川（5.11%）
6	陕西（5.32%）	陕西（6.16%）	湖北（5.19%）	陕西（4.31%）	浙江（4.97%）
7	河北（4.21%）	河北（4.52%）	陕西（4.98%）	浙江（4.19%）	广西（4.83%）
8	浙江（3.96%）	浙江（3.93%）	浙江（4.29%）	湖北（4.15%）	湖北（4.36%）

表6-8(续)

排序	2019年	2020年	2021年	2022年	2023年
9	湖北(3.84%)	湖南(3.85%)	河北(4.16%)	湖南(4.11%)	湖南(3.97%)
10	山西(3.48%)	甘肃(3.79%)	甘肃(3.90%)	河北(3.69%)	陕西(3.80%)
11	湖南(3.29%)	湖北(3.73%)	湖南(3.78%)	广西(3.62%)	河北(3.67%)
12	安徽(3.27%)	广西(3.29%)	广西(3.63%)	北京(3.21%)	福建(3.36%)
13	福建(2.86%)	山西(3.22%)	江西(3.12%)	上海(3.10%)	安徽(3.20%)
14	甘肃(2.74%)	福建(2.94%)	安徽(2.73%)	甘肃(3.01%)	北京(2.83%)
15	江西(2.59%)	安徽(2.85%)	北京(2.71%)	安徽(2.80%)	上海(2.59%)
16	广西(2.57%)	云南(2.82%)	云南(2.67%)	辽宁(2.79%)	山西(2.56%)
17	云南(2.05%)	北京(2.69%)	山西(2.61%)	山西(2.76%)	云南(2.56%)
18	北京(2.03%)	江西(2.28%)	福建(2.52%)	福建(2.66%)	辽宁(2.45%)
19	辽宁(1.99%)	重庆(2.22%)	重庆(2.29%)	重庆(2.37%)	江西(2.32%)
20	重庆(1.99%)	辽宁(1.92%)	上海(2.11%)	云南(2.15%)	重庆(2.07%)
21	贵州(1.93%)	贵州(1.82%)	辽宁(1.91%)	吉林(2.07%)	贵州(1.81%)
22	上海(1.73%)	上海(1.76%)	贵州(1.75%)	江西(2.05%)	甘肃(1.73%)
23	新疆(1.24%)	内蒙古(1.46%)	吉林(1.55%)	贵州(1.63%)	吉林(1.24%)
24	内蒙古(1.19%)	吉林(1.46%)	内蒙古(1.51%)	新疆(1.60%)	新疆(1.21%)
25	吉林(1.13%)	黑龙江(1.31%)	新疆(1.40%)	内蒙古(1.57%)	黑龙江(1.09%)
26	黑龙江(1.05%)	新疆(1.28%)	天津(1.07%)	黑龙江(1.51%)	天津(1.06%)
27	海南(0.98%)	天津(1.05%)	黑龙江(1.06%)	天津(1.30%)	内蒙古(1.04%)
28	青海(0.85%)	海南(0.79%)	海南(0.88%)	海南(0.80%)	海南(0.98%)
29	天津(0.70%)	宁夏(0.55%)	宁夏(0.54%)	宁夏(0.59%)	宁夏(0.39%)
30	宁夏(0.54%)	青海(0.45%)	青海(0.44%)	青海(0.46%)	青海(0.33%)
31	西藏(0.09%)	西藏(0.15%)	西藏(0.12%)	西藏(0.08%)	西藏(0.09%)

　　笔者通过对2019—2023年全国游客乡村旅游头条指数的省域TGI排名（见表6-9）进行分析发现：其一，整体上，稳定性与波动性并存。如甘肃在2019—2022年分别以180.2、249.26、254.16、184.85的高TGI连续稳居前二，但在2023年忽降至111.09，排名降至第七。再如青海2019—2022年分别以237.8、125.89、147.64、129.31的TGI稳定保持在前四的

位置，但在 2023 年排名甚至跌出前十，位列第十一名。其二，西部地区省级行政区崛起明显且势头迅猛。从表 6-9 中可以看出西部地区省级行政区如陕西、甘肃、宁夏、广西等均呈现出不同程度的上升趋势。其中，陕西和广西值得关注。陕西在 2019 年位居第三，之后持续上升且稳定在第二的水平。广西的表现则更为突出，在 2019 年尚位列第二十二名，然而 2020 年就成功跻身前十行列，2021、2022 年排名进一步跃升至第七、第六名，在 2023 年更是上升为第一名，充分展现了广西居民对乡村旅游关注的偏好和关注，说明了广西乡村旅游市场的高活跃度和巨大发展潜力。其三，各省级行政区之间的差异始终存在，乡村旅游市场关注度持续保持动态变化。此外，各省级行政区对乡村旅游的关注和偏好随着时间的推移持续保持着动态变化。

表 6-9　2019—2023 年全国游客乡村旅游头条指数的省域 TGI 排名

排序	2019 年	2020 年	2021 年	2022 年	2023 年
1	青海（237.8）	甘肃（249.26）	甘肃（254.16）	甘肃（184.85）	广西（160.67）
2	甘肃（180.2）	陕西（197.91）	陕西（156.64）	陕西（136.17）	陕西（124.28）
3	陕西（170.92）	四川（128.99）	湖北（152.53）	青海（129.31）	广东（123.11）
4	四川（170.37）	青海（125.89）	青海（147.64）	吉林（124.58）	福建（116.11）
5	山西（135.7）	山西（125.56）	江西（133.21）	宁夏（120.36）	湖南（113.61）
6	河南（122.88）	宁夏（119.04）	河南（127.45）	广西（119.98）	湖北（111.2）
7	宁夏（116.87）	云南（114.82）	广西（120.87）	湖南（118.12）	甘肃（111.09）
8	海南（116.09）	重庆（111.23）	湖南（120.26）	广东（114.56）	山东（109.14）
9	山东（109.93）	湖南（108.81）	四川（116.92）	重庆（111.72）	云南（107.45）
10	贵州（107.25）	广西（105.69）	重庆（114.35）	上海（108.66）	贵州（105.9）
11	江西（106.63）	河南（103.2）	宁夏（112.87）	北京（107.46）	青海（102.92）
12	重庆（99.71）	贵州（101.13）	云南（112.78）	新疆（106.48）	河南（101.19）
13	湖北（98.95）	山东（99.31）	新疆（100.91）	四川（105.95）	江西（98.86）
14	江苏（95.91）	福建（97.67）	山西（100.49）	湖北（104.55）	山西（97.83）
15	福建（95.01）	湖北（96.11）	贵州（99.57）	山西（103.5）	重庆（96.98）
16	安徽（94.24）	江西（93.87）	海南（94.3）	河南（99.45）	北京（96.2）
17	广东（93.49）	海南（93.58）	内蒙古（92.26）	内蒙古（95.32）	安徽（94.45）

表6-9(续)

排序	2019年	2020年	2021年	2022年	2023年
18	湖南(92.98)	江苏(93.28)	广东(91.64)	贵州(92.51)	海南(94.34)
19	新疆(86.66)	内蒙古(90.17)	山东(91.62)	山东(91.98)	四川(91.93)
20	河北(83.49)	广东(89.91)	北京(89.86)	天津(91.25)	上海(91.4)
21	云南(83.47)	河北(89.63)	福建(83.63)	福建(89.33)	新疆(89.53)
22	广西(82.56)	新疆(89.45)	河北(81.99)	云南(88.07)	江苏(88.04)
23	浙江(75.47)	吉林(89.17)	浙江(81.01)	江西(87.7)	宁夏(85.31)
24	内蒙古(73.49)	西藏(87.17)	江苏(80.96)	海南(87.15)	浙江(80.86)
25	吉林(69.02)	北京(86.66)	安徽(80.38)	辽宁(86.5)	吉林(77.36)
26	北京(65.4)	安徽(82.14)	西藏(79.14)	江苏(82.58)	辽宁(76.22)
27	辽宁(63.18)	浙江(74.9)	天津(75.71)	安徽(82.02)	天津(75.01)
28	上海(58.69)	天津(74.19)	上海(72.42)	浙江(80.35)	河北(73.86)
29	黑龙江(52.44)	黑龙江(65.42)	吉林(71.95)	黑龙江(72.33)	内蒙古(67.46)
30	西藏(52.3)	辽宁(60.96)	辽宁(58.87)	河北(71.54)	西藏(63.89)
31	天津(49.46)	上海(59.71)	黑龙江(38.64)	西藏(55.89)	黑龙江(52.3)

综上所述，就省级层面而言，2019—2023年全国游客乡村旅游市场整体呈现出稳定性和动态性并存的特征。稳定性表现在，五年间抖音、头条两个平台均显示广东持续领跑，引领乡村旅游发展，引领地位不可撼动；四川、山东、河南、江苏四个旅游强省相对保持稳定，始终居于较高关注水平。动态性则主要体现在：一方面，江西、湖北、湖南、云南、广西等中西部地区省级行政区开始逐渐崭露头角，它们的乡村旅游的知名度、吸引力和竞争力正在不断提升；另一方面，部分东部地区省级行政区，如江苏等地游客对乡村旅游的关注下滑明显，乡村旅游市场略显低迷。总之，各省级行政区对乡村旅游市场的关注始终存在明显的差异，且随着时间的推移不断更新、变化。

（二）市级维度

如表6-10、表6-11所示，2019—2023年，乡村旅游关注热度排名前30的城市中，一线城市在两大平台始终稳固占据四个席位，占比13.33%，这说明一线城市的居民对乡村旅游的需求和偏好强烈且稳定，反映了一线城市居民对逃离都市喧嚣、寻求自然与乡土文化体验的深切渴望，充分体

现了乡村旅游在一线城市的旺盛生命力和广阔的市场前景。2019—2023
年，新一线城市在抖音指数中的席位保持在 11~13 个，占比在 36.67%~
43.33%；在头条指数中席位介于 12~15 个，占比在 40%~50%。但无论在
哪个平台，新一线城市均展现出其在各级城市中数量最多、占比最大的显
著特征，充分说明了新一线城市居民对乡村旅游的高度关注和积极参与，
为乡村旅游产业的持续繁荣提供了坚实的市场基础。2019—2023 年，二线
城市在抖音指数中席位在 6~7 个，比例在 20.00%~23.33%；而在头条指
数中，二线城市的数量处于 8 个到 11 个的区间内，占比在 26.67%~
36.67%，数量和占比明显高于抖音指数。但无论是哪个平台，均呈现出二
线城市在数量和占比上的次优地位，说明二线城市居民对乡村旅游兴趣浓
厚且参与度较高。抖音指数显示，三级城市数量在 2019 年为 7 个，在
2020—2023 年均为 5 个，说明三线城市居民对乡村旅游的关注虽在 2019
年略有下降，但随后进入相对稳定阶段。然而，头条指数显示三级城市数
量和占比明显呈现逐年递减的态势，甚至在 2023 年降为 0，标志着其对乡
村旅游市场的关注程度显著减弱。四线城市数量相较而言明显较少，抖音
指数中数量在 1~2 个，头条指数中则递减明显，在 2020 年之后均为 0，说
明四线城市中虽有个别城市表现突出，但乡村旅游网络关注度整体水平较
低，处于劣势。五线城市数量最少，在抖音指数中 2019—2020 年为 0 个，
2021—2023 年增至 1 个。头条指数中，五线城市数量始终为 0，说明五线
城市对乡村旅游的关注不高。总体而言，我国乡村旅游市场展现出显著的
"中心-边缘"的结构特征。具体而言，乡村旅游市场的中心主要聚集在一
线、新一线和二线城市，而三线、四线和五线城市中虽有个别城市逐渐崭
露头角，但整体仍明显处于边缘位置和外围区域，市场份额有限，未来有
待加强对乡村旅游资源的开发和宣传营销力度，提升市场竞争力。

表 6-10　2019—2023 年全国游客乡村旅游抖音指数排名前 30 城市所属级别演变

城市级别	2019 年		2020 年		2021 年		2022 年		2023 年	
	数量/个	占比/%	数量/个	占比/%	数量/个	占比/%	数量/个	占比/%	数量/个	占比/%
一线城市	4	13.33	4	13.33	4	13.33	4	13.33	4	13.33
新一线城市	11	36.67	13	43.33	12	40.00	13	43.33	12	40.00
二线城市	6	20.00	7	23.33	7	23.33	6	20.00	7	23.33

表6-10（续）

城市级别	2019 年		2020 年		2021 年		2022 年		2023 年	
	数量/个	占比/%	数量/个	占比/%	数量/个	占比/%	数量/个	占比/%	数量/个	占比/%
三线城市	7	23.33	5	16.67	5	16.67	5	16.67	5	16.67
四线城市	2	6.67	1	3.33	1	3.33	1	3.33	1	3.33
五线城市	0	0	0	0	1	3.33	1	3.33	1	3.33

表 6-11　2019—2023 年全国游客乡村旅游头条指数排名前 30 城市所属级别演变

城市级别	2019 年		2020 年		2021 年		2022 年		2023 年	
	数量/个	占比/%	数量/个	占比/%	数量/个	占比/%	数量/个	占比/%	数量/个	占比/%
一线城市	4	13.33	4	13.33	4	13.33	4	13.33	4	13.33
新一线城市	12	40.00	14	46.67	14	46.67	15	50.00	15	50.00
二线城市	8	26.67	8	26.67	10	33.33	10	33.33	11	36.67
三线城市	5	16.67	4	13.33	2	6.67	1	3.33	0	0
四线城市	1	3.33	0	0	0	0	0	0	0	0
五线城市	0	0	0	0	0	0	0	0	0	0

2019—2023 年全国游客乡村旅游抖音、头条指数的市域占比排名分别如表 6-12、表 6-13 所示。抖音指数显示，2019—2023 年重庆占比虽整体有所下滑，但始终占据首位，保持领先地位，充分显示出重庆在乡村旅游市场的强大吸引力和竞争力。其次，值得关注的是成都、广州、西安等地排名相对较为稳定且靠前，表明这些城市在乡村旅游市场同样具有较强的吸引力和市场关注度。此外，从数据上看，各城市搜索占比整体呈现下降趋势，尤其是排名靠前的重庆、成都、广州等地下降明显，表明乡村旅游市场的集中度在下降，竞争变得更加激烈和分散。根据头条指数数据，2019—2023 年，北京、成都等地虽每年排名有所变化，但始终位于前五的行列，说明这些城市在乡村旅游搜索指数上的显著优势持续存在，乡村旅游市场稳步发展且始终处于核心地位。与此同时，部分城市排名呈现出较为明显的向上或向下的波动性。如广州在 2019—2020 年排名第五，在 2021 年排名第六，但在 2022 年、2023 年排名迅速上升到第三、第二的位

置，上升明显。西安在 2019—2021 年排名稳居前三，甚至在 2020 年跃居第一，但在 2022 年、2023 年骤降到第七的位置。这充分说明了乡村旅游市场的动态性和竞争性。此外，对比 2019—2023 年的数据，可以发现头条指数中城市搜索指数占比尤其是排名靠前的城市搜索指数占比同样整体呈现下降趋势，再次说明随着乡村旅游市场的逐渐成熟和游客需求的日益多样化，市场竞争不断加剧，市场结构正逐步向分散化、多元化演变。

表 6-12　2019—2023 年全国游客乡村旅游抖音指数的市域占比排名

排序	2019 年	2020 年	2021 年	2022 年	2023 年
1	重庆（4.72%）	重庆（6.93%）	重庆（3.28%）	重庆（2.83%）	重庆（2.43%）
2	宣城（3.57%）	成都（4.65%）	成都（2.02%）	成都（1.69%）	赣州（1.69%）
3	成都（3.39%）	广州（3.62%）	洛阳（1.87%）	广州（1.44%）	广州（1.53%）
4	广州（2.84%）	北京（3.50%）	郑州（1.74%）	赣州（1.31%）	温州（1.45%）
5	深圳（2.59%）	西安（3.20%）	赣州（1.68%）	西安（1.30%）	成都（1.43%）
6	南京（2.57%）	上海（3.13%）	武汉（1.57%）	温州（1.25%）	西安（1.31%）
7	北京（2.53%）	长沙（3.10%）	西安（1.55%）	昆明（1.24%）	深圳（1.30%）
8	西安（2.50%）	合肥（3.08%）	东莞（1.46%）	深圳（1.23%）	武汉（1.26%）
9	上海（2.15%）	深圳（3.02%）	广州（1.40%）	北京（1.23%）	昆明（1.24%）
10	苏州（2.14%）	郑州（2.97%）	上海（1.38%）	上海（1.20%）	东莞（1.23%）
11	贵阳（2.11%）	东莞（2.87%）	昆明（1.36%）	东莞（1.18%）	上海（1.16%）
12	东莞（2.05%）	苏州（2.56%）	深圳（1.34%）	武汉（1.03%）	杭州（1.04%）
13	汕头（1.88%）	武汉（2.05%）	杭州（1.22%）	合肥（1.01%）	苏州（0.99%）
14	杭州（1.51%）	杭州（1.97%）	北京（1.19%）	郑州（1.00%）	长沙（0.95%）
15	温州（1.44%）	昆明（1.75%）	苏州（1.12%）	苏州（0.95%）	合肥（0.91%）
16	揭阳（1.43%）	洛阳（1.74%）	长沙（1.04%）	杭州（0.95%）	遵义（0.90%）
17	遵义（1.35%）	赣州（1.51%）	合肥（0.99%）	佛山（0.92%）	佛山（0.90%）

表6-12(续)

排序	2019 年	2020 年	2021 年	2022 年	2023 年
18	潮州(1.27%)	南京(1.36%)	贵阳(0.97%)	贵阳(0.91%)	宁波(0.88%)
19	上饶(1.26%)	厦门(1.33%)	宁波(0.90%)	遵义(0.91%)	曲靖(0.88%)
20	佛山(1.18%)	贵阳(1.24%)	临沧(0.88%)	长沙(0.85%)	郑州(0.86%)
21	郑州(1.12%)	佛山(1.24%)	兰州(0.86%)	洛阳(0.80%)	黄冈(0.83%)
22	泉州(1.11%)	温州(1.16%)	遵义(0.83%)	台州(0.79%)	泉州(0.81%)
23	宁波(1.10%)	遵义(1.14%)	温州(0.82%)	宁波(0.79%)	北京(0.80%)
24	宜昌(1.02%)	宁波(1.10%)	南京(0.80%)	泉州(0.75%)	临沧(0.77%)
25	黄石(0.99%)	潍坊(1.07%)	佛山(0.78%)	信阳(0.73%)	贵阳(0.76%)
26	长春(0.94%)	泉州(1.03%)	泉州(0.76%)	南宁(0.70%)	南宁(0.76%)
27	天津(0.94%)	南阳(0.97%)	信阳(0.75%)	恩施(0.68%)	金华(0.75%)
28	哈尔滨(0.91%)	济南(0.91%)	金华(0.70%)	金华(0.68%)	福州(0.71%)
29	沈阳(0.90%)	青岛(0.78%)	宜昌(0.68%)	曲靖(0.68%)	洛阳(0.71%)
30	赣州(0.89%)	运城(0.71%)	恩施(0.66%)	南京(0.65%)	信阳(0.71%)

表 6-13 2019—2023 年全国游客乡村旅游头条指数的市域占比排名

排序	2019 年	2020 年	2021 年	2022 年	2023 年
1	成都(6.10%)	西安(5.59%)	北京(3.34%)	北京(3.21%)	北京(2.83%)
2	西安(3.99%)	成都(5.27%)	成都(3.04%)	上海(3.10%)	广州(2.60%)
3	北京(3.38%)	北京(4.98%)	西安(2.88%)	广州(2.60%)	上海(2.59%)
4	重庆(3.30%)	重庆(4.04%)	重庆(2.82%)	重庆(2.37%)	深圳(2.20%)
5	广州(3.17%)	广州(3.46%)	上海(2.60%)	成都(2.34%)	成都(2.13%)
6	上海(2.80%)	南京(3.21%)	广州(2.58%)	深圳(2.19%)	重庆(2.07%)

表6-13（续）

排序	2019年	2020年	2021年	2022年	2023年
7	深圳（2.69%）	上海（3.10%）	武汉（2.40%）	西安（1.98%）	西安（1.92%）
8	郑州（2.41%）	深圳（2.92%）	深圳（2.20%）	武汉（1.59%）	武汉（1.67%）
9	东莞（2.31%）	东莞（2.13%）	郑州（1.79%）	郑州（1.37%）	东莞（1.52%）
10	济南（2.07%）	郑州（1.95%）	兰州（1.74%）	天津（1.30%）	佛山（1.44%）
11	常州（1.69%）	武汉（1.77%）	南京（1.38%）	东莞（1.30%）	郑州（1.33%）
12	苏州（1.67%）	济南（1.73%）	东莞（1.34%）	兰州（1.23%）	济南（1.32%）
13	南京（1.57%）	苏州（1.71%）	天津（1.23%）	佛山（1.23%）	南宁（1.30%）
14	潍坊（1.42%）	兰州（1.69%）	杭州（1.14%）	南京（1.09%）	苏州（1.15%）
15	佛山（1.41%）	天津（1.68%）	昆明（1.09%）	济南（1.06%）	杭州（1.14%）
16	南充（1.36%）	青岛（1.59%）	南宁（1.08%）	南宁（1.05%）	天津（1.06%）
17	石家庄（1.31%）	昆明（1.45%）	苏州（1.07%）	长沙（1.04%）	南京（1.05%）
18	武汉（1.18%）	杭州（1.41%）	济南（1.05%）	杭州（1.02%）	长沙（1.05%）
19	杭州（1.11%）	佛山（1.28%）	洛阳（1.04%）	苏州（1.00%）	昆明（1.00%）
20	咸阳（1.03%）	咸阳（1.20%）	佛山（1.03%）	长春（0.99%）	青岛（0.99%）
21	青岛（1.02%）	长沙（1.19%）	长沙（1.02%）	石家庄（0.92%）	合肥（0.98%）
22	兰州（1.00%）	石家庄（1.18%）	石家庄（0.96%）	青岛（0.90%）	石家庄（0.93%）
23	临沂（1.00%）	南宁（1.11%）	宁波（0.90%）	昆明（0.90%）	温州（0.86%）
24	合肥（0.98%）	临沂（1.03%）	合肥（0.86%）	临沂（0.86%）	潍坊（0.81%）
25	济宁（0.94%）	福州（0.96%）	青岛（0.85%）	合肥（0.84%）	临沂（0.80%）
26	惠州（0.91%）	无锡（0.91%）	赣州（0.85%）	太原（0.78%）	福州（0.78%）
27	长沙（0.90%）	合肥（0.90%）	潍坊（0.78%）	沈阳（0.77%）	惠州（0.76%）

表6-13(续)

排序	2019 年	2020 年	2021 年	2022 年	2023 年
28	天津(0.83%)	赣州(0.87%)	临沂(0.77%)	洛阳(0.75%)	宁波(0.74%)
29	洛阳(0.81%)	洛阳(0.76%)	惠州(0.72%)	宁波(0.72%)	沈阳(0.68%)
30	太原(0.81%)	惠州(0.76%)	长春(0.65%)	惠州(0.71%)	无锡(0.67%)

2019—2023 年全国游客乡村旅游抖音、头条指数的市域 TGI 排名分别如表 6-14、表 6-15 所示。抖音指数和头条指数呈现出的演变规律基本相似。具体而言，其一，年度变动特征显著，热点城市轮换明显。如抖音指数中 2019 年宣城以高达 1 882.08 的 TGI 位居榜首，标志着 2019 年宣城在乡村旅游领域的显著优势，然而 2020 年合肥跃居首位显示出乡村旅游热点的快速转移，随后在 2021 年与 2022 年临沧与恩施分别接力成为新的热点，而 2023 年临沧再次占据首位。再如头条指数中 2019 年南充以 494.9 的 TGI 位居第一，2020—2023 年则分别由西安、兰州和南宁领先。这一系列高 TGI 值城市的轮换，充分反映了乡村旅游热点城市的动态演变。其二，部分城市持续展现乡村旅游吸引力。尽管五年间排名不断波动，但部分城市如抖音指数中的临沧、赣州、曲靖，头条指数中的兰州、洛阳、西安等地多次排名前列，充分展现出这些地区在乡村旅游市场的持续吸引力和竞争力。其三，一线城市的乡村旅游搜索的 TGI 整体呈现较低态势，但仍有波动。其四，地域分布广泛，乡村旅游各地发展不均衡。两大平台均显示排名前列的城市遍布全国各地，如抖音指数中从东部地区的宣城、合肥到西部地区的临沧再到中部地区的恩施，说明了乡村旅游市场在地域分布上的广泛性。然而，与此同时，各地乡村旅游发展不均衡性显著，如头条指数中 2019 年排名第一的宣城的 TGI 高达 1 882.08，排名第三十的天津的 TGI 仅为 84.18，相差甚远。

表 6-14 2019—2023 年全国游客乡村旅游抖音指数的市域 TGI 排名

年份	2019 年	2020 年	2021 年	2022 年	2023 年
1	宣城（1 882.08）	合肥（365.13）	临沧（800.74）	恩施（297.96）	临沧（575.02）
2	潮州（759.55）	洛阳（343.99）	洛阳（380.82）	赣州（234.84）	赣州（312.62）
3	黄石（692.64）	长沙（315.34）	赣州（308.33）	曲靖（203.01）	曲靖（276.48）
4	汕头（399.2）	重庆（309.24）	恩施（290.17）	信阳（184.23）	黄冈（259.61）
5	揭阳（387.06）	赣州（275.18）	宜昌（268.94）	遵义（180.08）	信阳（198.41）
6	宜昌（384.54）	厦门（256.57）	兰州（237.28）	洛阳（158.71）	遵义（181.59）
7	贵阳（351.6）	成都（243.57）	信阳（202.82）	贵阳（157.97）	温州（175.41）
8	上饶（346.93）	西安（241.32）	贵阳（164.82）	昆明（155.37）	洛阳（143.03）
9	南京（277）	遵义（233.43）	昆明（162.16）	温州（145.86）	昆明（142.43）
10	遵义（276.43）	郑州（230.14）	遵义（162.02）	台州（141.4）	贵阳（129.63）
11	重庆（210.62）	昆明（215.89）	重庆（150.02）	重庆（130.12）	重庆（113.4）
12	西安（188.53）	东莞（206.93）	郑州（128.15）	合肥（113.95）	金华（104.42）
13	成都（177.57）	贵阳（206.63）	武汉（124.84）	西安（103.53）	福州（100.81）
14	长春（164.65）	运城（203.68）	西安（117.1）	金华（98.51）	合肥（99.62）
15	赣州（162.19）	南阳（175.26）	合肥（109.75）	南宁（93.38）	西安（99.52）
16	温州（160.6）	武汉（173.63）	东莞（104.31）	泉州（92.58）	泉州（99.26）
17	哈尔滨（150.64）	苏州（172.61）	成都（104.25）	成都（89.28）	武汉（98.42）
18	东莞（147.81）	广州（170.72）	金华（101.22）	佛山（88.19）	南宁（95.27）
19	苏州（144.29）	深圳（161.2）	长沙（99.58）	东莞（87.89）	东莞（94.81）
20	深圳（138.24）	北京（160.57）	温州（94.49）	武汉（85.07）	宁波（94.07）
21	广州（133.94）	潍坊（153.47）	宁波（90.94）	郑州（84.23）	佛山（86.52）

表6-14(续)

年份	2019 年	2020 年	2021 年	2022 年	2023 年
22	沈阳(133.38)	南京(146.59)	泉州(89.63)	长沙(82.58)	长沙(84.65)
23	泉州(133.07)	杭州(144.97)	杭州(88.22)	宁波(80.6)	杭州(74.04)
24	北京(116.07)	上海(139.15)	南京(83.02)	广州(76.9)	成都(73.71)
25	佛山(112.98)	温州(129.37)	苏州(74.63)	南京(73.16)	深圳(72.81)
26	杭州(111.12)	泉州(123.48)	深圳(74.41)	杭州(69.18)	广州(70.72)
27	宁波(110.96)	佛山(118.73)	佛山(74.18)	深圳(69.05)	苏州(70.72)
28	上海(95.58)	济南(113.79)	广州(67.32)	苏州(65.9)	郑州(64.93)
29	郑州(86.79)	宁波(110.96)	上海(58.15)	北京(63.54)	上海(52.4)
30	天津(84.18)	青岛(92.81)	北京(52.48)	上海(55.79)	北京(38.82)

表6-15　2019—2023 年全国游客乡村旅游头条指数的市域 TGI 排名

排序	2019 年	2020 年	2021 年	2022 年	2023 年
1	南充(494.9)	西安(385.55)	兰州(346.71)	兰州(247.65)	南宁(166.4)
2	常州(336.22)	咸阳(351.1)	洛阳(222.34)	洛阳(158.47)	佛山(138.43)
3	咸阳(301.36)	兰州(342.22)	西安(192.47)	西安(137.84)	西安(135.91)
4	成都(293.11)	南京(299.04)	赣州(185.55)	南宁(137.45)	济南(135.67)
5	西安(275.2)	成都(253.23)	武汉(166.61)	长春(132.88)	温州(135.06)
6	济南(210.63)	重庆(202.39)	临沂(165.81)	太原(128.29)	惠州(131.03)
7	兰州(202.5)	赣州(180.82)	成都(142.28)	广州(126.02)	昆明(126.09)
8	郑州(194.66)	昆明(179.8)	重庆(141.48)	临沂(124.69)	东莞(125.39)
9	济宁(185.03)	济南(176.03)	南宁(140.09)	深圳(118.68)	广州(122.6)
10	潍坊(184.41)	东莞(164.06)	郑州(139.71)	惠州(117.56)	临沂(122.3)

表6-15（续）

排序	2019年	2020年	2021年	2022年	2023年
11	东莞（177.93）	北京（160.41）	昆明（136.73）	长沙（116.89）	合肥（117.96）
12	重庆（165.32）	郑州（157.51）	南京（123.63）	佛山（114.23）	武汉（116.72）
13	洛阳（163.99）	青岛（156.42）	惠州（120）	郑州（113.94）	长沙（114.41）
14	南京（146.26）	洛阳（153.87）	广州（119.09）	昆明（113.22）	福州（114.25）
15	惠州（144.56）	广州（148.82）	长沙（113.24）	重庆（111.71）	郑州（109.64）
16	太原（142.15）	临沂（146.37）	济南（107.08）	成都（109.85）	深圳（104.49）
17	临沂（142.11）	南宁（144.57）	深圳（103.82）	上海（108.64）	潍坊（101.66）
18	石家庄（137.18）	深圳（142.26）	石家庄（102.56）	武汉（108.22）	南京（100.51）
19	广州（136.35）	福州（140.08）	合肥（102.15）	北京（107.43）	青岛（98.26）
20	深圳（131.05）	长沙（133.81）	潍坊（100.52）	南京（103.4）	成都（98.18）
21	佛山（127.46）	苏州（127.06）	北京（100.47）	济南（103.35）	重庆（96.96）
22	苏州（124.09）	无锡（124.12）	宁波（100.08）	东莞（101.48）	北京（96.19）
23	合肥（117.08）	石家庄（123.57）	东莞（98.03）	合肥（100.12）	石家庄（94.61）
24	北京（108.87）	武汉（122.91）	佛山（94.36）	石家庄（91.88）	上海（91.38）
25	长沙（101.2）	惠州（120.73）	杭州（89.17）	天津（91.24）	无锡（90.54）
26	青岛（100.34）	天津（118.69）	天津（87.44）	沈阳（89.12）	宁波（89.53）
27	上海（94.98）	佛山（115.71）	长春（82.92）	青岛（85.37）	苏州（88.64）
28	杭州（87.89）	杭州（111.64）	上海（81.62）	杭州（83.72）	沈阳（79.99）
29	武汉（81.94）	合肥（107.52）	苏州（78.15）	宁波（82.66）	天津（75）
30	天津（58.64）	上海（105.16）	青岛（69.61）	苏州（75.26）	杭州（51.09）

综上所述，2019—2023年，在中国乡村旅游市场，热点城市更迭明显，但基本遵循着"核心-边缘"的结构特征，乡村旅游发展地域非均衡性显著。具体而言，其中心主要聚集在一线、新一线和二线城市，它们构成了乡村旅游的核心区域。而三线、四线和五线城市中虽有个别城市逐渐

崭露头角，但整体仍明显处于外围区域。此外，随着乡村旅游市场的日益成熟和发展，市场竞争不断加剧，市场集中度呈现下降趋势，市场结构正逐步向分散化、多元化演变，各城市在乡村旅游领域中的竞争态势与影响力格局处于动态调整与重构之中。

第二节　人群画像分析

一、2019 年人群画像分析

（一）年龄分布

2019 年全国游客乡村旅游的抖音指数、头条指数年龄画像分别如图6-21、图6-22所示。从年龄分布的占比来看，2019 年抖音指数显示，31~40 岁人群为我国乡村旅游的主流客群，占游客比重为 39.57%。其次，41~50 岁人群占游客比重为 29.35%，位居第二。2019 年头条指数显示，31~40 岁人群以及 41~50 岁人群占游客比重分别为 32.37%、31.82%，相差极小，二者共同构成 2019 年我国乡村旅游的主流客群。从年龄分布的TGI 来看，抖音指数和头条指数均显示 41~50 岁人群的 TGI 最高，分别为129.81 和 130.55，远超大盘水平（100），充分说明 2019 年 41~50 岁人群游客对乡村旅游的关注和偏好程度较高。总的来说，根据抖音指数和头条指数数据，2019 年 31~40 岁人群及 41~50 岁人群为我国乡村旅游的主流客群，其中 31~40 岁人群的占比最高，41~50 岁人群的 TGI 最高。

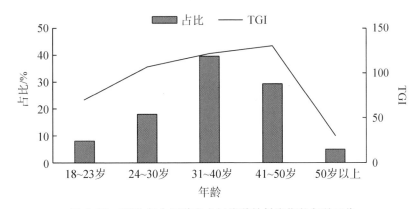

图 6-21　2019 年全国游客乡村旅游的抖音指数年龄画像

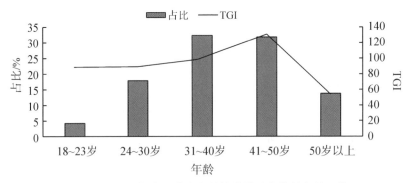

图 6-22　2019 年全国游客乡村旅游的头条指数年龄画像

（二）性别分布

2019 年全国游客乡村旅游的抖音指数、头条指数性别画像分别如图 6-23、图 6-24 所示。从性别分布的占比来看，2019 年抖音指数显示，男性占比为 59%，女性占比为 41%，男性占比高于女性。2019 年头条指数显示，男性比例占据绝对性的优势，为 80%；女性占比仅为男性占比的四分之一，即 20%。从性别分布的 TGI 来看，2019 年抖音指数显示，男性的 TGI 为 114.69，女性的 TGI 为 84.44，二者差距不大。2019 年头条指数显示，男性的 TGI 为 131.71，女性的 TGI 为 50.94，男性的 TGI 约为女性的 2.6 倍，明显高于女性。综上，虽然抖音和头条平台游客性别分布存在差异，但男性的占比及 TGI 明显高于女性，因此 2019 年男性对乡村旅游市场的关注度相对更高。

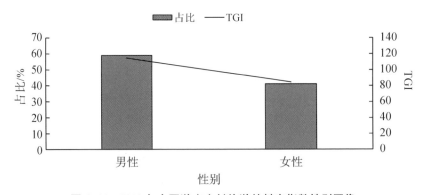

图 6-23　2019 年全国游客乡村旅游的抖音指数性别画像

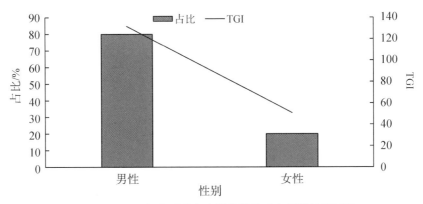

图 6-24 2019 年全国游客乡村旅游的头条指数性别画像

二、2020 年人群画像分析

（一）年龄分布

2020 年全国游客乡村旅游的抖音指数、头条指数年龄画像分别如图
6-25、图 6-26 所示。从年龄分布的占比来看，2020 年抖音指数显示，
31~40 岁人群为我国乡村旅游的主流客群，占游客比重为 39.13%；41~50
岁人群占游客比重为 27.42%，位居第二。2020 年头条指数显示，31~40
岁人群占比 35.54%，41~50 岁人群占比为 31.47%。从年龄分布的 TGI 来
看，抖音指数和头条指数均显示 41~50 岁人群的 TGI 最高，分别为 121.27
和 129.12，大于大盘水平（100），说明 2020 年 41~50 岁人群对乡村旅游
的关注和偏好程度较高。总的来说，根据抖音指数和头条指数数据，2020
年 31~40 岁人群以及 41~50 岁人群为我国乡村旅游的主流客群，其中 31~
40 岁人群的占比最高，41~50 岁人群的 TGI 最高。

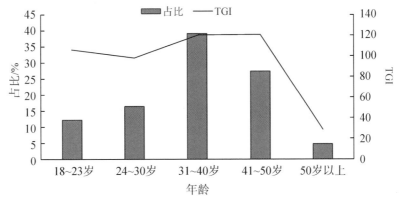

图 6-25 2020 年全国游客乡村旅游的抖音指数年龄画像

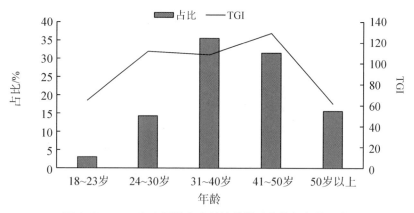

图 6-26 2020 年全国游客乡村旅游的头条指数年龄画像

（二）性别分布

2020 年全国游客乡村旅游的抖音指数、头条指数性别画像分别如图 6-27、图 6-28 所示。从性别分布的占比来看，2020 年抖音指数显示，男性占比为 64%，女性占比为 36%。2020 年头条指数显示，男性占比为 78%，女性仅为 22%。从性别分布的 TGI 来看，2020 年抖音指数显示，男性的 TGI 为 124.41，女性的 TGI 为 74.14，男性的 TGI 明显高于大盘水平 100，高于女性。2020 年头条指数显示，男性的 TGI 为 128.41，女性的 TGI 为 56.04，男性的 TGI 约为女性的 2.3 倍。由此可知，抖音和头条平台在对游客性别分布的统计上，虽然有所差异，但两个平台的数据均有力说明男性占比及 TGI 更高，男性对乡村旅游市场的关注度明显高于女性。

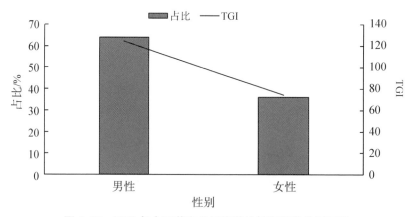

图 6-27 2020 年全国游客乡村旅游的抖音指数性别画像

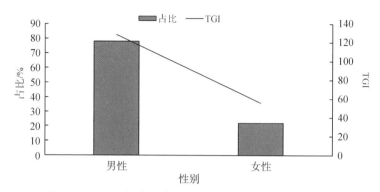

图 6-28　2020 年全国游客乡村旅游的头条指数性别画像

三、2021 年人群画像分析

（一）年龄分布

2021 年全国游客乡村旅游的抖音指数、头条指数年龄画像分别如图 6-29、图 6-30 所示。从年龄分布的占比来看，2021 年抖音指数显示，31~40 岁人群依然为我国乡村旅游的主体客群，占游客比重约三分之一。其次依然是 41~50 岁人群，占比 24.78%，接近四分之一。2021 年头条指数显示，31~40 岁人群占比最高，为 34.25%；41~50 岁人群及 50 岁以上人群紧随其后，占比分别为 27.44%、25.30%，相差较小。从年龄分布的 TGI 来看，2021 年抖音指数出现两个峰值，分别为 24~30 岁人群和 41~50 岁人群，说明这两个人群对乡村旅游的偏好和关注更胜一筹。2021 年头条指数则仅有一个峰值，即 41~50 岁人群。总体而言，根据抖音指数和头条指数数据，2021 年 31~40 岁人群、41~50 岁人群、50 岁以上人群构成了我国乡村旅游市场的主要群体，其中 41~50 岁人群的 TGI 最高。

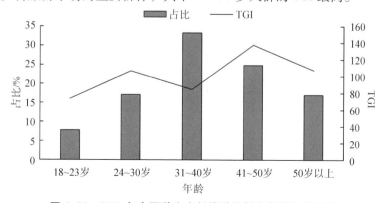

图 6-29　2021 年全国游客乡村旅游的抖音指数年龄画像

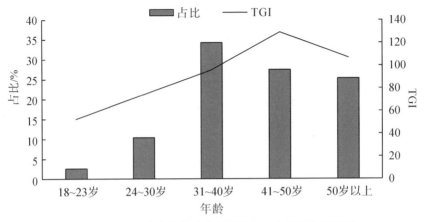

图 6-30　2021 年全国游客乡村旅游的头条指数年龄画像

（二）性别分布

2021 年全国游客乡村旅游的抖音指数、头条指数性别画像分别如图 6-31、图 6-32 所示。从性别分布的占比来看，2021 年抖音指数显示，男性占比为 60%，女性占比为 40%，男性占比较上年略有下降，但依然高于女性。2021 年头条指数显示，男性占比为 79%，女性仅占 21%。从性别分布的 TGI 来看，2021 年抖音指数显示，男性的 TGI 为 122.72，女性的 TGI 为 78.27，男性的 TGI 相对较高。2021 年头条指数显示，男性的 TGI 为 131.73，女性的 TGI 仅为 52.46，男性的 TGI 远高于女性。由此可知，抖音和头条平台差异较大，但男性仍占据主体地位。

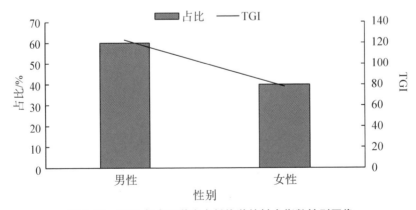

图 6-31　2021 年全国游客乡村旅游的抖音指数性别画像

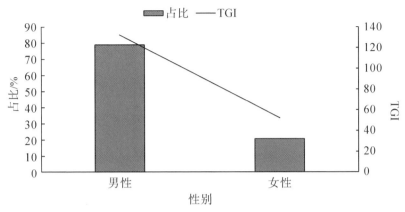

图 6-32　2021 年全国游客乡村旅游的头条指数性别画像

四、2022 年人群画像分析

（一）年龄分布

2022 年全国游客乡村旅游的抖音指数、头条指数年龄画像分别如图 6-33、图 6-34 所示。从年龄分布的占比来看，2022 年抖音指数显示，31～40 岁人群占比最高，明显高于其他年龄段人群；而后是 41～50 岁人群，占比 23.64%。2022 年头条指数显示，31～40 岁人群占比最高，为 35.95%，而 24～30 岁人群占比则明显较低。从年龄分布的 TGI 来看，2022 年抖音指数的两个峰值依然为 24～30 岁人群和 41～50 岁人群，这两个人群对乡村旅游的偏好和关注程度较高。2022 年头条指数峰值主要集中在 50 岁以上人群，但与 41～50 岁人群的 TGI 相差较小。总体而言，抖音指数和头条指数均表明 2022 年 31～40 岁人群最关注乡村旅游。

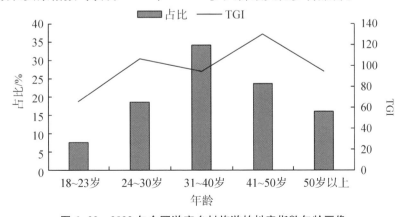

图 6-33　2022 年全国游客乡村旅游的抖音指数年龄画像

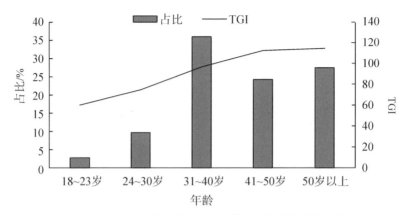

图 6-34　2022 年全国游客乡村旅游的头条指数年龄画像

（二）性别分布

2022 年全国游客乡村旅游的抖音指数、头条指数性别画像分别如图 6-35、图 6-36 所示。从性别分布的占比来看，2022 年抖音指数显示，男性占比为 60%，女性占比为 40%，与上年相比并无变化。2022 年头条指数显示，男性占比为 79%，女性占比为 21%，男性市场占据绝对优势地位。从性别分布的 TGI 来看，2022 年抖音指数显示，男性的 TGI 为 114.34，女性的 TGI 为 84.1。2022 年头条指数显示，男性的 TGI 为 125.51，女性的 TGI 仅为 56.67。两个平台数据存在差异，且男性的 TGI 相差较小，女性的 TGI 差距较大；但亦有共同点，即均显示男性的 TGI 明显处于高水平。由此可知，2022 年男性对乡村旅游市场的关注与偏好明显高于女性。

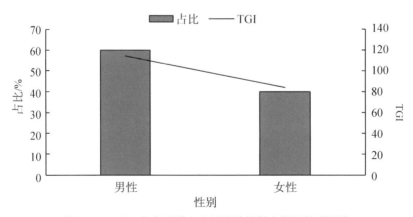

图 6-35　2022 年全国游客乡村旅游的抖音指数性别画像

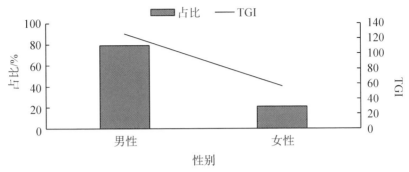

图 6-36　2022 年全国游客乡村旅游的头条指数性别画像

五、2023 年人群画像分析

（一）年龄分布

2023 年全国游客乡村旅游的抖音指数、头条指数年龄画像分别如图 6-37、图 6-38 所示。从年龄分布的占比来看，2023 年抖音指数显示，31~40 岁人群占比为 30.91%，相较上年略有下降但占比依然明显高于其他年龄段人群；41~50 岁人群和 50 岁以上人群分别占比 24.27%、23.98%，相差极小；24~30 岁人群占比有所下降。2023 年头条指数显示，50 岁以上人群占比 35.68%，排名第一；其次为 31~40 岁人群，占比 29.30%；41~50 岁人群占比 25.22%，居于第三；18~23 岁人群和 24~30 岁人群占比则明显较低。从年龄分布的 TGI 来看，2023 年抖音指数和头条指数的峰值均集中在 41~50 岁人群，说明该群体对乡村旅游的偏好和关注程度较高。总体而言，2023 年，抖音指数和头条指数略有差异，抖音指数显示 31~40 岁人群占比最高，头条指数显示 50 岁以上人群占比最高。此外，两个平台的 TGI 均表明 41~50 岁人群是乡村旅游市场的重要组成部分。

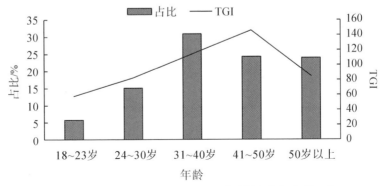

图 6-37　2023 年全国游客乡村旅游的抖音指数年龄画像

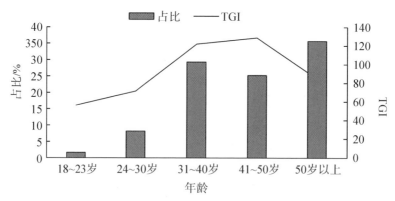

图 6-38　2023 年全国游客乡村旅游的头条指数年龄画像

（二）性别分布

2023 年全国游客乡村旅游的抖音指数、头条指数性别画像分别如图 6-39、图 6-40 所示。从性别分布的占比来看，2023 年抖音指数显示，男性占比为 58%，女性占比为 42%。2023 年头条指数显示，男性占比为 77%，女性占比为 23%。2023 年抖音指数和头条指数均表明，与上年相比女性占比有所提高，但男性市场依然占据主导地位。从性别分布的 TGI 来看，2023 年抖音指数显示，男性的 TGI 为 109.01，女性的 TGI 为 89.76。2023 年头条指数显示，男性的 TGI 为 119.3，女性的 TGI 仅为 64.87。2023 年两个平台的数据亦表明女性的 TGI 相较上年有所上升，但依然低于男性的 TGI。由此可知，男性对乡村旅游市场的关注与偏好依然明显高于女性，但女性市场正在悄然扩大。

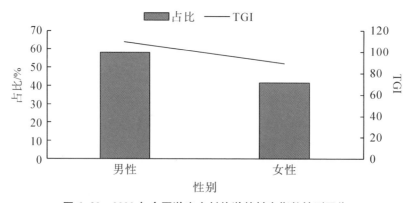

图 6-39　2023 年全国游客乡村旅游的抖音指数性别画像

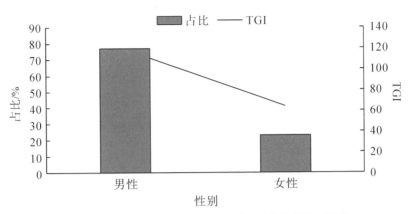

图 6-40　2023 年全国游客乡村旅游的头条指数性别画像

六、2019—2023 年人群画像演变分析

（一）年龄分布

由图 6-41 可知，就抖音平台 2019—2023 年各年龄段人群占比而言，其一，18~23 岁人群占比呈现出先增后减的趋势，在 2020 年占比最高，为 12.23%，2019 年、2021 年、2022 年差距较小基本持平，在 2023 年占比最低仅为 5.77%。其二，24~30 岁人群占比整体浮动较小，始终保持在 15%~20%，其中在 2022 年占比最高为 18.57%。其三，31~40 岁人群占比明显高于其他群体，占据优势地位，但整体呈现出下降的趋势，且下降幅度相对较大。其四，41~50 岁人群占比仅次于 31~40 岁人群，是乡村旅游市场的另一重要组成部分，但亦整体呈现出下降趋势，仅在 2023 年略有上升。其五，50 岁以上人群占比增速迅猛，2019 年、2020 年仅为 5% 左右，2021 年迅速增长至 17.01% 并在之后的两年持续保持高于 15% 的比重水平，尤其是 2023 年更是高达 23.98%。总体而言，18~23 岁人群、24~30 岁人群、31~40 岁人群和 41~50 岁人群对乡村旅游市场的关注呈现出波动下降的趋势；而 50 岁以上人群则相反，对乡村旅游市场的关注不断攀升，增速迅猛。

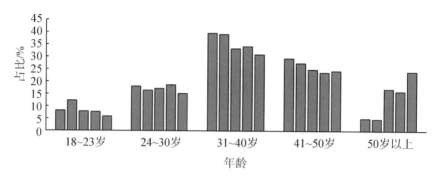

注：每个年龄段中的柱子从左到右代表 2019 年、2020 年、2021 年、2022 年、2023 年的数据。

图 6-41　2019—2023 年全国游客乡村旅游的抖音指数年龄画像占比演变

由图 6-42 可知，就抖音平台 2019—2023 年各年龄段人群的 TGI 而言，其一，18～23 岁人群的 TGI 先增后降，在 2020 年达到最高值，之后持续下降。其二，24～30 岁人群的 TGI 在 2019—2022 年波幅较小，相对较为平稳，在 2023 年下降幅度较大。其三，31～40 岁人群的 TGI 在 2019 年、2020 年均高于 120，在 2021 年迅速下降，但之后持续攀升，并在 2023 年再次恢复至接近 120 的水平。其四，41～50 岁人群的 TGI 波动式上升，但总体呈现出明显的上升趋势，并在 2023 年达到最高值。其五，50 岁以上人群的 TGI 在 2019 年、2020 年仅在 30 左右，在 2021 年迅速增长至107.34，在 2022 年、2023 年虽有所下降但依然保持在 80 以上水平。总体而言，18～23 岁人群、24～30 岁人群的 TGI 指数整体呈现出下降趋势，而41～50 岁人群和 50 岁以上人群整体呈现出上升趋势。18～23 岁人群对乡村旅游市场的关注和偏好降低趋势明显，而 50 岁以上人群对乡村旅游市场的关注和偏好程度上升明显。

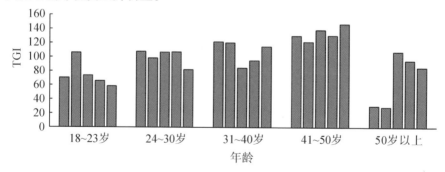

注：每个年龄段中的柱子从左到右代表 2019 年、2020 年、2021 年、2022 年、2023 年的数据。

图 6-42　2019—2023 年全国游客乡村旅游的抖音指数年龄画像 TGI 演变

由图 6-43 可知，就头条平台 2019—2023 年各年龄段人群占比而言，其一，18~23 岁人群占比始终低于 5%，比重较低且整体呈现出明显的下降趋势，在 2023 年甚至仅占 1.63%。其二，24~30 岁人群占比持续下跌且速度较快，从 2019 年的 17.85% 降至 2023 年的 8.17%，市场关注度下降明显。其三，31~40 岁人群占比与抖音指数显示相同均明显高于其他群体，占据重要地位。其四，41~50 岁人群占比仅次于 31~40 岁人群，是乡村旅游市场的另一主要组成部分，但整体也呈现出下降趋势，仅在 2023 年略有上升，但上升幅度较小。其五，50 岁以上人群五年间占比分别为 13.77%、15.63%、25.30%、27.45%、35.68%，呈现出鲜明的增长态势，且增速较快。总体来看，31~40 岁人群、41~50 岁、50 岁以上人群共同构成乡村旅游的主要市场，且 50 岁以上人群市场明显逐步扩大。此外，18~23 岁人群和 24~30 岁人群占比较低，对乡村旅游的关注较少且持续下降。

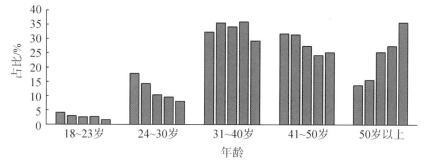

注：每个年龄段中的柱子从左到右代表 2019 年、2020 年、2021 年、2022 年、2023 年的数据。

图 6-43　2019—2023 年全国游客乡村旅游的头条指数年龄画像占比演变

由图 6-44 可知，就头条平台 2019—2023 年各年龄段人群的 TGI 而言，其一，18~23 岁人群的 TGI 总体呈现下降趋势，尤其是 2021 年降至最低仅为 52.7。其二，24~30 岁人群的 TGI 变化较大，具体表现为该人群在 2019 年达到最高水平 139.68，但之后就呈现出明显的下降趋势，尤其是 2021 年相较上年断崖式下降，但 2021—2023 年基本保持在同一水平。这说明 2019 年该年龄段群体对乡村旅游市场的关注偏好极高且明显高于其他年龄段人群，但之后持续下降，对乡村旅游的关注偏好明显降低。其三，31~40 岁人群的 TGI 整体呈现波动上升趋势，但浮动相对较小。其四，41~50 岁人群的 TGI 始终保持较高水平，且变化较小，说明该年龄段人群对乡村旅游偏好程度较高，是关注乡村旅游的主要客群。其五，50 岁以上人群的 TGI 呈现出波动增长的趋势，尤其是在 2022 年达到最高值 114.58，是当年最关注乡村旅游的人群。总体而言，18~23岁人群、24~30岁人群对乡村旅游市场的关注和偏好降低趋势明显，而41~50岁人群始终保持对乡村旅游的高关注度和偏好度。

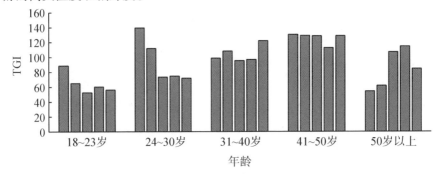

注：每个年龄段中的柱子从左到右代表2019年、2020年、2021年、2022年、2023年的数据。

图6-44　2019—2023年全国游客乡村旅游的头条指数年龄画像TGI演变

（二）性别分布

由图6-45可知，就抖音平台2019—2023年性别分布占比而言，男性占比五年间最大为64%，最小为58%，均大于50%，说明关注乡村旅游市场的人群中男性始终多于女性。女性群体占比在30%~42%，2020—2023年占比虽有所提升，但幅度极小。由图6-46可知，就抖音平台2019—2023年性别分布的TGI而言，男性的TGI明显始终高于女性，但2020年后男性的TGI逐年下降，而女性的TGI逐年上升，且在2023年二者差距缩小到19.25。这说明男性对乡村旅游的偏好和关注程度持续高于女性，但近年来男性对乡村旅游市场的关注有所下降，而女性对乡村旅游的关注逐渐上升，二者差距逐渐缩小并趋于均衡。总体来看，无论是性别分布占比抑或是性别分布的TGI，均表明男性对乡村旅游市场的关注和偏好高于女性，但女性对乡村旅游的关注呈上升趋势。

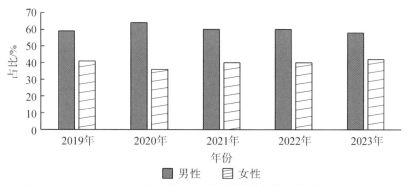

图 6-45　2019—2023 年全国游客乡村旅游的抖音指数性别画像占比演变

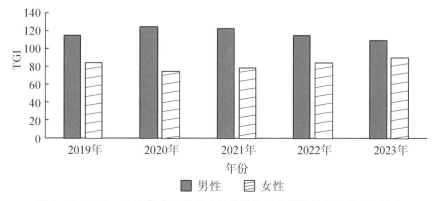

图 6-46　2019—2023 年全国游客乡村旅游的抖音指数性别画像 TGI 演变

　　由图 6-47 可知，就头条平台 2019—2023 年性别分布占比而言，男性占比五年间均以 75% 以上的比例占据绝对性优势，而女性市场占比始终在 20%~23%，二者差距较大。由图 6-48 可知，就头条平台 2019—2023 年性别分布的 TGI 而言，男性的 TGI 在 119~132，女性的 TGI 在 50~65，男性的 TGI 明显高于女性。但 2021 年后男性的 TGI 逐年下降，而女性的 TGI 逐年上升。这说明男性对乡村旅游的偏好和关注程度以绝对性的优势持续高于女性，但 2021 年之后男性对乡村旅游市场的关注逐年小幅下降，而女性对乡村旅游的关注逐渐上升。总体来看，无论是性别分布占比还是性别分布的 TGI，均表明男性对乡村旅游市场的关注和偏好以显著性的优势高于女性，但女性对乡村旅游的关注在 2021 年后有所提升。

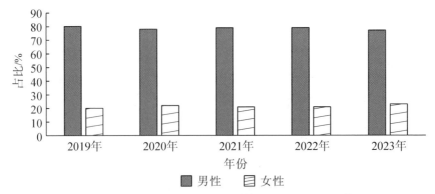

图 6-47 2019—2023 年全国游客乡村旅游的头条指数性别画像占比演变

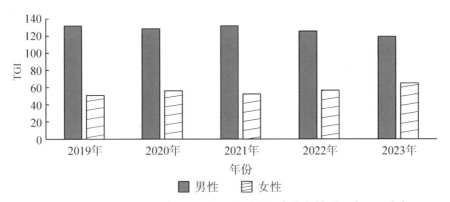

图 6-48 2019—2023 年全国游客乡村旅游的头条指数性别画像 TGI 演变

总之，就年龄分布的演变而言，31~40 岁人群、41~50 岁人群是当前关注乡村旅游市场的主力军。此外，18~23 岁人群、24~30 岁人群对乡村旅游市场的关注和偏好呈现出较为明显的下降趋势。而 41~50 岁人群和 50岁以上人群对乡村旅游市场的关注和偏好程度上升较为明显，尤其是 50 岁以上人群对乡村旅游市场的关注不断攀升且增速较快。就性别分布而言，男性对乡村旅游市场的关注和偏好以显著性的优势高于女性，但女性对乡村旅游的关注有所上升，二者差距逐渐缩小。

第三节 本章小结

本章主要是基于指数数据对中国乡村旅游市场客群及游客具体画像进行深入分析。鉴于百度指数所提供的人群画像信息仅限于搜索查询日期所在月份的上一个月度范围，无法全面、系统地回溯并分析 2019—2023 年关注乡村旅游市场的人群特征，因此，出于数据分析的统一性，笔者主要以巨量算数平台的抖音指数、头条指数为主要数据来源。此外，值得一提的是，分析中涉及的 TGI 表示某一群体对该关键词/视频等内容的偏好程度，TGI=100 代表大盘水平，TGI 越高表示用户越关注该部分内容。本章的研究表明，乡村旅游的高搜索热度地区主要集中在广东、江苏、四川等省级行政区，是现阶段乡村旅游的核心市场。与此同时，甘肃、青海、贵州等西部地区省级行政区市场增长潜力强劲，未来或将成为乡村旅游发展的重要新兴市场，不容忽视。乡村旅游市场的网络关注度在城市分布上呈现出明显的"核心-边缘"结构，一线、新一线和二线城市处于核心区域，而三线、四线和五线城市明显处于边缘区域。此外，31～40 岁、41～50 岁人群是当前关注乡村旅游市场的主力军，男性对乡村旅游市场的关注和偏好以显著优势高于女性。总之，本章对乡村旅游市场客群及人群画像进行深入分析，掌握关注乡村旅游的市场客群及人群属性，进一步明晰未来乡村旅游市场的潜在市场空间及客群特征，从而为乡村旅游市场开发、产品设计及营销策略的制定等提供参考依据。

第七章 中国乡村旅游网络关注度时空演变的影响因素分析

第一节 因素指标选取及说明

笔者通过对我国乡村旅游网络关注度时空演变特征进行分析后发现：其一，文化和旅游部推出全国乡村旅游精品线路，促使乡村旅游网络关注度在 2023 年迅速增长且势头迅猛，说明国家政策是重要影响因素之一。其二，乡村旅游网络关注度呈现出以人口分界线——胡焕庸线为界的东高西低的阶梯状空间分布格局，界线以东地区关注度相对较高，说明地区人口量级是重要影响因素之一。其三，网络关注度位于高关注区及以上的省级行政区，如广东、浙江、江苏、山东等，多为《中国互联网发展报告（2023）》公布的 2023 年中国互联网发展指数综合排名中排名靠前的省级行政区，说明信息化水平同样有重要影响。其四，乡村旅游网络关注度各省级行政区序位与 2019 年—2023 年各省级行政区地区生产总值排名有关，乡村旅游网络关注度排名前 30 的城市主要聚集在一线、新一线和二线城市，均说明经济发展水平亦是重要影响因素之一。

综合已有研究[190-194]及前文分析，结合指标量化的客观性、科学性，数据的可获取性，笔者从经济发展水平、信息化水平、旅游发展水平、交通便利程度、社会人口统计特征五个维度，选取地区生产总值（X_1），第三产业增加值（X_2），居民人均可支配收入（X_3），互联网宽带接入用户（X_4），移动互联网用户（X_5），乡村旅游接待总人数（X_6），乡村旅游总收入（X_7），全国乡村旅游重点村、镇（乡）数量（X_8），旅客客运量

（X_9），万人拥有公共交通车辆（X_{10}），私人载客汽车拥有量（X_{11}），年末人口数（X_{12}），年末城镇人口比重（X_{13}），大专及以上人口数（X_{14}）14个指标为自变量，2019年、2021年、2023年我国31个省（自治区、直辖市）乡村旅游网络关注度（Y）为因变量，探究时空差异的影响机理。

第二节　因子探测结果

笔者借助 ArcGIS 10.8 自然间断点分级法对各影响因素（探测因子）进行分层，将各数值变量转换为类型变量，利用地理探测器分别计算 2019年、2021年、2023年各探测因子的 q 值并对其进行排序，结果如表 7-1 所示。

表 7-1　因子探测结果

指标维度	因子	q 值			q 值均值
		2019 年	2021 年	2023 年	
经济发展水平	X_1（地区生产总值）	0.687 6** (8)	0.730 0** (7)	0.517 2* (9)	0.644 9
	X_2（第三产业增加值）	0.664 6** (9)	0.700 8** (8)	0.700 9** (6)	0.688 8
	X_3（居民人均可支配收入）	0.171 0 (14)	0.106 6 (14)	0.138 2 (13)	0.138 6
信息化水平	X_4（互联网宽带接入用户）	0.824 5** (1)	0.841 2** (1)	0.792 3** (2)	0.819 3
	X_5（移动互联网用户）	0.789 2** (3)	0.796 3** (4)	0.840 8** (1)	0.808 8
旅游发展水平	X_6（乡村旅游接待总人数）	0.707 5** (7)	0.591 5** (10)	0.492 5** (11)	0.597 2
	X_7（乡村旅游总收入）	0.600 0** (10)	0.783 5** (5)	0.706 6** (5)	0.696 7
	X_8〔全国乡村旅游重点村、镇（乡）数量〕	0.367 3 (11)	0.505 2** (11)	0.510 5** (10)	0.461 0

表7-1(续)

指标维度	因子	q 值			q 值均值
		2019 年	2021 年	2023 年	
交通便利程度	X_9（旅客客运量）	0.809 9** (2)	0.829 8** (2)	0.617 2** (8)	0.752 3
	X_{10}（万人拥有公共交通车辆）	0.178 4 (13)	0.193 4 (13)	0.111 0 (14)	0.160 9
	X_{11}（私人载客汽车拥有量）	0.746 8** (5)	0.682 9** (9)	0.687 5** (7)	0.705 7
社会人口统计特征	X_{12}（年末人口数）	0.768 8** (4)	0.798 7** (3)	0.775 8** (3)	0.781 1
	X_{13}（年末城镇人口比重）	0.340 9 (12)	0.312 0 (12)	0.282 4 (12)	0.311 8
	X_{14}（大专及以上人口数）	0.730 5** (6)	0.779 7** (6)	0.727 7** (4)	0.746 0

注：①＊、＊＊表示变量分别通过 0.05、0.01 的显著性检验；② q 值中的括号中的数据代表 q 值的排名。

p 值方面，以小于 0.05 为通过显著性检验的标准。q 值方面，借鉴阮文奇等[195]的分类，将 q 值大于 0.5 的判定为影响力强的核心影响因素，q 值在 0.4～0.5 的判定为影响力相对较强的重要影响因素，q 值小于 0.4 的判定为影响力较弱的一般影响因素。综合 p 值和 q 值的判断标准，从表7-1 可以发现，其一，X_1（地区生产总值）、X_2（第三产业增加值）、X_4（互联网宽带接入用户）、X_5（移动互联网用户）、X_6（乡村旅游接待总人数）、X_7（乡村旅游总收入）、X_9（旅客客运量）、X_{11}（私人载客汽车拥有量）、X_{12}（年末人口数）、X_{14}（大专及以上人口数）为核心影响因素。其二，指标 X_8 ［全国乡村旅游重点村、镇（乡）数量］的 q 值随着各省（自治区、直辖市）拥有全国乡村旅游重点村、镇（乡）数量的增多而逐年上升，影响力逐渐增强，其均值在 0.4～0.5，符合重要影响因素的判断标准，但 2019 年可能由于纳入数量较少，影响力尚未显现，未通过 p 检验，因此不计入。其三，指标 X_3（居民人均可支配收入）、X_{10}（万人拥有公共交通车辆）、X_{13}（年末城镇人口比重）的 q 值虽小于 0.4，符合一般影响因素判断标准，但未通过 p 检验。这可能是由于近年来，随着乡村旅游景点数量的增多，配套旅游设施的完善，游客无须奔赴远方亦可开展乡村旅游，近距离的乡村旅游使旅游成本降低，居民人均可支配收入对旅游行为开展的限制性逐渐减弱。此外，交通环境的完善，私家车数量的增多，为自驾出游提供了便利。随着经济的发展，城乡一体化的推进，农村居民生活水平的提高，旅游不再是城镇居民的"特权"。综上，笔者主要对 X_1（地区生产总值）、X_2（第三产业增加值）等 10 个核心影响因素展开深入分析。

根据 q 值均值大小，笔者对核心影响因素进行排序：X_4（互联网宽带接入用户）>X_5（移动互联网用户）>X_{12}（年末人口数）>X_9（旅客客运量）>X_{14}（大专及以上人口数）>X_{11}（私人载客汽车拥有量）>X_7（乡村旅游总收入）>X_2（第三产业增加值）>X_1（地区生产总值）>X_6（乡村旅游接待总人数）。由此可以看出，第一，X_4（互联网宽带接入用户）、X_5（移动互联网用户）的 q 值分别排名第一、第二，解释力度强，影响力大，充分说明互联网的普及为游客查询相关乡村旅游信息极大地提供了便利，缩小了客源地与目的地之间的信息差，减少了游客对目的地的心理畏惧和感知距离，激发了游客的旅游欲望和热情，是乡村旅游网络关注度最重要的影响因素。第二，X_{12}（年末人口数）、X_{14}（大专及以上人口数）的 q 值分别排第三、第五，说明社会人口统计特征中人口规模和学历结构会产生重要影响。一方面，人口数量是基础，人口规模越大，乡村旅游需求市场就越大，关注度就越高。另一方面，人口学历水平越高，收入水平、网络检索需求和能力就越高，出游的消费限制和障碍就越小，越容易产生旅游动机，对乡村旅游的网络关注度就越高。第三，X_9（旅客客运量）、X_{11}（私人载客汽车拥有量）的 q 值虽然在 2023 年均有所下降，但其均值均高于 0.7，大于 0.5，说明旅游活动的实现离不开交通的支持和保障，交通便利程度对乡村旅游网络关注度有重要影响。前文研究中，乡村旅游网络关注度高的省级行政区主要聚集在广东、浙江等交通网发达的地区便是例证。第四，X_7（乡村旅游总收入）、X_6（乡村旅游接待总人数）的 q 值虽然排名分别为第七、第十，较为靠后，但其均值均大于 0.6，解释力较强，说明乡村旅游整体发展水平及市场环境会对乡村旅游网络关注度产生重要影响。乡村旅游接待人数多、旅游收入高，说明乡村旅游市场环境好，那么也会带动潜在旅游者的网络关注度的增长。第五，X_2（第三产业增加值）、X_1（地区生产总值）是地区经济发展水平的衡量指标。旅游活动是对异文化的体验，活动中产生的各类旅游消费更是一种经济行为，是一个国家或地区经济发展到一定水平的产物。经济水平高的地区能够为乡村旅游发展提供更为完善的基础服务设施、旅游产品和服务等，吸引游客前往。因此，经济水平是前提和基础，乡村旅游及其网络关注度与经济发展水平密切相关。

第三节 交互因子探测结果

为研究不同因子交互叠加后的影响，笔者进一步采用交互探测方法进行检测（如表7-2所示）。交互作用类型主要体现为双因子增强和非线性增强两种，且以双因子增强为主。这说明任意两个因子组合后的解释力均大于单一因素或两个因素简单相加的解释力，也说明了乡村旅游网络关注度空间分异是多因子共同作用的结果。

笔者结合交互因子探测结果发现：其一，居民人均可支配收入、万人拥有公共交通车辆、年末城镇人口比重作为单一因子测算时不显著，解释力明显较弱，但与其他因子交互后，q值明显上升且幅度较大，表现出较强的解释力，说明这三个因子与其他因子结合后其作用方得显现，影响力得以发挥。其二，互联网宽带接入用户、移动互联网用户、年末人口数、大专及以上人口数，无论是作为因子探测还是交互探测其q值均大于0.7，表现出极强的解释力，说明信息化水平、人口规模及教育水平是非常重要的影响因素。其三，地区生产总值，第三产业增加值，乡村旅游接待总人数，乡村旅游总收入，全国乡村旅游重点村、镇（乡）数量，旅客客运量，私人载客汽车拥有量在交互探测中虽然个别年份q值不稳定相对较低，但其均值亦高于0.5，整体表现出较强的解释力，说明这些指标同样会对乡村旅游网络关注度产生重要影响。

表7-2 交互因子探测结果

交互因子	q值			交互因子	q值			交互因子	q值		
	2019年	2021年	2023年		2019年	2021年	2023年		2019年	2021年	2023年
$X_1 \cap X_2$	0.710 5	0.746 9	0.722 0	$X_3 \cap X_{10}$	0.533 5	0.431 1	0.402 8	$X_6 \cap X_{14}$	0.895 6	0.883 5	0.913 9
$X_1 \cap X_3$	0.767 0	0.810 0	0.651 2	$X_3 \cap X_{11}$	0.915 9	0.882 2	0.837 3	$X_7 \cap X_8$	0.869 1	0.840 9	0.799 2
$X_1 \cap X_4$	0.881 6	0.867 2	0.837 7	$X_3 \cap X_{12}$	0.870 0	0.870 7	0.890 8	$X_7 \cap X_9$	0.906 8	0.910 8	0.847 0

表7-2（续）

交互因子	q值			交互因子	q值			交互因子	q值		
	2019年	2021年	2023年		2019年	2021年	2023年		2019年	2021年	2023年
$X_1 \cap X_5$	0.841 2	0.878 0	0.873 7	$X_3 \cap X_{13}$	0.573 4	0.641 5	0.561 6	$X_7 \cap X_{10}$	0.763 0	0.904 1	0.812 9
$X_1 \cap X_6$	0.905 2	0.885 6	0.889 0	$X_3 \cap X_{14}$	0.873 0	0.869 9	0.839 5	$X_7 \cap X_{11}$	0.830 7	0.903 0	0.846 2
$X_1 \cap X_7$	0.828 1	0.873 1	0.815 9	$X_4 \cap X_5$	0.872 9	0.870 4	0.903 2	$X_7 \cap X_{12}$	0.869 1	0.932 3	0.843 9
$X_1 \cap X_8$	0.879 4	0.897 5	0.768 5	$X_4 \cap X_6$	0.859 6	0.903 9	0.929 0	$X_7 \cap X_{13}$	0.814 8	0.911 3	0.835 2
$X_1 \cap X_9$	0.904 7	0.920 2	0.843 4	$X_4 \cap X_7$	0.862 0	0.945 0	0.852 5	$X_7 \cap X_{14}$	0.881 0	0.911 2	0.859 6
$X_1 \cap X_{10}$	0.791 2	0.871 9	0.674 7	$X_4 \cap X_8$	0.877 3	0.876 3	0.867 2	$X_8 \cap X_9$	0.838 6	0.862 1	0.824 5
$X_1 \cap X_{11}$	0.835 8	0.838 7	0.757 3	$X_4 \cap X_9$	0.933 0	0.946 7	0.894 9	$X_8 \cap X_{10}$	0.760 0	0.765 3	0.814 7
$X_1 \cap X_{12}$	0.831 5	0.884 6	0.829 2	$X_4 \cap X_{10}$	0.912 6	0.969 8	0.889 4	$X_8 \cap X_{11}$	0.836 9	0.831 9	0.796 6
$X_1 \cap X_{13}$	0.849 8	0.892 0	0.784 8	$X_4 \cap X_{11}$	0.886 6	0.886 7	0.833 5	$X_8 \cap X_{12}$	0.842 5	0.834 1	0.840 8
$X_1 \cap X_{14}$	0.796 4	0.790 1	0.755 6	$X_4 \cap X_{12}$	0.860 8	0.878 2	0.822 0	$X_8 \cap X_{13}$	0.734 4	0.689 2	0.674 3
$X_2 \cap X_3$	0.766 6	0.805 7	0.830 9	$X_4 \cap X_{13}$	0.861 9	0.906 8	0.890 7	$X_8 \cap X_{14}$	0.879 0	0.896 6	0.889 3
$X_2 \cap X_4$	0.879 0	0.868 3	0.864 6	$X_4 \cap X_{14}$	0.898 1	0.867 7	0.843 5	$X_9 \cap X_{10}$	0.905 6	0.969 3	0.794 0
$X_2 \cap X_5$	0.844 3	0.896 4	0.927 8	$X_5 \cap X_6$	0.844 8	0.868 7	0.887 4	$X_9 \cap X_{11}$	0.914 3	0.920 3	0.869 2
$X_2 \cap X_6$	0.906 3	0.917 9	0.955 9	$X_5 \cap X_7$	0.846 8	0.940 9	0.917 7	$X_9 \cap X_{12}$	0.918 8	0.952 2	0.892 1
$X_2 \cap X_7$	0.828 3	0.873 1	0.920 4	$X_5 \cap X_8$	0.875 1	0.836 0	0.865 2	$X_9 \cap X_{13}$	0.873 3	0.910 4	0.789 3
$X_2 \cap X_8$	0.877 2	0.877 5	0.882 7	$X_5 \cap X_9$	0.916 6	0.939 1	0.931 0	$X_9 \cap X_{14}$	0.904 6	0.919 0	0.854 2
$X_2 \cap X_9$	0.906 8	0.909 3	0.829 0	$X_5 \cap X_{10}$	0.874 3	0.910 6	0.895 4	$X_{10} \cap X_{11}$	0.874 4	0.895 5	0.859 6
$X_2 \cap X_{10}$	0.784 7	0.856 3	0.841 6	$X_5 \cap X_{11}$	0.812 8	0.814 6	0.875 4	$X_{10} \cap X_{12}$	0.865 3	0.915 0	0.880 4
$X_2 \cap X_{11}$	0.834 2	0.819 2	0.832 9	$X_5 \cap X_{12}$	0.806 1	0.817 6	0.854 4	$X_{10} \cap X_{13}$	0.585 4	0.625 1	0.460 3
$X_2 \cap X_{12}$	0.832 7	0.901 1	0.910 7	$X_5 \cap X_{13}$	0.894 3	0.871 9	0.913 6	$X_{10} \cap X_{14}$	0.876 1	0.903 7	0.855 1
$X_2 \cap X_{13}$	0.843 9	0.888 6	0.837 2	$X_5 \cap X_{14}$	0.846 2	0.876 4	0.901 7	$X_{11} \cap X_{12}$	0.820 0	0.829 9	0.796 8

表7-2（续）

交互因子	q 值			交互因子	q 值			交互因子	q 值		
	2019 年	2021 年	2023 年		2019 年	2021 年	2023 年		2019 年	2021 年	2023 年
$X_2 \cap X_{14}$	0.773 5	0.795 3	0.791 0	$X_6 \cap X_7$	0.819 0	0.858 1	0.941 5	$X_{11} \cap X_{13}$	0.912 8	0.848 5	0.856 5
$X_3 \cap X_4$	0.937 8	0.890 2	0.876 4	$X_6 \cap X_8$	0.807 0	0.665 0	0.691 1	$X_{11} \cap X_{14}$	0.813 1	0.836 1	0.770 2
$X_3 \cap X_5$	0.858 1	0.860 5	0.881 1	$X_6 \cap X_9$	0.906 7	0.887 6	0.857 9	$X_{12} \cap X_{13}$	0.916 9	0.898 6	0.925 3
$X_3 \cap X_6$	0.892 9	0.674 9	0.650 3	$X_6 \cap X_{10}$	0.873 4	0.841 6	0.669 7	$X_{12} \cap X_{14}$	0.842 9	0.879 7	0.840 5
$X_3 \cap X_7$	0.793 5	0.847 5	0.844 0	$X_6 \cap X_{11}$	0.843 4	0.850 3	0.920 3	$X_{13} \cap X_{14}$	0.847 4	0.906 4	0.876 7
$X_3 \cap X_8$	0.798 3	0.721 9	0.696 6	$X_6 \cap X_{12}$	0.854 3	0.876 6	0.888 1				
$X_3 \cap X_9$	0.902 8	0.907 1	0.865 0	$X_6 \cap X_{13}$	0.813 5	0.763 4	0.931 9				

第四节　其他影响因素

笔者通过前文研究发现，除互联网宽带接入用户、旅客客运量、移动互联网用户、年末人口数、大专及以上人口数等因素外，突发性公共卫生事件、相关国家政策，以及旅游营销的强度和力度同样会对乡村旅游网络关注度的时空分布产生重要的影响。如 2019 年 12 月随着新冠疫情的暴发，人们的安全需求受到威胁，乡村旅游网络关注度随之在 2020 年 1 月降至低点。2022 年 12 月国务院联防联控机制综合组发布《关于进一步优化落实新冠肺炎疫情防控措施的通知》，明确了防疫的新方向，2023 年 1 月乡村旅游网络关注度迅速增加。此外，随着《中华人民共和国乡村振兴促进法》等一系列助力乡村振兴、推动乡村旅游发展法规政策的发布和施行，有关部门对全国乡村旅游精品线路的征集和推介，新华社、光明网、携程、微博、腾讯、抖音等媒体对乡村旅游的宣传和营销，乡村旅游网络关注度大幅上升。

第五节　本章小结

在本章，笔者主要综合前文分析及对已有文献中提出的影响因素进行梳理，再结合数据的客观性、可获取性，最终从经济发展水平、信息化水平、旅游发展水平、交通便利程度及社会人口统计特征 5 个维度，选取地区生产总值等 14 个指标进行探测。笔者通过因子探测分析自变量指标对中国乡村旅游网络关注度空间分异的解释力，运用交互因子探测了解不同因素之间的相互作用和协同效应。笔者通过研究发现：其一，地区生产总值、第三产业增加值、互联网宽带接入用户、移动互联网用户、乡村旅游接待总人数、乡村旅游总收入、旅客客运量、私人载客汽车拥有量、年末人口数、大专及以上人口数为核心影响因素；其二，中国乡村旅游网络关注度的空间分异是多因子共同作用的结果。此外，突发性公共卫生事件、相关国家政策以及旅游营销的强度和力度同样会对乡村旅游网络关注度的时空分布产生重要影响。总之，本章通过对影响因素进行全面且深入的分析，为后续提出具有针对性、实效性的乡村旅游发展建议奠定了坚实的理论依据和支撑。

第八章 基于网络关注度的中国乡村旅游高质量发展建议

第一节 打造优质全时旅游产品，加强差异性旅游产品体系构建

笔者通过前文分析发现，有关部门推出乡村旅游学习体验线路、全国乡村旅游精品路线之后，乡村旅游网络关注度得以快速增长，说明旅游产品是吸引游客的基础要素，优质的乡村旅游产品供给能有效促进旅游者对乡村旅游的关注，进而有力地促进乡村旅游市场规模的扩大。因此，优质乡村旅游产品的开发与供给对于乡村旅游网络关注度的提升及乡村旅游的发展至关重要。

旅游的本质是对异文化的体验，乡村旅游亦然，其本质在于游客对充满"乡村性"的乡村文化的感知和体验，高质量的乡村旅游产品便是重要媒介和载体。高质量乡村旅游产品的开发须立足乡村本体，厚植"乡土文化"，落实"乡村记忆工程"，依托当地自然、人文资源，加强对不同区域原汁原味乡村元素与符号的提炼，强化对乡村旅游产品的原真性开发，保持并突出地方乡土本色。此外，还须注重传统乡风乡俗、风土人情的传承与展示，并将其视为塑造独特乡村旅游体验的关键要素。如将乡村建设发展过程中遗留的老物件、生产生活用品、家具器皿等巧妙地融入乡村旅游景观的设计与构造之中，以此作为展现乡村历史与文化的重要载体。再如，建立乡村历史博物馆、乡村生活博物馆等文化展示空间，在形成明显不同于城市风貌的乡土景观的同时，更向游客呈现了乡村的历史脉络、文化特色和生活方式，展示了乡史、乡风与乡俗的深厚底蕴，再现了乡村发

展与振兴的历程，有助于唤起游客对乡村生活的儿时记忆与共鸣，重构游客对新时代乡村的认知与体验，增强游客对乡村文化的价值认同和归属感，增强游客与乡村的情感联结与黏性。

前文研究还发现乡村旅游网络关注度存在明显的季节性差异、地区差异、省际差异、市际差异、年龄差异和性别差异。因此，有关单位在开发乡村旅游产品的过程中应实施差异化产品开发策略。其一，针对季节性差异，可打造和开发全时、全季乡村旅游产品，从而确保乡村旅游时时皆有景、四季皆有品，尤其可加强对反季乡村旅游产品的关注及开发，从而有效缓解淡旺季失衡难题。其二，针对地区差异、省际差异及市际差异等空间差异，有关单位可根据不同地域特征开发差异性乡村旅游产品。如关注度高且乡村旅游市场较为成熟的地区可侧重于乡村旅游产品开发的多元化、精品化和定制化，关注度低且市场基础较差的地区则更需要注重对乡村旅游市场的开发。其三，针对年龄差异和性别差异，有关单位可打造适合不同年龄层次的乡村旅游产品，有序释放消费潜力。笔者通过研究发现在年龄层面上，31~40岁、41~50岁人群为乡村旅游市场两大主力军，在性别层面上，则是男性市场占据主导地位，因此有关单位可注重对家庭亲子与休闲度假、中年健康养生与休闲乡村旅游产品的开发，或者开发以男性兴趣为导向的旅游活动，以满足不同游客群体的需求，提升乡村旅游的吸引力和竞争力。

旅游消费本质上是游客对旅游产品的购买意愿和行为。旅游产品在旅游消费中发挥着基础性作用，产品的多寡和优劣直接决定着旅游消费规模的大小。因此，扩大乡村旅游市场规模，进一步释放乡村旅游消费潜力，促进乡村旅游发展，不仅需要加大优质旅游产品的供给力度，更需要系统化乡村旅游产品体系。完善旅游产品供给体系，可以从以下几个方面切入：其一，有关单位以丰富的乡村旅游资源为基础，立足资源禀赋，整合优势资源，充分挖掘资源背后乡村文化的多元内涵，开发多元乡村旅游产品，丰富产品类型。其二，从产业视角加强与其他产业的协作，有关单位在多产业融合的基础上进行多元旅游产品开发。具体而言，采用"乡村旅游+"的发展思路，加强乡村旅游与文化、教育、体育等产业的融合，打造"非遗+乡村""研学+乡村""体育赛事+乡村"等产品，丰富乡村旅游"产品包"，完善乡村旅游产品体系。其三，有关单位可基于丰富多元的文化载体与活动形式开发作品，如各类传统艺术展演、民俗竞技比赛、特色体育竞技项目、民族节庆活动等。其四，有关单位可加强对创新驱动的智慧乡村旅游产品的开发，充分利用虚拟现实（VR）、增强现实（AR）、全息投影等数字技术和互联网手段开发乡村旅游产品，如让游客参与虚拟农耕活动、体验农耕文化等。其五，有关单位可注重对创意性乡村旅游产品的开发，在深入挖掘地域文化、自然景观及乡土民俗等独特资源的基础上，结合现代旅游消费趋势与市场需求，运用创意设计和创新策略构建新型乡村旅游产品，如"猪景房"等。其六，有关单位可以旅游者需求为核心，借助大数据技术进行乡村旅游网络关注度数据的采集与分析，充分了解乡村旅游人群画像，挖掘游客偏好与需求并在此基础上不断革新和完善乡村旅游产品体系。

第二节 "新质生产力+新型营销力"双轮驱动旅游营销数字化、精准化

互联网、大数据等科技创新推动旅游业发生了革命性的变化，塑造了旅游业全新的发展基础[196]，为旅游业发展提供了更高效的上游投入。由前文可知，《中国旅游报》、携程、微博等媒体的大力宣传促使乡村旅游网络关注度大幅提升。因此，营销策略的有效运用是提升乡村旅游产品市场竞争力，提高乡村旅游目的地吸引力，促进乡村旅游资源快速有效转化，推进乡村旅游发展的关键驱动力。

信息化时代，旅游者的行为发生了明显的"技术转向"，微信、微博、抖音、小红书等已成为旅游者获取旅游信息的主要渠道。因此，有必要充分借助互联网技术等上游产业中的新质生产力形成新供给，构建新媒体矩阵，聚合新型营销力，多元化营销乡村旅游，多渠道增强营销效能，激发公众出游欲望。在渠道选择上，短视频平台、大视频平台、社交类平台、互动资讯平台、旅游网站等协同发力，形成全方位、多触点的乡村旅游营销体系。在平台选择上，快手、抖音、腾讯、搜狐、微信、微博、小红书、知乎、去哪儿网、携程网等综合运用，构筑立体化、多维度乡村旅游营销网络。在形式选择上，视频发布、竞赛活动、直播互动、"云旅游"体验、定向信息推送等相互融合、互为补充，构建多层次、复合式乡村旅游营销途径。在主体选择上，网络"红人"、乡贤乡才、乡村直播达人等多主体共同参与和协作，共筑多元联动的乡村旅游营销生态。

　　乡村旅游市场的扩张在一定程度上依赖营销活动的实施，更强调精准营销，从而实现乡村旅游供需体系的精准对接和协同，优化资源配置，提高营销效率，实现营销效果的最大化，促进乡村旅游市场的持续增长和稳健发展。具体而言，其一，从时间层面看，有关单位应把握关键期，在关注度高的3月、5月、7月和10月开展密集营销，增强营销效果；与此同时，加强淡旺季联动营销和反季节旅游营销，将淡季营销嵌入旺季营销环节，增强淡季旅游优惠力度，提高淡季旅游性价比，从而提升淡季旅游吸引力。其二，从空间层面看，我国各地区对乡村旅游的网络关注不均衡、差异性明显，因此有关单位需因地制宜，差别营销。对广东省、江苏省、浙江省、山东省等高关注区及以上的省级行政区主要开展品牌营销；对中关注区的省级行政区如河北省、山西省、江西省等开展主题化、系列化营销推广，持续刺激出游需求；对低关注区及以下的省级行政区，如西藏自治区、宁夏回族自治区、青海省等，则主动制造营销热点，提高公众对乡村旅游的关注和认知，积极引导和培育市场。其三，从人群画像层面看，关注乡村旅游的城市以一线、新一线、二线和三线城市为主，年龄以31~40岁、41~50岁人群为主，性别以男性为主。因此，有关单位需要根据城市级别将乡村旅游市场进一步细分，明确各细分市场的特点和需求，为不同的目标市场制定差异化的营销策略。如在一线城市和新一线城市，有关单位可重点营销乡村旅游体验的独特性和当地的文化，推广定制化的高端乡村旅游产品。在二、三线城市，有关单位可营销乡村旅游的性价比和休闲放松，提供性价比更高、体验更丰富的乡村旅游套餐。此外，媒介平台需要向31~40岁、41~50岁人群有针对性地推送恰当的乡村旅游内容，如对31~40岁群体推送网红乡村旅游民宿、美食等视频，对41~50岁群体推送乡村休闲生活及健康疗养等视频。有关单位需要结合男性市场需求多推送户外运动型、探险型乡村旅游产品，强调乡村旅游的冒险性、挑战性和体验性。

　　此外，为进一步提高乡村旅游营销实效，一方面需要加强乡村旅游与其他产业之间的联动，从而实现破圈传播，借势营销。如有关单位可充分借助各类文旅推介会、民族节庆等宣传旅游产品，还可利用农业电商平台将乡村旅游产品的营销推广融入地方农产品、土特产的直播平台。另一方面需要以"全域"理念整合现有营销平台和资源，建立乡村旅游营销联盟，化零为整，从而实现营销效果的最大化，提高公众对乡村旅游的关注，推进乡村旅游发展。如联合周边地区或有相似旅游资源的乡村，形成旅游营销联盟，共同制定营销策略，共享市场资源，实现区域间的联动营销、整合营销。

第三节　积极借助政策东风，助力乡村旅游提质升级

笔者通过前文研究发现，新冠疫情期间乡村旅游网络关注度在全国范围内增速较缓，但随着 2020 年 7 月《文化和旅游部办公厅关于统筹做好乡村旅游常态化疫情防控和加快市场复苏有关工作的通知》的发布，2020 年 9 月乡村旅游网络关注度就迎来了跳跃性增长。再如，2021 年 2 月国家乡村振兴局的成立、2021 年 6 月《中华人民共和国乡村振兴促进法》的正式实施均提高了公众对乡村旅游市场的关注。此外，2023 年，《辽宁省文旅产业高质量发展行动方案（2023—2025 年）》《辽宁省支持乡村旅游重点村建设方案》等的实施为辽宁省乡村旅游的发展提供了坚实的政策支撑，辽宁省当年乡村旅游网络关注度排名从 2022 年的 20 名一跃上升至第 9 名。这些例证均说明政策在乡村旅游的发展中起到重要作用。有关部门通过政策的引导、支持和推动，可以有效促进乡村旅游市场的复苏、发展和升级，对乡村旅游市场产生显著而积极的影响。因此，乡村旅游的发展需要积极借助政策东风，并得到国家层面各项政策的大力支持。政府的顶层设计、专项政策的扶持对赋能乡村旅游持续健康发展有着举足轻重的作用。全国各省（自治区、直辖市）应主动关注政策动向，积极搭乘关于乡村旅游、乡村振兴等系列政策的东风，促进乡村旅游提质升级。

前文地理探测器因子探测分析结果显示，指标 X_8 的 q 值在 2019 年、2021 年、2023 年随着各省（自治区、直辖市）纳入全国乡村旅游重点村、镇（乡）数量的增多而逐年增大，从 0.367 3 增长到 0.510 5，q 值上升明显且逐渐大于 0.5，从一般影响因素向核心影响因素转变，其影响力逐渐显现且增势明显。由此可见，各省（自治区、直辖市）纳入全国乡村旅游重点村、镇（乡）的数量对乡村旅游网络关注度有重要的影响。因此，各省（自治区、直辖市）应积极把握全国乡村旅游重点村镇遴选机遇，增加本省（自治区、直辖市）全国乡村旅游重点村、镇（乡）的数量，从而一方面获得国家在政策、资金等方面的支持，为乡村旅游的发展增加保障，另

一方面通过建设乡村旅游品牌形象提高公众对乡村旅游市场的认知和关注。

有关单位在借助政策东风、政府力量发展乡村旅游时，可以从以下几个方面切入：其一，应树立品牌意识，加强各类乡村旅游品牌的创建工作，高度重视政府层面乡村旅游品牌的培育和申报工作。具体而言，有关单位首先需要树立品牌意识，注重自身品牌的塑造，积极培育乡村旅游精品线路、乡村旅游精品景点、乡村旅游优质民宿等，为政府层面乡村旅游品牌申报奠定扎实的基础；积极关注政策动态和走向，及时掌握申报信息和要求，因地制宜、因时制宜、因事制宜与本地高校等单位和部门加强合作，充分发挥各自优势，高质量完成全国乡村旅游重点村、全国乡村旅游重点镇（乡）、全国休闲农业与乡村旅游示范县和示范点、中国历史文化名村等乡村旅游品牌项目的创建和申报工作。其二，应以品牌体系建设为引领，积极推动乡村旅游高质量发展。一方面，加强对乡村旅游重点村镇、乡村民宿、乡村旅游精品线路等系列乡村旅游品牌的建设，构建全方位、多层次的乡村旅游品牌体系，从而整体提高乡村旅游品牌形象，促进乡村旅游稳健发展。另一方面，注重从县（市）级到省级到国家级的纵向乡村旅游品牌体系建设，形成乡村旅游品牌效应，提高市场知名度和认可度，激发乡村旅游活力。其三，加强乡村旅游与相关产业的融合发展，协同塑造乡村旅游品牌，如体育、民宿、教育、文化产业等。其中，加强与文化产业的融合发展。因为具有"乡村性"的乡村文化、乡土文化是乡村旅游的核心和灵魂。只有在乡村旅游中注入文化内涵，以文塑旅，才能真正以文化提升其内涵品质，提升品牌影响力，并进一步以品牌力量推动乡村旅游可持续发展。

第四节　加强区域联动与合作，促进核心区与边缘区协同发展

弗里德曼认为，任何空间经济系统均可分解为不同属性的核心区和外围区[197]。中国乡村旅游市场也不例外。笔者通过对我国乡村旅游网络关注度空间分布格局的分析发现，一方面，山东、江苏、浙江、广东和四川等对乡村旅游的关注显著高于其他省级行政区，北京、广州、上海、重庆、成都、西安、贵阳、济南等一线、新一线和二线城市的乡村旅游热度

明显高于三线、四线和五线城市。因此，从省级行政区来看，山东、江苏、浙江、广东和四川是乡村旅游核心区，而其余省级行政区为边缘区；从城市级别来看，一线、新一线和二线城市为乡村旅游核心区，而三线、四线和五线城市为边缘区。另一方面，东、中、西部三大地区内部、各省级行政区内部及各级别城市内部同样呈现明显的"核心-边缘"特征，不均衡性、空间异质性明显。如，在西部地区，四川、云南在 2019—2023 年始终处于高关注区及以上，属于西部地区内部的核心位置，而其他省级行政区尤其是西藏、青海和宁夏始终处于极低关注区，明显属于区域内部的边缘位置。再如四线和五线城市在全国游客乡村旅游搜索排名前 30 的城市中数量及占比均很少，但依然有山西运城、湖北恩施、云南临沧和曲靖榜上有名，说明这些城市在各自所属级别中占据核心地位，而其他城市则处于边缘位置。

因此，在"核心-边缘"结构明显的态势下，笔者提出如下建议：其一，加强区域协作，核心区域带动边缘区域，既要发挥核心区的主导作用，也要促进核心区与边缘区的良性互动和协同发展，从而打破区域界限和壁垒，实现乡村旅游的整体协调发展。其二，进一步加强核心区域和边缘区域政府部门、企业、社会组织等之间的协作。如建立利益共享机制，成立跨省、市的旅游合作机构，推进差异化乡村旅游产品打造，开发与推广跨区域旅游线路，打破行政区划界限，克服单点作战、孤军奋战，促进跨区域乡村旅游的协同发展。其三，加强核心区和边缘区之间的线上协作。随着数字技术的创新发展和应用，线上旅游平台已成为游客进行信息查询、票务预订及旅游评价等的重要渠道。处于核心位置的广东已构建全国首个乡村旅游服务平台——"真乡"，推介广东乡村之美。因此，其他省级行政区尤其是处于边缘位置的省级行政区可以加强与广东的线上协作，整合乡村旅游资源和信息，建立信息共享平台，提高乡村旅游目的地信息传播效率，提升游客整体感知和体验，有效应对信息不对称、信息孤岛导致的边缘化。

在强化"核心-边缘"区域间协同合作的同时，各地区域亦须注重内生发展能力的提升及自主性增长路径的探索。一方面，根据前文研究，笔者发现新冠疫情期间乡村旅游网络关注度在全国范围内增速较缓，而随着新冠疫情得到控制，乡村旅游网络关注度快速增长且增速迅猛，说明乡村旅游产业的健康发展需要有关部门提高应对突发事件的能力。因此，各区域政府层面须建立健全旅游危机的防范、预警、应对与疏导机制；旅游企业须加强危机管理，提前做好预测、预防，面对突发危机事件能够快速响应并降低其带来的破坏性冲击，有充分的应变之策、抵御之力。另一方面，前文对地理探测器的分析结果显示，乡村旅游网络关注度时空分异的核心影响因素及其排序为：X_4（互联网宽带接入用户）$>X_5$（移动互联网用户）$>X_{12}$（年末人口数）$>X_9$（旅客客运量）$>X_{14}$（大专及以上人口数）$>X_{11}$（私人载客汽车拥有量）$>X_7$（乡村旅游总收入）$>X_2$（第三产业增加值）$>X_1$（地区生产总值）$>X_6$（乡村旅游接待总人数）。这充分说明乡村旅游网络关注度的时空分异是多种因素共同作用的结果，且各因素影响程度不同。因此，各区域若想提高乡村旅游网络关注度、增强乡村旅游的吸引力，促进乡村旅游发展，需要重点增加互联网宽带接入用户及移动互联网用户，加强信息化水平建设，为公众关注乡村旅游提供基础网络条件。此外，还需要扩大人口规模，提高人口文化程度，增加客运量和私人载客汽车拥有量水平等，从而发挥各影响因素的整体联动效应，进而推动乡村旅游产业发展。

第五节　本章小结

本章主要基于前文对中国乡村旅游网络关注度时空演变特征及影响因素的分析结果，有针对性地提出我国乡村旅游高质量发展建议，以期为中国乡村旅游的持续健康发展及乡村振兴战略的有效实施与推进提供一定的理论参考与实践指导。

第九章 中国典型乡村旅游目的地网络关注度案例研究——贵州西江千户苗寨

第一节 数据来源与研究方法

西江千户苗寨位于贵州省黔东南苗族侗族自治州雷山县境内，是全国乃至全世界最大的苗族聚居村寨。西江千户苗寨于 2011 年被评为国家 4A 级景区，是中国少数民族村寨的典型代表，同时也是公众网络关注度高以及实际到访游览量高的重点景区。根据贵州省人民政府网、贵州省文化和旅游厅公布的数据，2023 年西江千户苗寨景区接待游客 464.33 万人次，同比增长 286.04%，实现旅游综合收入 50.66 亿元，同比增长 327.51%。2024 年 3 月下旬，贵州省文旅面向全国投放 2024 年贵州文旅 "四免一多一减"、"优惠大旅包" 等系列优惠举措，进一步激发了公众对西江千户苗寨景区的关注，推进了西江千户苗寨景区旅游的持续火热。据统计，2024 年 1—6 月西江千户苗寨景区共接待游客 189.04 万人次。其中，仅 2024 年 5 月 1 日至 5 日西江千户苗寨景区累计接待旅游人数 15 万余人。采集西江千户苗寨景区网络关注度数据并对其时空特征及影响因素进行分析，有利于根据网络关注度的时空演变趋势，预测其未来市场发展空间和前景，预判其市场需求的动态和规律，从而以更高效的方式提高其供给与需求的匹配效率及准确性，并进一步指导其进行有效的旅游产品开发、市场营销推广等。因此，研究西江千户苗寨的网络关注度具有一定的典型性与现实意义。

一、数据来源

数据来源方面，与前文保持一致，笔者从搜索引擎指数、短视频 App 指数、资讯类 App 指数三个维度，分别选取百度指数、抖音指数、头条指数构建西江千户苗寨网络关注度评价指标体系。笔者以"西江千户苗寨"为搜索关键词，2019 年 1 月 1 日至 2023 年 12 月 31 日为自定义时间段，百度指数和巨量算数为数据平台，采集我国 31 个省（自治区、直辖市）对西江千户苗寨的逐日百度搜索指数、抖音搜索指数和头条搜索指数作为分析时空分布特征的基础数据并录入数据库。笔者对三个平台的数据进行标准化处理，确保数据的一致性和可比性，依据前文层次分析法所得权重对各平台原始数据进行加权处理得到最终的西江千户苗寨逐日网络关注度数据，为后续时空特征分析提供数据支撑。

二、研究方法

（一）年际变动指数

年际变动指数用以测量西江千户苗寨网络关注度的年际变动幅度。其计算公式为

$$Y = \frac{N_i}{\frac{1}{n} \sum_{i=1}^{n} N_i} \tag{9-1}$$

式中，Y 为年际变动指数值，N_i 表示第 i 年西江千户苗寨网络关注度，n 表示年度数。Y 值越趋于 100%，说明西江千户苗寨网络关注度年际变动幅度越小、越稳定；反之，年际变动幅度越大、越不稳定。

（二）季节性集中指数

季节性集中指数用以反映西江千户苗寨网络关注度在时间分布上的集中程度。其计算公式为

$$S = \sqrt{\sum_{i=1}^{12} (X_i - 8.33)^2 / 12} \tag{9-2}$$

式中，S 为季节性集中指数值，i 为月份，X_i 为各月份西江千户苗寨网络关注度与全年西江千户苗寨网络关注度总值之比。S 值越大，说明各月份之间西江千户苗寨网络关注度差异越大，越集中于某一时段；反之，S 值越小，说明差异越小，全年分布越均匀。

（三）变差系数

变差系数用以衡量区域之间以及内部子区域西江千户苗寨网络关注度的空间差异程度。其计算公式为

$$CV = A/\bar{x}, \quad A = \sqrt{\sum_{i=1}^{n} (x_i - \bar{x})^2 / n} \tag{9-3}$$

式中，CV 为变差系数值，A 为标准差系数，$\bar{x}$ 为 n 个省域西江千户苗寨网络关注度均值，n 为省（自治区、直辖市）总数，x_i 为各省（自治区、直辖市）对西江千户苗寨的网络关注度。CV 值越大，说明地区差异越显著；反之，则不显著。

（四）空间自相关

笔者利用全局 Moran's I 指数对西江千户苗寨的网络关注度在一定空间范围内的总体集聚程度进行观测，利用局部 Moran's I 指数进一步测度各省级行政区间对西江千户苗寨网络关注度的集聚程度。全局 Moran's I 指数和局部 Moran's I 指数的计算公式分别见式（9-4）和式（9-5）。

$$I = \frac{n}{\sum_{i=1}^{n} \sum_{j=1}^{n} w_{ij}} \times \frac{\sum_{i=1}^{n} \sum_{j=1}^{n} w_{ij}(x_i - \bar{x})(x_j - \bar{x})}{\sum_{i=1}^{n} (x_i - \bar{x})^2} \tag{9-4}$$

$$I_i = \frac{n^2}{\sum_{i=1}^{n} \sum_{j=1}^{n} w_{ij}} \times \frac{(x_i - \bar{x}) \sum_{j=1}^{n} w_{ij}(x_j - \bar{x})}{\sum_{j=1}^{n} (x_j - \bar{x})^2} \tag{9-5}$$

式中，I、I_i 分别代表全局和局部 Moran's I 指数，n 为研究单元数，x_i 和 x_j 分别表示第 i 个和第 j 个单元的西江千户苗寨的网络关注度，$\bar{x}$ 表示各单元西江千户苗寨网络关注度的平均值，w_{ij} 表示单元 i、j 之间的空间权重矩阵。I 的取值范围在 $[-1, 1]$，值为正表明空间正相关，即空间分布显著集聚；值为负表明空间负相关，即空间分布呈显著差异；值为 0 表明不存在空间自相关，即呈现随机分布状态。

第二节　贵州西江千户苗寨网络关注度时间演变特征

一、年际变化特征

笔者通过对 2019—2023 年我国 31 个省（自治区、直辖市）对西江千户苗寨的网络关注度进行统计分析发现，公众对西江千户苗寨的网络关注整体呈现出持续攀升的发展态势（如图 9-1 所示）。具体而言，2019—2020 年，公众对西江千户苗寨的网络关注度从 469 703 降至 358 828，下降23.61%。究其原因可能在于 2019 年年底新冠疫情的暴发使得公众出行受限，旅游活动减少，对西江千户苗寨的网络关注下降。2021 年、2022 年随着我国对新冠疫情的有效控制及相关政策的调整，公众出游意愿逐渐回升，西江千户苗寨作为国家 4A 级旅游景区和贵州旅游品牌，其网络关注度亦逐步回升，并明显超越 2019 年整体水平。2023 年我国旅游业整体复苏态势强劲，公众对西江千户苗寨的网络关注亦呈现"报复性"增长，增长率高达 404.78%。

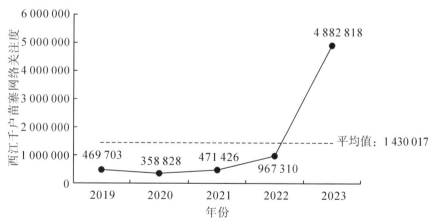

图 9-1　2019—2023 年西江千户苗寨的网络关注度

为进一步明晰西江千户苗寨网络关注度年际变化特征，笔者根据式（9-1）对其年际变动指数进行测算，结果如表 9-1 所示。结果显示，2019—2023 年西江千户苗寨网络关注度年际变动指数分别为 32.85%、25.09%、32.97%、67.64% 和 341.45%，仅 2022 年相对偏离 100% 较小，其余年份偏离均较大，尤其是 2023 年偏离程度最高，与图 9-1 所示一致。总而言之，新冠疫情及我国旅游市场的整体发展态势对西江千户苗寨网络关注度影响显著，公众对西江千户苗寨的网络关注年际变动幅度整体较大，较不稳定。

表 9-1　2019—2023 年西江千户苗寨网络关注度年际变动指数

年份	2019	2020	2021	2022	2023
年际变动指数/%	32.85	25.09	32.97	67.64	341.45

二、月际变化特征

笔者根据式（9-2）测算 2019—2023 年西江千户苗寨网络关注度各月指数及季节性集中指数，结果见表 9-2。2019—2023 年，西江千户苗寨季节性集中指数分别为3.567 0、6.279 9、4.978 5、5.309 6和14.443 5，整体水平相对较高，尤其是 2023 年指数数值接近 15，充分说明全国对西江千户苗寨的网络关注存在明显的季节性差异，且以 2023 年最为显著。

表 9-2　2019—2023 年西江千户苗寨网络关注度各月指数及季节性集中指数

指数	2019 年	2020 年	2021 年	2022 年	2023 年
1 月指数	14 232	20 129	8 484	21 560	222 323
2 月指数	26 407	14 820	17 567	64 869	176 249
3 月指数	20 883	18 807	25 033	35 047	183 263
4 月指数	55 089	18 206	40 958	28 199	207 150
5 月指数	56 991	21 177	48 628	44 976	169 864
6 月指数	51 046	20 273	39 879	75 064	205 224
7 月指数	55 010	26 761	104 604	145 198	2 737 552
8 月指数	66 010	39 636	31 141	166 008	365 033
9 月指数	37 329	26 118	41 873	49 418	194 919
10 月指数	41 666	32 206	45 462	65 514	182 972
11 月指数	23 481	19 338	49 072	174 815	112 803
12 月指数	21 559	101 357	18 725	96 642	125 466
季节性集中指数（S）	3.567 0	6.279 9	4.978 5	5.309 6	14.443 5

此外，观测西江千户苗寨网络关注度各月比重指数（见图 9-2）可以

发现，其月际差异同样显著。2019 年，公众对西江千户苗寨的网络关注主要集中在气温适宜、自然风光秀美、文化节庆活动丰富的 4—8 月，其比重均高于 10%。2020 年，公众对西江千户苗寨的网络关注度相较上年整体下降明显，尤其是上半年显著低于同期水平，可能与新冠疫情的初步影响有关，但下半年回升态势明显并在暑期 8 月、国庆 10 月形成两个小高峰，12 月可能由于其突发的火灾事故而急速攀升至 28.25%。2021 年公众对西江千户苗寨的网络关注度相较上年整体回升明显，且在 5 月、7 月和 11 月形成多个局部峰值。2022 年公众对西江千户苗寨的网络关注度与 2021 年又有所不同，比重较高的月份主要集中在 2 月、6 月、7 月、8 月、10 月、11 月和 12 月，尤其是 11 月牯藏节活动的举办显著提高了公众对西江千户苗寨的网络关注热度并达到当年最高峰值。2023 年月际差异最为突出，7 月和 8 月比重明显处于较高水平，尤其是 7 月，火灾事故的再次发生促使公众的网络关注比重高达 56.07%。综上所述，2019—2023 年西江千户苗寨网络关注度季节性差异明显，月际分布集中性较高，公众对西江千户苗寨的网络关注相对主要集中在上半年春夏之际的 4—6 月和下半年夏秋之季的 7 月、8 月和 11 月，峰值多出现于夏季的 7 月和 8 月，而冬季的 1 月则多触底。

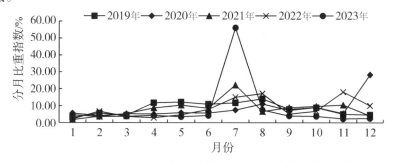

图 9-2　2019—2023 年西江千户苗寨网络关注度各月比重指数

第三节　贵州西江千户苗寨网络关注度空间演变特征

一、地区维度

为更直观地反映西江千户苗寨网络关注度的空间分布格局，笔者借助

ArcGIS 10.8 对 2019—2023 年我国 31 个省（自治区、直辖市）对西江千户苗寨的网络关注度的数据进行分析，并利用自然断点法将其划分为极高关注区、高关注区、中关注区、低关注区和极低关注区 5 个等级（如表 9-3 所示）。由表 9-3 可以发现，其一，从地区之间来看，东、中、西部三大地区对西江千户苗寨的网络关注度以 2021 年为节点整体呈现出先降后升的发展趋势，尤其是 2022—2023 年三大地区均呈现出显著的上升趋势。但与此同时，东、中、西部地区的网络关注度呈现东高西低的阶梯状空间分布格局明显，空间分布不均衡较为突出。其二，从地区内部来看，东部地区内 73% 的省级行政区属于中、高关注区，尤其是广东始终以显著性优势处于极高关注区，仅有天津、海南两地处于低关注区及以下。中部地区内关注度水平相较东部地区而言整体较低，河南、江西、安徽和湖北处于中关注区，山西、吉林、黑龙江处于低关注区及以下，仅湖南持续处于高关注区。西部地区内各省级行政区之间极化发展差异显著，重庆、四川、贵州以高关注区和极高关注区为主，而新疆、甘肃、内蒙古、西藏、青海、宁夏以低关注区和极低关注区为主，极高和极低关注区两极分化态势明显。其三，从关注度等级分布来看，高关注区和极高关注区主要分布在东部地区的广东、浙江，中部地区的湖南，以及西部地区的贵州、四川和重庆等地。中关注区主要分布在河北、福建、江西、安徽、湖北和陕西等地。低关注区及以下尤其是极低关注区则主要分布在西部地区地理位置较远且经济欠发达的西藏、青海、宁夏和新疆等地。总而言之，东、中、西部三大地区对西江千户苗寨的网络关注度阶梯特征鲜明，空间格局分布不均衡，各地区内部差异显著，且呈现出较为突出的近距离集聚、政策性导向和经济性导向的特征。

表 9-3 2019—2023 年我国 31 个省（自治区、直辖市）
对西江千户苗寨的网络关注度及其等级分布

地区	省级行政区	2019 年	2020 年	2021 年	2022 年	2023 年
东部地区	北京	24 760（△）	19 677（◇）	18 666（◇）	36 290（△）	213 004（◇）
	天津	13 610（□）	9 218（□）	9 728（□）	12 711（□）	71 008（□）
	河北	17 791（△）	12 882（△）	13 208（△）	23 116（△）	124 496（△）
	浙江	36 345（◇）	18 843（◇）	18 360（◇）	55 595（◇）	271 321（◇）

表9-3（续）

地区	省级行政区	2019 年	2020 年	2021 年	2022 年	2023 年
东部地区	江苏	27 911（△）	18 454（◇）	18 755（◇）	40 408（◇）	220 994（◇）
	山东	23 130（△）	15 301（△）	16 072（◇）	29 285（△）	165 789（△）
	广东	64 656（◎）	30 119（◎）	25 557（◎）	96 247（◎）	565 341（◎）
	福建	25 282（△）	14 999（△）	14 438（△）	32 713（△）	154 260（△）
	上海	23 063（△）	17 694（◇）	17 894（◇）	31 022（△）	158 030（△）
	辽宁	18 346（△）	12 678（△）	14 199（△）	19 571（□）	87 692（□）
	海南	11 100（□）	7 519（□）	6 557（□）	9 830（○）	38 573（○）
中部地区	河南	21 563（△）	13 887（△）	13 932（△）	30 526（△）	193 666（△）
	山西	13 706（□）	9 897（□）	9 333（□）	15 724（□）	83 072（□）
	江西	21 237（△）	13 280（△）	12 862（△）	29 091（△）	126 975（△）
	安徽	18 143（△）	13 276（△）	13 250（△）	23 267（△）	109 853（△）
	湖北	27 968（△）	14 820（△）	14 975（△）	31 883（△）	148 672（△）
	吉林	10 587（□）	6 827（□）	9 025（□）	9 344（○）	48 123（○）
	湖南	37 014（◇）	20 118（◇）	18 164（◇）	49 304（◇）	243 325（◇）
	黑龙江	11 163（□）	8 775（□）	9 285（□）	11 957（□）	54 543（□）
西部地区	重庆	34 416（◇）	18 751（◇）	17 213（◇）	69 640（◎）	444 576（◎）
	西藏	2 328（○）	778（○）	976（○）	1 356（○）	7 379（○）
	新疆	9 382（□）	3 669（○）	4 235（○）	8 224（○）	35 574（○）
	广西	36 689（◇）	16 639（△）	16 207（◇）	36 605（△）	183 693（△）
	甘肃	11 152（□）	6 625（□）	6 067（□）	9 392（○）	40 633（○）
	内蒙古	9 835（□）	6 457（□）	6 870（□）	8 131（○）	37 843（○）
	贵州	107 442（◎）	66 712（◎）	58 206（◎）	247 568（◎）	878 344（◎）
	青海	4 413（○）	1 800（○）	1 732（○）	3 459（○）	12 981（○）
	四川	41 152（◇）	23 060（◇）	20 865（◇）	66 806（◎）	424 668（◎）
	云南	28 648（△）	15 146（△）	14 102（△）	42 525（◇）	184 997（△）
	宁夏	5 841（○）	1 800（○）	2 266（○）	3 306（○）	14 508（○）
	陕西	20 345（△）	12 786（△）	12 813（△）	25 315（△）	117 868（△）

注："○"表示极低关注区，"□"表示低关注区，"△"表示中关注区，"◇"表示高关注区，"◎"表示极高关注区。

　　笔者通过式（9-3）测算 2019—2023 年西江千户苗寨网络关注度变差系数，结果如图 9-3 所示。由图 9-3 可知，2019—2023 年全国对西江千户苗寨的网络关注度变差系数以 2021 年、2022 年为节点先降后升再降，表明 2019—2021 年东、中、西部三大地区间差异逐渐从 0.809 缩小至 0.707，但在 2022 年由于某些原因迅速上升到峰值 1.233，2023 年虽然再次逐步减小但差异程度保持在 1.033 的水平，相较 2019—2021 年依然有所增长。东部和中部地区变差系数走向趋势基本一致，即以 2021 年为低点呈"V"形趋势，先降后升，表明 2019—2021 年东、中部地区内部省级行政区之间差异逐渐缩小趋于均衡，但在 2021 年后差异再次逐渐扩大并高于前期水平。此外，东部地区变差系数高于中部地区，说明东部地区内部差异程度整体高于中部地区，而中部地区内部省级行政区之间相对较为均衡。西部地区变差系数总体高于东、中部地区且发展态势不同，呈现出"M"形，在 2022 年达到峰值，表明西部地区内部省级行政区之间差异水平远高于东、中部地区且极化发展趋势明显。总之，东、中、西部三大地区间及其内部网络关注度差异明显，且存在某一区域的空间极化发展现象。

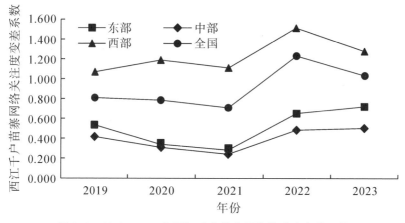

图 9-3　2019—2023 年西江千户苗寨网络关注度变差系数

　　笔者根据式（9-4）对全国及东、中、西部三大地区对西江千户苗寨的网络关注度的空间自相关性进行测算，结果如图 9-4 所示。2019—2023 年全国对西江千户苗寨的网络关注度的全局莫兰指数呈现缓慢下降的趋势，但保持在 0.173~0.259，数值均为正且通过了 5%的显著性检验，表明对西江千户苗寨的网络关注度空间分布自相关性较强但集聚程度逐渐减弱。东、中、西部三大地区对西江千户苗寨的网络关注度的全局莫兰指数差异较大。东部地区各年呈现显著的负相关，表明该地区内部相异属性集聚特征明显，呈现高-低、低-高集聚现象且该特征将持续增强。中部地区虽整体显示出下降的趋势且在2023年降到最低值0.289，但其指数数值在三大地区中仍整体处于最高水平表明中部地区内部相似属性集聚特征有所减弱但相较于东、西部地区仍较为鲜明。西部地区整体趋势与全国接近，居于中部和东部之间，呈现出波动上升的发展态势，尤其在2023年上升趋势明显且正相关性最为显著甚至超越东、中部地区及全国水平达到最高值0.336，表明其内部集聚程度与全国水平接近，低于中部地区，但省级行政区之间的空间集聚性和关联性逐渐增强且势头迅猛。

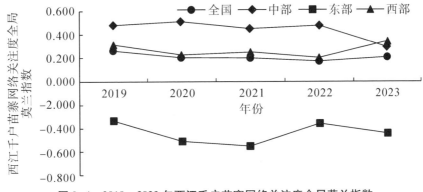

图9-4　2019—2023年西江千户苗寨网络关注度全局莫兰指数

二、省级维度

笔者进一步对2019—2023年我国31个省（自治区、直辖市）对西江千户苗寨的网络关注度进行排序（如表9-4所示）。由表9-4可知，80.65%的省级行政区属于平稳型。平稳型省级行政区中，处于上游且排名始终保持第一的是贵州，主要原因可能在于西江千户苗寨在地理位置上隶属于贵州省黔东南州，是贵州极具代表性和典型性的旅游品牌，在贵州本土市场更有知名度、影响力和吸引力。此外，便利的交通、广泛的营销推广以及相近的民俗风情等大大降低了游客到访的现实交通阻碍以及感知距离等，进一步提高了贵州居民对西江千户苗寨的网络关注。排名第二的是广东，原因可能有：其一，广东对贵州的对口帮扶，贵州在广东强有力的精准营销以及旅游优惠政策的实施等推动；其二，广东和贵州地理位置距离近，随着贵广高铁等交通基础设施的不断完善，交通便捷性、通达度大幅提升，缩短了广东游客到访的现实交通距离；其三，广东经济水平较高，信息化水平高，游客获取旅游信息渠道畅通，更容易受到网络营销的影响，出游欲望及旅游需求旺盛；其四，旅游的本质是对异文化的体验，广东和贵州文化差异显著，这种差异性构成了强大的旅游吸引力。排名平稳处于上游的还有四川、湖南、浙江、重庆等。此外，排名平稳处于下游的主要聚集在西藏、青海、宁夏、新疆等地理位置较远且经济相对落后的省级行政区。波动型涵盖东部地区的北京、上海，以及西部地区的广西、云南。

表 9-4 2019—2023 年我国 31 个省（自治区、直辖市）
对西江千户苗寨的网络关注度的序位变化

类型	东部地区	中部地区	西部地区
平稳型	广东（上游，2、2、2、2、2）	湖南（上游，4、4、7、6、6）	贵州（上游，1、1、1、1、1）
	浙江（上游，6、6、6、5、5）	江西（中游，16、16、19、16、16）	四川（上游，3、3、3、4、4）
	江苏（上游，10、9、4、9、7）	辽宁（中游，19、20、14、20、20）	重庆（上游，7、7、9、3、3）
	福建（中游，11、13、13、11、14）	安徽（中游，19、17、17、19、19）	陕西（中游，17、19、20、17、18）
	山东（中游，13、11、11、15、12）	山西（下游，21、21、22、21、21）	甘肃（下游，24、26、27、25、25）
	河北（中游，20、19、19、19、17）	黑龙江（下游，23、23、23、23、23）	内蒙古（下游，27、27、25、29、27）
	天津（下游，22、22、21、22、22）	吉林（下游，26、25、24、26、24）	新疆（下游，29、29、29、27、28）
	海南（下游，25、24、26、24、26）	—	宁夏（下游，29、30、29、30、29）
	—	—	青海（下游，30、29、30、29、30）
	—	—	西藏（下游，31、31、31、31、31）
上升型	—	河南（中游—上游，15、15、16、14、9）	—
下降型	—	湖北（上游—中游，9、14、12、12、15）	—
波动型	北京（中游—上游—中游—上游，12、5、5、10、8）、上海（中游—上游—中游，14、9、9、13、13）	—	广西（上游—中游—上游—中游，5、10、10、9、11）、云南（上游—中游—上游—中游，9、12、15、7、10）

注：括号内数值依次为 2019—2023 年西江千户苗寨网络关注度的序位。

笔者计算了2019—2023年我国31个省（自治区、直辖市）对西江千户苗寨的网络关注度的局部莫兰指数，并绘制图9-5。莫兰指数自2019年的0.259逐步下降至2022年的0.173，随后在2023年有所回升，达到0.207，表明2019—2022年空间集聚效应有所减弱，但在2023年又有小幅增强。此外，我国内地31个省（自治区、直辖市）主要分布在第一、三象限，"高-高""低-低"集聚显著。其中"高-高"集聚主要体现在中、西部地区的湖南、广西、重庆、四川、贵州和云南等地，空间关联性明显；"低-低"集聚主要集中在吉林、黑龙江、内蒙古、西藏、甘肃、青海、宁夏和新疆等地，"负向集聚"特征鲜明。各省级行政区间对西江千户苗寨的网络关注空间不均衡性较为显著。

图9-5　2019—2023年我国31省（自治区、直辖市）对西江千户苗寨的网络关注度的省域分布情况

注：第一、二、三、四象限分别代表"高-高"集聚、"低-高"集聚、"低-低"集聚、"高-低"集聚。

第四节　贵州西江千户苗寨网络关注度市场演变特征

一、市场客群分析

（一）省级维度

笔者对 2019—2023 年全国游客西江千户苗寨抖音指数省域占比进行排名，如表 9-6 所示。可以发现：其一，全国各省级行政区对西江千户苗寨的网络关注相对较为稳定，波动较小。其二，贵州凭借本土优势始终保持绝对性优势。其三，广东、浙江、江苏等始终保持前列，是主要的省外客源市场。尤其是广东五年间持续以 10% 以上的占比排名第二，仅次于本土市场，远超其他省级行政区，是西江千户苗寨最重要的省外客源市场。其四，四川、云南、湖南、重庆和广西等周边邻近省级行政区轮换保持着高度关注，同样是西江千户苗寨的重要客源市场，不容忽视。其五，黑龙江、吉林、西藏、青海和宁夏等地关注度持续较低，未来市场开发空间较大。

表 9-6　2019—2023 年全国游客西江千户苗寨抖音指数省域占比排名

排序	2019 年	2020 年	2021 年	2022 年	2023 年
1	贵州（18.54%）	贵州（17.71%）	贵州（20.17%）	贵州（19.13%）	贵州（17.30%）
2	广东（10.21%）	广东（11.29%）	广东（11.00%）	广东（11.82%）	广东（10.97%）
3	四川（8.01%）	浙江（6.35%）	浙江（6.46%）	浙江（7.28%）	四川（7.87%）
4	浙江（6.86%）	四川（6.31%）	四川（6.27%）	四川（6.34%）	浙江（6.65%）
5	江苏（4.94%）	江苏（5.15%）	江苏（4.99%）	云南（5.56%）	云南（4.99%）
6	湖南（4.77%）	湖南（4.50%）	云南（4.32%）	湖南（4.60%）	江苏（4.75%）
7	云南（4.75%）	云南（4.29%）	湖南（4.08%）	江苏（4.35%）	湖南（4.65%）
8	重庆（3.99%）	河南（4.13%）	河南（3.90%）	广西（3.99%）	河南（4.01%）
9	河南（3.88%）	湖北（3.48%）	重庆（3.49%）	河南（3.79%）	重庆（3.86%）

表9-6(续)

排序	2019 年	2020 年	2021 年	2022 年	2023 年
10	福建(3.69%)	福建(3.42%)	广西(3.40%)	福建(3.48%)	广西(3.83%)
11	湖北(3.57%)	广西(3.37%)	山东 3.29%	湖北(3.04%)	福建(3.25%)
12	江西(3.27%)	山东(3.20%)	湖北(3.02%)	重庆(3.02%)	湖北(3.25%)
13	广西(3.26%)	重庆(3.17%)	福建(2.97%)	陕西(2.85%)	山东(3.10%)
14	陕西(2.97%)	安徽(2.85%)	安徽(2.68%)	江西(2.60%)	陕西(2.75%)
15	安徽(2.81%)	陕西(2.63%)	江西(2.66%)	安徽(2.54%)	安徽(2.63%)
16	山东(2.50%)	江西(2.60%)	陕西(2.62%)	山东(2.50%)	江西(2.44%)
17	河北(1.87%)	河北(2.40%)	河北(2.34%)	河北(2.15%)	河北(2.26%)
18	上海(1.42%)	山西(1.57%)	上海(1.80%)	山西(1.75%)	山西(1.51%)
19	山西(1.36%)	上海(1.55%)	北京(1.63%)	北京(1.54%)	上海(1.47%)
20	北京(1.08%)	辽宁(1.48%)	辽宁(1.49%)	上海(1.28%)	北京(1.36%)
21	新疆(0.99%)	北京(1.26%)	山西(1.42%)	新疆(0.99%)	辽宁(1.19%)
22	甘肃(0.97%)	新疆(1.26%)	甘肃(0.89%)	甘肃(0.96%)	新疆(0.98%)
23	辽宁(0.86%)	甘肃(1.02%)	新疆(0.83%)	辽宁(0.84%)	甘肃(0.95%)
24	海南(0.69%)	黑龙江(0.87%)	黑龙江(0.73%)	海南(0.75%)	内蒙古(0.71%)
25	内蒙古(0.55%)	内蒙古(0.81%)	内蒙古(0.72%)	内蒙古(0.68%)	海南(0.70%)
26	天津(0.48%)	海南(0.80%)	天津(0.71%)	天津(0.53%)	黑龙江(0.62%)
27	黑龙江(0.43%)	吉林(0.73%)	海南(0.69%)	黑龙江(0.46%)	天津(0.59%)
28	吉林(0.39%)	天津(0.71%)	吉林(0.64%)	吉林(0.40%)	吉林(0.54%)
29	西藏(0.33%)	西藏(0.43%)	宁夏(0.28%)	西藏(0.29%)	西藏(0.30%)
30	青海(0.25%)	青海(0.32%)	西藏(0.27%)	宁夏(0.24%)	宁夏(0.27%)
31	宁夏(0.25%)	宁夏(0.26%)	青海(0.26%)	青海(0.23%)	青海(0.23%)

笔者对 2019—2023 年全国游客西江千户苗寨抖音指数的省域 TGI 进行

排名，如表 9-7 所示。不难发现：其一，贵州的 TGI 均值在 694.56，以绝对性的优势远超 TGI 指数大盘水平 100，充分表明贵州本土市场对西江千户苗寨的网络关注度和活跃度远高于整体市场水平，西江千户苗寨在贵州群众基础深厚、广受欢迎。其二，重庆、云南、四川、湖南和广西等地的 TGI 水平明显高于市场整体水平 100，其中特别是重庆和云南轮换保持在第二、第三位，仅次于贵州，说明这些地区的公众相较而言对西江千户苗寨有着更高的旅游偏好和需求，值得进一步重点关注和开发。与此同时，也说明西江千户苗寨在这些地区中尤其是重庆和云南具有相当的市场影响力和吸引力。其三，内蒙古、山东、黑龙江、辽宁、吉林等约 67.74% 的省级行政区的 TGI 明显低于 100，表明仍有较多省级行政区对西江千户苗寨的关注度低于市场整体水平，西江千户苗寨需要进一步加强在这些省级行政区的宣传和推广力度。

表 9-7　2019—2023 年全国游客西江千户苗寨抖音指数省域 TGI 排名演变

排序	2019 年	2020 年	2021 年	2022 年	2023 年
1	贵州（706.33）	贵州（674.71）	贵州（730.62）	贵州（700.78）	贵州（660.35）
2	重庆（178.07）	重庆（141.48）	重庆（157.6）	云南（173.04）	重庆（180.18）
3	云南（153.13）	云南（138.3）	云南（134.78）	重庆（138.89）	云南（154.52）
4	四川（150.04）	西藏（122.15）	四川（114.55）	广西（127.07）	四川（145.39）
5	湖南（120.49）	四川（118.2）	湖南（110.86）	浙江（116.6）	广西（120.46）
6	江西（112.2）	湖南（113.67）	广西（110.11）	四川（116.57）	湖南（115.29）
7	浙江（109.18）	广西（111.45）	浙江（102.71）	湖南（113.51）	浙江（107.28）
8	广西（107.81）	浙江（101.06）	广东（96.76）	广东（106.8）	福建（97.81）
9	福建（107.78）	青海（100.26）	青海（92.64）	福建（102.41）	广东（96.81）
10	陕西（97.3）	福建（99.9）	江西（90.31）	陕西（93.72）	陕西（91.51）
11	湖北（94.23）	广东（98.95）	福建（85.98）	江西（88.48）	西藏（88.93）
12	西藏（93.75）	海南（98.08）	陕西（84.75）	海南（87.41）	湖北（84.13）

表9-7(续)

排序	2019 年	2020 年	2021 年	2022 年	2023 年
13	广东(89.48)	湖北(91.86)	上海(81.39)	西藏(85.86)	江西(84.02)
14	海南(84.59)	江西(89.21)	海南(78.92)	北京(79.57)	海南(76.8)
15	青海(78.33)	陕西(86.17)	北京(78.24)	湖北(77.36)	青海(71.36)
16	甘肃(78.12)	甘肃(82.15)	西藏(77.04)	甘肃(73.71)	甘肃(70.93)
17	安徽(68.1)	安徽(69.07)	湖北(77.03)	山西(73.18)	江苏(66.73)
18	江苏(66.25)	江苏(69.06)	甘肃(73.3)	青海(72.92)	上海(66.42)
19	上海(63.14)	上海(68.92)	江苏(66.91)	安徽(60.4)	北京(66.01)
20	宁夏(60.58)	新疆(68.07)	天津(66.77)	江苏(59.89)	安徽(64.38)
21	河南(57.95)	山西(65.33)	宁夏(66.15)	上海(59.53)	山西(64.19)
22	山西(56.6)	天津(63.59)	安徽(63.52)	宁夏(55.86)	宁夏(61.72)
23	新疆(53.48)	宁夏(63)	辽宁(62.84)	河南(54.72)	河南(60.27)
24	北京(49.56)	河南(61.68)	山西(60.28)	新疆(53.68)	天津(55.02)
25	天津(42.99)	辽宁(60.75)	河南(57.33)	天津(51.61)	新疆(53.89)
26	河北(41.12)	吉林(58.45)	吉林(54.89)	内蒙古(48.89)	内蒙古(49.69)
27	山东(39.14)	北京(57.82)	内蒙古(53.38)	河北(47.28)	河北(48.98)
28	内蒙古(39.01)	内蒙古(57.45)	河北(53.11)	山东(38.08)	辽宁(48)
29	辽宁(35.3)	黑龙江(55.56)	山东(51.33)	辽宁(35.27)	山东(46.94)
30	吉林(31.23)	河北(52.78)	黑龙江(46.94)	吉林(33.25)	吉林(42.64)
31	黑龙江(27.46)	山东(50.1)	新疆(43.75)	黑龙江(29.95)	黑龙江(38.43)

　　笔者对 2019—2023 年全国游客西江千户苗寨头条指数省域占比进行排名,如表9-8所示。对比抖音和头条两大平台数据可以发现,统计结果差异性与稳定性并存。具体表现在:其一,两大平台中,贵州和广东的占比排名虽均位于前列,但明显不同。抖音平台中,贵州作为本土市场占据绝

对性的优势，排名第一；广东作为最大的省外客源市场，排名第二。但在头条平台中，贵州本土市场优势不如广东，广东以绝对性优势远超其他省级行政区，包括贵州。其二，两大平台结果均显示，四川、广西、江苏、浙江等始终保持前列，是主要的省外客源市场。而黑龙江、吉林、西藏、青海和宁夏等地的关注度均处于极低水平，未来市场开发潜力较大。

表 9-8　2019—2023 年全国游客西江千户苗寨头条指数省域占比排名

排序	2019 年	2020 年	2021 年	2022 年	2023 年
1	广东(12.83%)	贵州(14.73%)	广东(14.82%)	广东(19.00%)	广东(15.00%)
2	贵州(11.69%)	广东(13.69%)	贵州(10.26%)	四川(6.37%)	贵州(7.50%)
3	四川(7.30%)	四川(8.30%)	四川(8.31%)	广西(5.70%)	四川(7.33%)
4	江苏(5.47%)	广西(5.24%)	广西(5.87%)	江苏(5.26%)	江苏(5.50%)
5	浙江(5.39%)	湖南(5.01%)	江苏(4.76%)	贵州(5.20%)	广西(5.21%)
6	河南(5.28%)	浙江(4.41%)	浙江(4.63%)	浙江(5.02%)	浙江(4.95%)
7	湖南(4.91%)	云南(4.25%)	湖南(4.54%)	山东(4.53%)	山东(4.79%)
8	广西(4.86%)	江苏(4.20%)	云南(4.23%)	湖南(4.51%)	湖南(4.55%)
9	山东(4.67%)	重庆(3.85%)	湖北(4.21%)	湖北(4.21%)	湖北(4.27%)
10	云南(4.17%)	湖北(3.75%)	重庆(3.90%)	河南(4.13%)	河南(3.99%)
11	湖北(4.08%)	北京(3.41%)	山东(3.39%)	福建(3.82%)	云南(3.47%)
12	福建(3.33%)	上海(3.13%)	福建(3.30%)	云南(3.50%)	福建(3.37%)
13	重庆(3.11%)	福建(3.05%)	河南(3.28%)	上海(2.99%)	重庆(3.01%)
14	河北(2.71%)	山东(2.78%)	上海(3.08%)	重庆(2.82%)	河北(2.83%)
15	陕西(2.69%)	河南(2.67%)	陕西(2.64%)	陕西(2.78%)	上海(2.83%)
16	安徽(2.56%)	陕西(2.30%)	北京(2.40%)	北京(2.61%)	陕西(2.62%)
17	江西(2.44%)	江西(2.10%)	江西(2.26%)	河北(2.61%)	安徽(2.53%)

表9-8(续)

排序	2019 年	2020 年	2021 年	2022 年	2023 年
18	上海(2.11%)	河北(1.86%)	河北(2.18%)	安徽(2.39%)	北京(2.46%)
19	山西(1.71%)	安徽(1.79%)	安徽(2.09%)	江西(2.34%)	江西(2.36%)
20	甘肃(1.41%)	辽宁(1.57%)	辽宁(1.66%)	山西(1.69%)	辽宁(1.93%)
21	辽宁(1.17%)	山西(1.23%)	山西(1.32%)	辽宁(1.46%)	山西(1.62%)
22	北京(1.06%)	甘肃(1.05%)	甘肃(1.17%)	甘肃(1.31%)	新疆(1.22%)
23	新疆(0.95%)	天津(0.96%)	新疆(0.96%)	新疆(1.12%)	甘肃(1.19%)
24	内蒙古(0.81%)	新疆(0.96%)	天津(0.92%)	海南(0.92%)	天津(0.99%)
25	天津(0.68%)	海南(0.78%)	海南(0.81%)	天津(0.82%)	黑龙江(0.94%)
26	黑龙江(0.68%)	内蒙古(0.72%)	黑龙江(0.79%)	内蒙古(0.78%)	内蒙古(0.91%)
27	海南(0.65%)	黑龙江(0.71%)	内蒙古(0.74%)	黑龙江(0.70%)	海南(0.86%)
28	吉林(0.59%)	吉林(0.68%)	吉林(0.73%)	吉林(0.63%)	吉林(0.83%)
29	青海(0.31%)	青海(0.31%)	青海(0.30%)	宁夏(0.33%)	宁夏(0.46%)
30	宁夏(0.29%)	宁夏(0.27%)	宁夏(0.30%)	青海(0.30%)	青海(0.31%)
31	西藏(0.06%)	西藏(0.15%)	西藏(0.13%)	西藏(0.12%)	西藏(0.12%)

　　笔者对2019—2023年全国游客西江千户苗寨头条指数的省域TGI进行排名，如表9-9所示。对比抖音和头条两大平台数据可以发现，贵州的TGI在抖音平台上的数值相对更加稳定且保持在660.35以上；在头条平台上则活跃于295.12~818.51，变动幅度较大，不稳定性较强。这一方面说明抖音平台的贵州用户对西江千户苗寨的关注更加稳定，另一方面再次证明贵州的TGI显著高于其他省级行政区，对西江千户苗寨的网络关注度和活跃度远高于整体市场水平，本土市场优势明显。此外，头条平台上，TGI大于市场水平100的省级行政区数量相对更多且部分省级行政区的TGI数值更高，说明各省级行政区对西江千户苗寨的网络关注在两大平台存在差异，部分省级行政区如重庆、四川等地的用户对西江千户苗寨的关注更多来自头条平台。

表 9-9　2019—2023 年全国游客西江千户苗寨头条指数省域 TGI 排名演变

排序	2019 年	2020 年	2021 年	2022 年	2023 年
1	贵州(649.58)	贵州(818.51)	贵州(583.77)	贵州(295.12)	贵州(438.82)
2	云南(169.79)	重庆(192.9)	广西(195.45)	广西(188.92)	广西(173.31)
3	广西(156.13)	云南(173.04)	重庆(194.75)	广东(170.58)	云南(145.65)
4	重庆(155.82)	广西(168.34)	云南(178.67)	云南(143.36)	重庆(141.02)
5	四川(141.17)	四川(160.51)	四川(157.22)	重庆(132.93)	广东(132.38)
6	湖南(138.77)	湖南(141.59)	湖南(144.44)	湖南(129.62)	四川(131.87)
7	福建(110.63)	广东(116.89)	广东(128)	福建(128.28)	湖南(130.21)
8	广东(109.55)	北京(109.85)	湖北(123.73)	四川(117.58)	福建(116.45)
9	湖北(105.13)	上海(106.19)	福建(109.51)	湖北(106.07)	湖北(108.9)
10	浙江(102.73)	福建(101.32)	上海(105.71)	上海(104.8)	宁夏(100.62)
11	江西(100.46)	湖北(96.63)	青海(100.67)	海南(100.22)	江西(100.56)
12	甘肃(92.73)	海南(92.4)	江西(96.49)	江西(100.11)	上海(99.87)
13	河南(88.03)	西藏(87.17)	浙江(87.43)	浙江(96.27)	青海(96.68)
14	青海(86.73)	青海(86.73)	海南(86.8)	陕西(87.83)	新疆(90.27)
15	陕西(86.43)	江西(86.46)	西藏(85.73)	北京(87.37)	陕西(85.69)
16	海南(77)	浙江(84.05)	陕西(83.04)	青海(84.33)	西藏(85.18)
17	江苏(75.48)	陕西(73.9)	北京(79.58)	西藏(83.84)	北京(83.62)
18	安徽(73.78)	甘肃(69.06)	甘肃(76.25)	甘肃(80.45)	海南(82.79)
19	上海(71.58)	天津(67.83)	新疆(69.19)	新疆(74.54)	浙江(80.54)
20	山西(66.68)	新疆(67.09)	江苏(65.88)	江苏(73.62)	甘肃(76.41)
21	新疆(66.39)	宁夏(58.44)	天津(65.09)	安徽(70.01)	江苏(76.38)

表9-9（续）

排序	2019年	2020年	2021年	2022年	2023年
22	宁夏（62.76）	江苏（57.96）	宁夏（62.7）	河南（68.69）	安徽（74.67）
23	山东（62）	安徽（51.59）	安徽（61.54）	宁夏（67.32）	天津（70.06）
24	河北（53.74）	辽宁（49.85）	河南（55.52）	山西（63.37）	河南（68.43）
25	内蒙古（50.02）	山西（47.96）	辽宁（51.16）	山东（59.44）	山东（63.91）
26	天津（48.05）	河南（44.52）	山西（50.82）	天津（57.56）	山西（61.91）
27	辽宁（37.15）	内蒙古（44.47）	内蒙古（45.21）	河北（50.6）	辽宁（60.04）
28	吉林（36.03）	吉林（41.53）	山东（45.14）	内蒙古（47.36）	内蒙古（59.03）
29	西藏（34.87）	山东（36.91）	河南（42.97）	辽宁（45.26）	河北（56.95）
30	北京（34.15）	河北（36.88）	吉林（33.89）	吉林（37.92）	吉林（51.78）
31	黑龙江（33.96）	黑龙江（35.46）	黑龙江（28.8）	黑龙江（33.53）	黑龙江（45.11）

（二）市级维度

笔者对2019—2023年全国游客西江千户苗寨抖音、头条指数排名前30的城市所属级别进行梳理和总结，分别如表9-10、表9-11所示。从城市所属级别来看，抖音平台显示，在西江千户苗寨关注热度排名前30的城市中，2019—2023年，一线城市数量一直为4个，占比虽仅有13.33%，但覆盖率高达100%；新一线城市数量在11～13个，占比在36.67%～43.33%，但覆盖率同样较高，居于73.33%～86.67%。这说明一线城市和新一线城市是西江千户苗寨的主要客源市场。二线城市和四线城市数量和占比均较为接近，但覆盖率相差较大，2019—2023年二线城市覆盖率在16.67%～23.33%，而四线城市的覆盖率仅有6.67%。这说明二线城市和四线城市相较而言对西江千户苗寨的关注较少，尤其是四线城市。2019—2023年，三线和五线城市数量均仅有1个，占比及覆盖率均极低，表明三线城市和五线城市对西江千户苗寨的整体关注度低，可开发市场潜力大。进一步观测头条平台结果可发现，三线、四线和五线城市对西江千户苗寨的网络关注明显低于一线、新一线和二线城市，尤其是五线城市五年间数量均为0。总之，虽然两大平台结果有所不同，但均显示一线、新一线和二线城市对西江千户苗寨的网络关注高，是主要客源市场；而三线、四线和五线城市整体关注度水平明显较低，未来市场发展潜力大。

表 9-10　2019—2023 年全国游客西江千户苗寨抖音指数排名
前 30 城市所属级别演变

城市级别	2019 年		2020 年		2021 年		2022 年		2023 年	
	数量/个	占比/%	数量/个	占比/%	数量/个	占比/%	数量/个	占比/%	数量/个	占比/%
一线城市	4	13.33	4	13.33	4	13.33	4	13.33	4	13.33
新一线城市	12	40	12	40	13	43.33	11	36.67	11	36.67
二线城市	6	20	6	20	5	16.67	7	23.33	7	23.33
三线城市	1	3.33	1	3.33	1	3.33	1	3.33	1	3.33
四线城市	6	20	6	20	6	20	6	20	6	20
五线城市	1	3.33	1	3.33	1	3.33	1	3.33	1	3.33

表 9-11　2019—2023 年全国游客西江千户苗寨头条指数排名
前 30 城市所属级别演变

城市级别	2019 年		2020 年		2021 年		2022 年		2023 年	
	数量/个	占比/%	数量/个	占比/%	数量/个	占比/%	数量/个	占比/%	数量/个	占比/%
一线城市	4	13.33	4	13.33	4	13.33	4	13.33	4	13.33
新一线城市	13	43.33	13	43.33	13	43.33	14	46.67	14	46.67
二线城市	7	23.33	5	16.67	8	26.67	10	33.33	9	30
三线城市	2	6.67	3	10	3	10	1	3.33	1	3.33
四线城市	4	13.33	5	16.67	2	6.67	1	3.33	2	6.67
五线城市	0	0	0	0	0	0	0	0	0	0

2019—2023 年全国游客西江千户苗寨抖音、头条指数市域占比排名分别如表 9-12、表 9-13 所示。从城市占比来看，抖音平台显示：其一，贵阳作为贵州省省会城市，黔东南作为西江千户苗寨所属地区，西江千户苗

寨的关注度占比排名遥遥领先。其二，占比排名靠前的省外市场主要集中在重庆、成都等距离较近城市，以及广州、深圳和东莞等广东省城市。贵州是广东的对口帮扶对象。这说明了地理位置及区域合作与发展对旅游景区网络关注度的影响。头条平台与抖音平台显示结果有所不同，2021—2023 年贵阳、黔东南等占比排名明显低于重庆、广州、成都等外部市场，这充分说明西江千户苗寨的旅游知名度及市场影响力、竞争力等在外部市场获得了有效提升。

表 9-12 2019—2023 年全国游客西江千户苗寨抖音指数市域占比排名

排序	2019 年	2020 年	2021 年	2022 年	2023 年
1	贵阳(9.21%)	贵阳(9.02%)	黔东南(6.55%)	黔东南(4.31%)	贵阳(4.23%)
2	重庆(7.87%)	黔东南(6.88%)	贵阳(6.03%)	贵阳(4.26%)	重庆(3.86%)
3	遵义(6.14%)	重庆(6.57%)	重庆(4.40%)	重庆(3.02%)	黔东南(3.73%)
4	成都(5.63%)	遵义(5.48%)	遵义(3.30%)	遵义(2.56%)	成都(3.00%)
5	黔东南(5.39%)	成都(4.90%)	成都(3.17%)	成都(2.13%)	遵义(2.53%)
6	黔南(3.50%)	广州(4.49%)	广州(2.74%)	深圳(2.05%)	深圳(1.93%)
7	广州(3.27%)	黔南(3.55%)	深圳(2.48%)	广州(1.91%)	广州(1.92%)
8	毕节(3.25%)	深圳(3.50%)	黔南(2.43%)	黔南(1.90%)	黔南(1.70%)
9	东莞(3.08%)	东莞(3.22%)	上海(2.26%)	东莞(1.89%)	东莞(1.54%)
10	深圳(3.04%)	上海(3.19%)	北京(2.04%)	毕节(1.84%)	上海(1.47%)
11	铜仁(2.69%)	毕节(2.99%)	毕节(1.97%)	北京(1.54%)	昆明(1.46%)
12	上海(2.60%)	昆明(2.57%)	东莞(1.92%)	昆明(1.48%)	毕节(1.45%)
13	昆明(2.60%)	北京(2.54%)	杭州(1.75%)	西安(1.37%)	北京(1.36%)
14	西安(2.15%)	西安(2.51%)	昆明(1.74%)	杭州(1.30%)	西安(1.29%)
15	杭州(2.14%)	铜仁(2.49%)	西安(1.64%)	上海(1.28%)	杭州(1.25%)
16	安顺(2.11%)	佛山(2.35%)	铜仁(1.44%)	铜仁(1.21%)	长沙(1.22%)

表9-12(续)

排序	2019 年	2020 年	2021 年	2022 年	2023 年
17	宁波(2.10%)	苏州(2.25%)	苏州(1.38%)	宁波(1.20%)	佛山(1.09%)
18	温州(2.08%)	杭州(2.23%)	长沙(1.37%)	佛山(1.16%)	铜仁(1.06%)
19	苏州(2.05%)	温州(2.08%)	武汉(1.36%)	温州(1.14%)	武汉(1.06%)
20	佛山(1.86%)	长沙(2.00%)	佛山(1.33%)	金华(1.12%)	宁波(1.05%)
21	北京(1.81%)	安顺(1.92%)	宁波(1.25%)	长沙(1.08%)	苏州(1.04%)
22	黔西南(1.72%)	武汉(1.92%)	温州(1.13%)	黔西南(1.05%)	金华(0.99%)
23	长沙(1.67%)	宁波(1.90%)	郑州(1.13%)	苏州(1.05%)	温州(0.99%)
24	泉州(1.63%)	金华(1.64%)	金华(1.09%)	安顺(1.01%)	安顺(0.93%)
25	六盘水(1.53%)	黔西南(1.58%)	安顺(1.09%)	六盘水(0.98%)	南宁(0.88%)
26	金华(1.51%)	泉州(1.52%)	黔西南(1.02%)	武汉(0.95%)	黔西南(0.87%)
27	武汉(1.38%)	六盘水(1.34%)	南宁(1.00%)	泉州(0.93%)	郑州(0.85%)
28	郑州(0.93%)	郑州(1.33%)	六盘水(0.87%)	南宁(0.84%)	泉州(0.83%)
29	南宁(0.92%)	南京(1.14%)	南京(0.87%)	郑州(0.78%)	六盘水(0.81%)
30	南京(0.74%)	南宁(1.14%)	天津(0.81%)	惠州(0.78%)	惠州(0.65%)

表 9-13　2019—2023 年全国游客西江千户苗寨头条指数市域占比排名

排序	2019 年	2020 年	2021 年	2022 年	2023 年
1	贵阳(6.56%)	黔东南(7.99%)	重庆(4.95%)	广州(4.11%)	成都(3.28%)
2	重庆(6.54%)	贵阳(7.95%)	成都(4.79%)	深圳(3.94%)	广州(3.21%)
3	黔东南(6.27%)	重庆(6.88%)	贵阳(4.42%)	上海(2.99%)	重庆(3.01%)
4	成都(5.85%)	成都(6.82%)	广州(4.05%)	成都(2.85%)	上海(2.83%)
5	广州(5.41%)	北京(6.04%)	上海(3.90%)	重庆(2.82%)	深圳(2.72%)

表9-13（续）

排序	2019 年	2020 年	2021 年	2022 年	2023 年
6	深圳（4.62%）	广州（6.00%）	深圳（3.41%）	北京（2.61%）	贵阳（2.58%）
7	上海（4.35%）	上海（5.57%）	黔东南（3.11%）	东莞（2.33%）	北京（2.46%）
8	东莞（3.89%）	深圳（4.62%）	北京（3.03%）	佛山（1.89%）	武汉（1.86%）
9	昆明（3.16%）	昆明（3.40%）	昆明（2.44%）	武汉（1.84%）	东莞（1.66%）
10	佛山（2.63%）	武汉（2.92%）	武汉（2.41%）	贵阳（1.71%）	佛山（1.57%）
11	遵义（2.54%）	遵义（2.70%）	东莞（2.08%）	南宁（1.63%）	黔东南（1.57%）
12	武汉（2.45%）	东莞（2.65%）	南宁（2.00%）	西安（1.52%）	昆明（1.46%）
13	西安（2.25%）	南宁（2.47%）	佛山（1.98%）	昆明（1.50%）	南宁（1.45%）
14	南宁（2.20%）	长沙（2.43%）	西安（1.74%）	杭州（1.32%）	西安（1.38%）
15	长沙（2.04%）	佛山（2.43%）	杭州（1.50%）	长沙（1.27%）	长沙（1.32%）
16	苏州（2.04%）	黔南（2.08%）	长沙（1.49%）	黔东南（1.20%）	杭州（1.23%）
17	杭州（1.99%）	西安（2.07%）	遵义（1.43%）	苏州（1.19%）	苏州（1.16%）
18	郑州（1.98%）	杭州（1.84%）	南京（1.30%）	郑州（1.11%）	郑州（1.01%）
19	黔南（1.92%）	南京（1.63%）	苏州（1.14%）	南京（0.99%）	南京（1.00%）
20	宁波（1.71%）	天津（1.51%）	天津（1.10%）	福州（0.90%）	天津（0.99%）
21	温州（1.50%）	苏州（1.37%）	柳州（1.04%）	惠州（0.88%）	遵义（0.90%）
22	北京（1.43%）	柳州（1.27%）	福州（1.03%）	中山（0.85%）	宁波（0.83%）
23	泉州（1.26%）	福州（1.24%）	郑州（0.97%）	天津（0.82%）	福州（0.82%）
24	毕节（1.19%）	郑州（1.05%）	黔南（0.95%）	泉州（0.81%）	济南（0.77%）
25	南京（1.12%）	毕节（1.04%）	宁波（0.86%）	宁波（0.80%）	惠州（0.77%）
26	天津（1.04%）	惠州（0.96%）	惠州（0.79%）	合肥（0.75%）	青岛（0.74%）

表9-13（续）

排序	2019 年	2020 年	2021 年	2022 年	2023 年
27	南阳（1.00%）	安顺（0.89%）	桂林（0.65%）	济南（0.74%）	合肥（0.73%）
28	安顺（0.99%）	桂林（0.87%）	温州（0.65%）	厦门（0.74%）	石家庄（0.70%）
29	金华（0.99%）	宁波（0.85%）	无锡（0.63%）	柳州（0.69%）	黔南（0.67%）
30	济南（0.95%）	怀化（0.61%）	厦门（0.59%）	青岛（0.69%）	中山（0.66%）

2019—2023 年全国游客西江千户苗寨抖音指数、头条指数市域 TGI 排名分别如表 9-14、表 9-15 所示。由表 9-14 可知，在抖音平台，以黔东南、贵阳、黔南、安顺、铜仁、遵义、黔西南、毕节、六盘水等为代表的贵州本土市场，TGI 排名位居前列远超其他城市，包揽 2019—2023 年前九名。此外，它们的 TGI 数值亦明显处于高水平，尤其是黔东南的平均 TGI 高达 2 428.55，充分说明贵州本土市场对西江千户苗寨明显表现出更高的兴趣和偏好，更倾向于搜索、观看及分享与之相关的内容，其网络关注度以显著优势高于全国平均水平，是西江千户苗寨的核心客源市场。以重庆、昆明、成都、东莞、金华、温州、宁波等为代表的省外客源市场，虽然 TGI 数值明显低于贵州本土市场，但仍然高于 100 的全国平均水平，是西江千户苗寨的重要潜在客源市场，市场开发潜力不容忽视。由表 9-15 可知，头条平台的数据再次证明了贵州本土市场尤其是黔东南、贵阳和黔南是西江千户苗寨的核心潜在客源市场。与此同时，周边邻近城市，柳州、南宁、重庆、成都、昆明等地，以及深圳、广州、东莞、佛山、中山等广东省城市对西江千户苗寨的偏好和关注较高，是西江千户苗寨重要的省外客源市场，值得进一步开发和推广。

表 9-14　2019—2023 年全国游客西江千户苗寨抖音指数市域 TGI 排名

排序	2019 年	2020 年	2021 年	2022 年	2023 年
1	黔东南（2 477.91）	黔东南（3 162.9）	黔东南（2 945.06）	黔东南（1 864.61）	黔东南（1 692.26）
2	贵阳（1 534.71）	贵阳（1 503.05）	贵阳（1 024.61）	黔南（751.03）	贵阳（721.5）
3	黔南（1 435.75）	黔南（1 456.26）	黔南（966.31）	贵阳（739.53）	黔南（703.37）

表9-14(续)

排序	2019 年	2020 年	2021 年	2022 年	2023 年
4	安顺(1 400.31)	安顺(1 274.22)	安顺(700.93)	安顺(644.23)	安顺(619.16)
5	铜仁(1 321.13)	铜仁(1 222.91)	遵义(644.16)	铜仁(564.87)	铜仁(543.3)
6	遵义(1 257.26)	遵义(1 122.12)	铜仁(550.34)	黔西南(517.6)	遵义(510.48)
7	黔西南(915.84)	黔西南(841.3)	毕节(494.51)	遵义(506.61)	黔西南(478.18)
8	毕节(905.63)	毕节(833.18)	六盘水(465.9)	六盘水(479.55)	六盘水(453.59)
9	六盘水(876.62)	六盘水(767.76)	黔西南(438.97)	毕节(475.9)	毕节(391.16)
10	重庆(351.18)	昆明(317.05)	昆明(207.47)	昆明(185.44)	重庆(180.13)
11	昆明(320.75)	重庆(293.17)	重庆(201.24)	金华(162.25)	昆明(167.69)
12	成都(294.9)	成都(256.66)	成都(163.61)	东莞(140.77)	成都(154.63)
13	温州(231.98)	东莞(232.17)	金华(157.62)	重庆(138.86)	金华(137.84)
14	东莞(222.07)	温州(231.98)	深圳(137.72)	温州(133.02)	温州(119.76)
15	金华(212.39)	金华(230.67)	东莞(137.18)	惠州(123.7)	东莞(118.71)
16	宁波(211.84)	佛山(225.01)	南宁(135.91)	宁波(122.42)	宁波(112.24)
17	泉州(195.41)	广州(211.75)	广州(131.76)	深圳(115.08)	南宁(110.32)
18	佛山(178.09)	长沙(203.44)	长沙(131.18)	泉州(114.79)	长沙(108.71)
19	长沙(169.87)	宁波(191.67)	温州(130.21)	成都(112.53)	深圳(108.09)
20	深圳(162.26)	西安(189.28)	杭州(126.55)	南宁(112.06)	惠州(105.34)
21	西安(162.14)	深圳(186.82)	佛山(126.48)	佛山(111.2)	佛山(104.79)
22	杭州(157.48)	泉州(182.22)	宁波(126.31)	西安(109.11)	泉州(101.71)
23	广州(154.22)	杭州(164.1)	西安(123.9)	长沙(104.93)	西安(98)
24	苏州(138.22)	南宁(162.98)	武汉(108.14)	广州(102)	杭州(88.99)

表9-14(续)

排序	2019 年	2020 年	2021 年	2022 年	2023 年
25	南宁(131.53)	武汉(162.62)	上海(95.23)	杭州(94.66)	广州(88.75)
26	武汉(116.88)	苏州(151.71)	苏州(91.95)	北京(79.55)	武汉(82.79)
27	上海(115.59)	上海(141.82)	南京(90.29)	武汉(78.46)	苏州(74.29)
28	北京(83.04)	南京(122.87)	北京(89.97)	苏州(72.83)	上海(66.41)
29	南京(79.76)	北京(116.53)	郑州(83.22)	郑州(65.7)	北京(66)
30	郑州(72.07)	郑州(103.06)	天津(77.15)	上海(59.51)	郑州(64.17)

表 9-15　2019—2023 年全国游客西江千户苗寨头条指数市域 TGI 排名

排序	2019 年	2020 年	2021 年	2022 年	2023 年
1	黔东南(4 022.98)	黔东南(5 126.57)	黔东南(2 166.67)	黔东南(811.71)	黔东南(1 111)
2	贵阳(1 320.04)	贵阳(1 599.74)	贵阳(928.34)	贵阳(370.17)	贵阳(556.45)
3	黔南(1 196.21)	黔南(1 295.89)	黔南(623.92)	柳州(235.88)	黔南(447.26)
4	安顺(951.36)	遵义(860.68)	遵义(461.65)	深圳(213.51)	遵义(287.38)
5	遵义(809.68)	安顺(855.27)	柳州(354.48)	南宁(213.37)	南宁(185.6)
6	毕节(555.48)	毕节(485.46)	昆明(306.08)	广州(199.21)	昆明(184.1)
7	昆明(391.85)	昆明(421.61)	南宁(259.43)	昆明(188.69)	广州(151.37)
8	重庆(327.64)	柳州(420.4)	重庆(248.35)	东莞(181.89)	成都(151.19)
9	东莞(299.63)	重庆(344.67)	成都(224.18)	佛山(175.52)	佛山(150.92)
10	南宁(286.54)	成都(327.71)	桂林(213.38)	中山(172.27)	长沙(143.83)
11	成都(281.1)	南宁(321.7)	广州(186.94)	厦门(159.68)	重庆(140.99)
12	佛山(237.74)	长沙(273.24)	佛山(181.39)	惠州(145.71)	中山(139.05)
13	广州(232.7)	桂林(262.92)	武汉(167.31)	长沙(142.74)	东莞(136.94)

表9-15(续)

排序	2019年	2020年	2021年	2022年	2023年
14	长沙(229.38)	广州(258.07)	长沙(165.41)	成都(133.79)	惠州(132.76)
15	深圳(225.08)	怀化(247.74)	福州(161.35)	重庆(132.92)	武汉(129.99)
16	温州(223)	深圳(225.08)	深圳(160.92)	福州(129.32)	深圳(129.18)
17	宁波(197.4)	佛山(219.66)	东莞(152.16)	泉州(126.91)	福州(120.11)
18	泉州(194.36)	东莞(204.11)	厦门(135.16)	武汉(125.24)	宁波(100.41)
19	金华(184.64)	武汉(202.76)	惠州(131.67)	杭州(108.34)	上海(99.85)
20	南阳(175.47)	北京(194.55)	上海(122.43)	西安(105.81)	西安(97.68)
21	武汉(170.13)	上海(188.95)	杭州(117.32)	上海(104.78)	南京(95.72)
22	郑州(159.93)	福州(180.94)	南京(116.46)	南京(93.92)	苏州(89.41)
23	杭州(157.57)	惠州(152.5)	西安(116.28)	郑州(92.32)	合肥(87.87)
24	西安(155.19)	南京(151.85)	温州(97.82)	宁波(91.85)	北京(83.61)
25	苏州(151.58)	杭州(145.69)	宁波(95.63)	苏州(89.56)	郑州(83.26)
26	上海(147.56)	西安(142.77)	北京(91.14)	合肥(89.39)	济南(79.14)
27	南京(104.34)	天津(106.68)	无锡(86.16)	北京(87.35)	青岛(73.45)
28	济南(96.67)	苏州(101.8)	苏州(83.27)	济南(72.15)	石家庄(71.21)
29	天津(73.48)	宁波(98.13)	天津(78.2)	青岛(65.45)	天津(70.04)
30	北京(46.06)	郑州(84.81)	郑州(75.71)	天津(57.55)	杭州(55.12)

二、人群画像分析

(一)年龄分布

2019—2023年全国游客西江千户苗寨抖音指数、头条指数年龄画像占比分别如图9-6、图9-7所示。抖音平台显示，31~40岁人群占比明显高于其他年龄群体，说明该年龄段人群对西江千户苗寨的偏好和关注更高，是西江千户苗寨的最主要的潜在客源群体。24~30 岁人群占比整体水平较高。此外，值得关注的是 41~50 岁人群占比，其在 2019 年和 2020 年保持高水平但从 2021 年始大幅下降，说明该群体对西江千户苗寨的关注度和兴趣度下降。然而，50 岁以上人群虽整体占比水平较低但呈现出明显的持续攀升态势，说明 50 岁以上人群是未来值得进一步开发的潜在客源市场。头条平台与抖音平台结果差异性与相似性并存。具体而言，差异性主要体现在头条平台中 41~50 岁人群取代 24~30 岁人群成为第二大年龄客群。

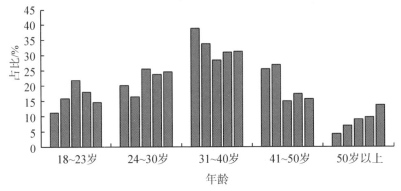

注：每个年龄段中的柱子从左至右代表 2019 年、2020 年、2021 年、2022 年、2023 年的数据。

图 9-6　2019—2023 年全国游客西江千户苗寨抖音指数年龄画像占比演变

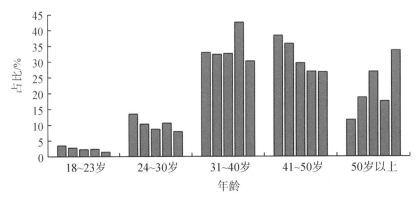

注：每个年龄段中的柱子从左至右代表 2019 年、2020 年、2021 年、2022 年、2023 年的数据。

图 9-7　2019—2023 年全国游客西江千户苗寨头条指数年龄画像占比演变

2019—2023 年全国游客西江千户苗寨抖音指数、头条指数年龄画像 TGI 演变分别如图 9-8、图 9-9 所示。抖音平台显示，18~23 岁和 24~30 岁人群的 TGI 均值明显高于全国平均水平 100，说明这两个年龄段群体对与西江千户苗寨相关的内容兴趣度、偏好度和关注度显著高于其他年龄段人群。头条平台显示，41~50 岁人群的 TGI 指数均值高达 140.98，约为全国平均水平的 1.4 倍，说明了该年龄段人群对西江千户苗寨的高度偏好，反映了西江千户苗寨在 41~50 岁人群中具有较高的影响力和吸引力。此外，31~40 岁人群 TGI 指数均值为 106.188，同样高于全国平均水平，表明该人群对西江千户苗寨也有一定的兴趣和关注，不容忽视。综上，抖音和头条两大平台可能由于定位不同、受众不同，在年龄画像 TGI 的统计上存在较大差异，但同时表明西江千户苗寨在旅游市场推广中应结合各平台的受众群体特征有针对性地制定相应的营销策略，以提高营销的精准性、有效性。

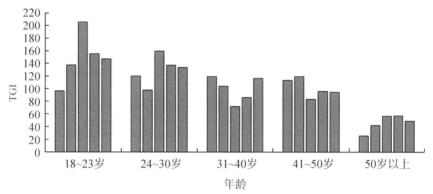

注：每个年龄段中的柱子从左至右代表 2019 年、2020 年、2021 年、2022 年、2023 年的数据。

图 9-8　2019—2023 年全国游客西江千户苗寨抖音指数年龄画像 TGI 演变

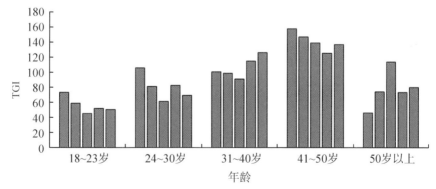

注：每个年龄段中的柱子从左至右代表 2019 年、2020 年、2021 年、2022 年、2023 年的数据。

图 9-9　2019—2023 年全国游客西江千户苗寨头条指数年龄画像 TGI 演变

（二）性别分布

2019—2023 年全国游客西江千户苗寨抖音指数、头条指数性别画像占比演变分别如图 9-10、图 9-11 所示。抖音平台统计结果显示，男性和女性占比整体差异较小，2019—2023 年差距分别为 2%、6%、2%、14% 和 0，仅在 2022 年相差较大达到 14%，头条平台统计结果显示，2019—2023 年，男性分别以 81%、74%、76%、77% 和 75% 的绝对性优势占据主要地位，是头条平台上关注西江千户苗寨的核心客群。

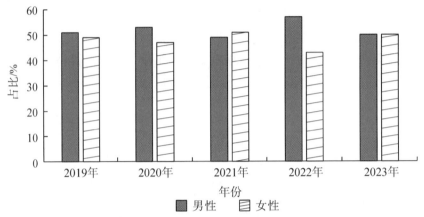

图 9-10　2019—2023 年全国游客西江千户苗寨抖音指数性别画像占比演变

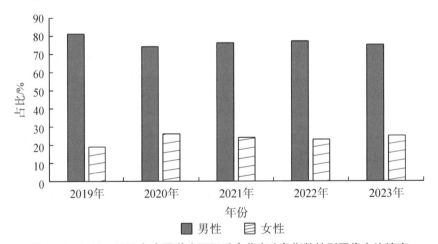

图 9-11　2019—2023 年全国游客西江千户苗寨头条指数性别画像占比演变

2019—2023 年全国游客西江千户苗寨抖音指数、头条指数性别画像 TGI 演变分别如图 9-12、图 9-13 所示。抖音平台统计结果显示，男性和女性的 TGI 整体差异较小。头条平台统计结果显示，2019—2023 年男性的 TGI 分别为 133.35、121.83、126.73、122.34 和 116.2，均显著高于全国平均水平，而女性的 TGI 分别为 48.4、66.23、59.95、62.06 和 70.51，依然明显低于全国平均水平，表明在头条平台上男性对西江千户苗寨的网络关注显著高于女性。

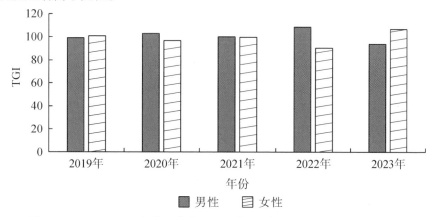

图 9-12　2019—2023 年全国游客西江千户苗寨抖音指数性别画像 TGI 演变

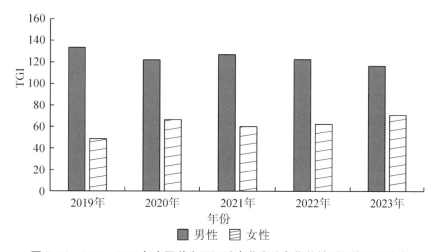

图 9-13　2019—2023 年全国游客西江千户苗寨头条指数性别画像 TGI 演变

第五节　贵州西江千户苗寨网络关注度时空演变的影响因素分析

一、指标选取

综合已有研究[198-199]及前文分析，结合指标数据的客观性、科学性和可获取性，笔者从经济发展水平、信息化水平、旅游发展水平、交通便利程度、社会人口统计特征、经济联系、空间距离七个维度，选取地区生产总值（X_1）、第三产业增加值（X_2）、居民人均可支配收入（X_3）、互联网宽带接入用户（X_4）、移动互联网用户（X_5）、接待国内旅游人数（X_6）、国内旅游收入（X_7）、旅客客运量（X_8）、万人拥有公共交通车辆（X_9）、私人载客汽车拥有量（X_{10}）、年末人口数（X_{11}）、年末城镇人口比重（X_{12}）、大专及以上人口数（X_{13}）、经济联系强度（X_{14}）、地理距离（X_{15}）15 个指标为自变量，2019 年、2021 年、2023 年我国 31 个省（自治区、直辖市）对西江千户苗寨的网络关注度（Y）为因变量，探究时空差异的影响机理。

二、因子探测结果

因子探测结果如表 9-16 所示。由表 9-16 可知：其一，经济联系和空间距离，即全国各省（自治区、直辖市）与西江千户苗寨的经济联系强度和地理距离，是造成网络关注度时空差异的重要影响因素。具体表现为，指标 X_{14}、X_{15} 在 2019 年、2021 年和 2023 年均通过 0.01 的显著性检验且 q 值及其均值显著高于 0.5。这充分说明一方面经济联系强度对西江千户苗寨网络关注度的影响是高度显著的，与西江千户苗寨经济联系越紧密的地区其网络关注度一般就越高；另一方面网络关注度的分布体现出鲜明的"距离衰减"规律，即网络关注度与地理距离整体呈现负相关关系，随着地理距离的增加，网络关注度逐渐减弱。其二，旅游发展水平对西江千户苗寨网络关注度的时空分异有重要影响。指标 X_6、X_7 的 q 值在 2019 年分别为 0.835 1 和 0.654 6，明显高于 0.5，属于核心影响因素；在 2021 年和 2023 年虽下降明显，但仍居于 0.4~0.5，表明旅游发展水平的影响力在不同年份间虽有所波动，但始终持续影响着西江千户苗寨网络关注度的时空分布。其三，交通便利程度是另一关键影响因素。X_8 的 q 值在 2019 年、2021 年和 2023 年分别为 0.589 8、0.423 9 和 0.429 0，虽呈现出整体下降的趋势，但其 q 值均明显大于 0.4，因此按照阮文奇等[195]的分类属于影响力相对较强的重要影响因素。这也说明外部交通的便利程度是游客选择旅游目的地的重要因素之一，提升外部交通的可达性有助于西江千户苗寨吸引更多游客并提高其网络关注度。X_1、X_2 等其他因子探测的 q 值多小于 0.4，属于影响力较弱的一般影响因素。

表 9-16　因子探测结果

指标维度	因子	q 值			q 值均值
		2019 年	2021 年	2023 年	
经济发展水平	X_1（地区生产总值）	0.353 8＊＊（10）	0.360 1＊＊（9）	0.352 8＊＊（9）	0.355 6
	X_2（第三产业增加值）	0.348 4＊＊（11）	0.383 6＊＊（8）	0.348 0＊＊（10）	0.360 0
	X_3（居民人均可支配收入）	0.194 7（15）	0.331 4＊＊（13）	0.625 2＊＊（3）	0.383 8
信息化水平	X_4（互联网宽带接入用户）	0.386 9＊＊（6）	0.333 3＊＊（12）	0.386 2＊＊（7）	0.368 8
	X_5（移动互联网用户）	0.367 1＊＊（7）	0.421 6＊＊（6）	0.383 9＊＊（8）	0.390 9
旅游发展水平	X_6（接待国内旅游人数）	0.835 1＊＊（2）	0.446 5＊＊（4）	0.394 6＊＊（6）	0.558 7
	X_7（国内旅游收入）	0.654 6＊＊（4）	0.452 7＊＊（3）	0.444 5＊＊（4）	0.517 3
交通便利程度	X_8（旅客客运量）	0.589 8＊＊（5）	0.423 9＊＊（5）	0.429 0＊＊（5）	0.480 9
	X_9（万人拥有公共交通车辆）	0.233 6（14）	0.334 2＊＊（11）	0.215 7（15）	0.261 2
	X_{10}（私人载客汽车拥有量）	0.293 7＊（13）	0.336 0＊＊（10）	0.317 6＊＊（14）	0.315 8
社会人口统计特征	X_{11}（年末人口数）	0.356 4＊＊（9）	0.388 9＊＊（7）	0.331 8＊＊（12）	0.359 0
	X_{12}（年末城镇人口比重）	0.315 0＊（12）	0.232 0（15）	0.343 5＊（11）	0.296 8
	X_{13}（大专及以上人口数）	0.363 2＊＊（8）	0.321 9＊＊（14）	0.322 2＊＊（13）	0.335 8

表9-16（续）

指标维度	因子	q 值			q 值均值
		2019 年	2021 年	2023 年	
经济联系	X_{14}（经济联系强度）	0.934 7＊＊（1）	0.853 4＊＊（1）	0.884 4＊＊（1）	0.890 8
空间距离	X_{15}（地理距离）	0.753 5＊＊（3）	0.744 1＊＊（2）	0.694 5＊＊（2）	0.730 7

注：①＊、＊＊表示变量分别通过 0.05、0.01 的显著性检验；② q 值中的括号中的数据代表 q 值的排名。

三、交互因子探测结果

笔者进一步采用交互探测方法检测双因子交互作用对西江千户苗寨旅游网络关注度时空分异的影响，结果如表 9-17 所示。由表 9-17 可知，交互作用类型主要是双因子增强和非线性增强，充分说明西江千户苗寨网络关注度时空分异并非由单一因素造成，而是经济联系、空间距离等多因子共同作用的结果。结合因子探测结果可以发现，X_{14}、X_{15} 的 q 值无论是在因子探测还是在交互探测中始终保持高水平，表明经济联系和空间距离是西江千户苗寨网络关注度的重要影响因素。此外，X_1、X_2、X_4、X_9、X_{10}、X_{11}、X_{12}、X_{13} 作为单一因子测算时 q 值均低于 0.4，解释力较低，但与 X_7、X_8、X_{14}、X_{15} 等指标结合后，q 值大幅提升，解释力明显增强，充分说明这些指标之间存在一定的互补性，使得它们组合后产生协同效应，解释力显著提升。

表 9-17　交互探测结果

交互因子	q 值			交互因子	q 值			交互因子	q 值		
	2019 年	2021 年	2023 年		2019 年	2021 年	2023 年		2019 年	2021 年	2023 年
$X_1 \cap X_2$	0.436 2	0.498 0	0.438 2	$X_3 \cap X_{12}$	0.471 8	0.394 8	0.822 3	$X_7 \cap X_9$	0.872 3	0.574 9	0.891 4
$X_1 \cap X_3$	0.942 4	0.969 8	0.826 0	$X_3 \cap X_{13}$	0.491 2	0.952 4	0.855 9	$X_7 \cap X_{10}$	0.889 8	0.598 9	0.926 9
$X_1 \cap X_4$	0.483 0	0.487 8	0.828 1	$X_3 \cap X_{14}$	0.981 8	0.945 7	0.931 9	$X_7 \cap X_{11}$	0.926 9	0.930 1	0.972 5
$X_1 \cap X_5$	0.655 4	0.655 5	0.551 5	$X_3 \cap X_{15}$	0.930 6	0.889 6	0.904 5	$X_7 \cap X_{12}$	0.893 9	0.957 3	0.744 2

表9-17(续)

交互因子	q 值			交互因子	q 值			交互因子	q 值		
	2019 年	2021 年	2023 年		2019 年	2021 年	2023 年		2019 年	2021 年	2023 年
$X_1 \cap X_6$	0.943 1	0.660 9	0.666 2	$X_4 \cap X_5$	0.592 6	0.505 3	0.583 7	$X_7 \cap X_{13}$	0.872 8	0.955 6	0.996 0
$X_1 \cap X_7$	0.900 4	0.666 3	0.705 1	$X_4 \cap X_6$	0.943 0	0.603 3	0.966 4	$X_7 \cap X_{14}$	0.961 0	0.943 8	0.960 0
$X_1 \cap X_8$	0.970 6	0.655 2	0.714 2	$X_4 \cap X_7$	0.899 8	0.637 1	0.932 3	$X_7 \cap X_{15}$	0.949 0	0.952 6	0.953 3
$X_1 \cap X_9$	0.473 1	0.689 9	0.672 6	$X_4 \cap X_8$	0.988 8	0.525 5	0.561 0	$X_8 \cap X_9$	0.985 5	0.651 6	0.957 8
$X_1 \cap X_{10}$	0.493 2	0.525 5	0.485 6	$X_4 \cap X_9$	0.626 3	0.979 2	0.956 0	$X_8 \cap X_{10}$	0.977 2	0.616 5	0.633 2
$X_1 \cap X_{11}$	0.531 1	0.971 8	0.545 8	$X_4 \cap X_{10}$	0.629 9	0.897 7	0.501 5	$X_8 \cap X_{11}$	0.960 7	0.618 1	0.546 6
$X_1 \cap X_{12}$	0.631 6	0.696 4	0.622 2	$X_4 \cap X_{11}$	0.499 9	0.472 8	0.506 0	$X_8 \cap X_{12}$	0.953 9	0.964 6	0.900 1
$X_1 \cap X_{13}$	0.840 4	0.459 9	0.596 6	$X_4 \cap X_{12}$	0.643 1	0.981 3	0.932 3	$X_8 \cap X_{13}$	0.969 0	0.967 6	0.621 9
$X_1 \cap X_{14}$	0.983 4	0.973 4	0.984 6	$X_4 \cap X_{13}$	0.854 8	0.671 2	0.635 8	$X_8 \cap X_{14}$	0.980 9	0.955 9	0.973 3
$X_1 \cap X_{15}$	0.980 3	0.979 9	0.968 9	$X_4 \cap X_{14}$	0.965 3	0.914 1	0.956 4	$X_8 \cap X_{15}$	0.973 2	0.961 1	0.979 6
$X_2 \cap X_3$	0.913 7	0.969 9	0.900 4	$X_4 \cap X_{15}$	0.942 4	0.932 4	0.958 4	$X_9 \cap X_{10}$	0.567 7	0.625 4	0.569 2
$X_2 \cap X_4$	0.521 4	0.472 3	0.895 2	$X_5 \cap X_6$	0.967 7	0.641 0	0.962 8	$X_9 \cap X_{11}$	0.491 6	0.964 4	0.955 5
$X_2 \cap X_5$	0.489 8	0.966 9	0.497 5	$X_5 \cap X_7$	0.924 0	0.517 2	0.974 9	$X_9 \cap X_{12}$	0.879 3	0.655 0	0.934 6
$X_2 \cap X_6$	0.933 4	0.979 3	0.657 4	$X_5 \cap X_8$	0.978 1	0.523 4	0.797 4	$X_9 \cap X_{13}$	0.796 7	0.681 7	0.875 8
$X_2 \cap X_7$	0.947 5	0.983 4	0.757 8	$X_5 \cap X_9$	0.966 1	0.645 7	0.638 1	$X_9 \cap X_{14}$	0.964 1	0.957 9	0.952 9
$X_2 \cap X_8$	0.971 1	0.635 4	0.859 1	$X_5 \cap X_{10}$	0.838 7	0.586 5	0.588 4	$X_9 \cap X_{15}$	0.936 3	0.878 4	0.933 6
$X_2 \cap X_9$	0.386 8	0.695 7	0.966 1	$X_5 \cap X_{11}$	0.476 6	0.609 6	0.51 3	$X_{10} \cap X_{11}$	0.494 1	0.565 5	0.611 8
$X_2 \cap X_{10}$	0.503 6	0.950 9	0.922 9	$X_5 \cap X_{12}$	0.623 6	0.973 7	0.900 2	$X_{10} \cap X_{12}$	0.847 4	0.960 1	0.864 8
$X_2 \cap X_{11}$	0.423 0	0.631 5	0.461 1	$X_5 \cap X_{13}$	0.814 5	0.937 9	0.858 9	$X_{10} \cap X_{13}$	0.813 9	0.500 8	0.429 1
$X_2 \cap X_{12}$	0.650 9	0.690 3	0.598 1	$X_5 \cap X_{14}$	0.967 6	0.948 9	0.957 9	$X_{10} \cap X_{14}$	0.961 7	0.917 5	0.938 0
$X_2 \cap X_{13}$	0.891 4	0.667 9	0.948 6	$X_5 \cap X_{15}$	0.960 2	0.954 1	0.957 7	$X_{10} \cap X_{15}$	0.967 8	0.952 6	0.929 7

表9-17（续）

交互因子	q 值			交互因子	q 值			交互因子	q 值		
	2019 年	2021 年	2023 年		2019 年	2021 年	2023 年		2019 年	2021 年	2023 年
$X_2 \cap X_{14}$	0.984 0	0.981 6	0.990 4	$X_6 \cap X_7$	0.944 3	0.577 2	0.742 6	$X_{11} \cap X_{12}$	0.646 8	0.974 5	0.897 7
$X_2 \cap X_{15}$	0.974 4	0.986 7	0.990 9	$X_6 \cap X_8$	0.951 0	0.647 6	0.680 8	$X_{11} \cap X_{13}$	0.902 4	0.937 9	0.614 2
$X_3 \cap X_4$	0.969 5	0.973 3	0.929 6	$X_6 \cap X_9$	0.982 6	0.938 5	0.721	$X_{11} \cap X_{14}$	0.959 6	0.936 8	0.957 0
$X_3 \cap X_5$	0.960 8	0.975 1	0.968 2	$X_6 \cap X_{10}$	0.944 2	0.979 2	0.932 3	$X_{11} \cap X_{15}$	0.942 6	0.944 6	0.957 7
$X_3 \cap X_6$	0.867 0	0.957 6	0.935 7	$X_6 \cap X_{11}$	0.918 9	0.965 5	0.674 2	$X_{12} \cap X_{13}$	0.435 5	0.672 9	0.526 5
$X_3 \cap X_7$	0.948 1	0.949 2	0.937 3	$X_6 \cap X_{12}$	0.920 2	0.954 0	0.881 5	$X_{12} \cap X_{14}$	0.978 9	0.945 4	0.941 8
$X_3 \cap X_8$	0.967 4	0.970 3	0.949 0	$X_6 \cap X_{13}$	0.918 8	0.957 7	0.973 8	$X_{12} \cap X_{15}$	0.916 7	0.896 2	0.896 6
$X_3 \cap X_9$	0.880 3	0.903 0	0.840 2	$X_6 \cap X_{14}$	0.966 6	0.924 4	0.968 6	$X_{13} \cap X_{14}$	0.976 3	0.968 6	0.991 0
$X_3 \cap X_{10}$	0.915 7	0.967 6	0.795 6	$X_6 \cap X_{15}$	0.943 1	0.927 8	0.839 6	$X_{13} \cap X_{15}$	0.908 6	0.967 1	0.986 0
$X_3 \cap X_{11}$	0.913 5	0.973 5	0.966 4	$X_7 \cap X_8$	0.968 6	0.533 3	0.978 4	$X_{14} \cap X_{15}$	0.936 5	0.872 4	0.916 1

四、其他影响因素

笔者通过前文研究发现，除上述因素外，突发的公共卫生事件、气候条件、政策扶持、年龄、性别等因素也会对西江千户苗寨网络关注度及其时空分布产生重要的影响。如2019年年底突然暴发的新冠疫情使西江千户苗寨网络关注度持续走低；公众对西江千户苗寨的网络关注主要集中在温度适宜的春夏之交、夏秋之际；作为对口帮扶省份，广东省民众对西江千户苗寨的网络关注度非常高；31~40岁人群对西江千户苗寨的偏好和关注明显高于其他年龄段人群等。以上种种均是例证。

第六节　基于网络关注度的贵州西江千户苗寨发展建议

一、深挖景区旅游资源潜力，打造淡季特色旅游产品

公众对西江千户苗寨的网络关注度季节性差异明显，时间主要集中在4—8月，因此，有关单位应结合网络关注度的时间差异和规律，进一步梳理、挖掘西江千户苗寨旅游资源并据此开发全季旅游产品，尤其是淡季旅游产品以吸引游客到访。如淡季期间景区游客较少，摄影爱好者可以更悠然地捕捉理想画面，民族文化爱好者可以更深入地探索苗族文化，休闲度假者可以更尽情地享受村寨的宁静与闲适，因此西江千户苗寨可以在旅游淡季推出冬季户外摄影游、民俗文化研学游、宁静闲适度假游等项目。此外，淡季一般集中在冬季，天气寒冷，因此还可以推出"体验苗家人的过冬方式"系列暖冬旅游产品。有关单位应加强淡季门票、旅游项目、酒店住宿等的优惠力度，提高淡季旅游性价比，加大营销力度，持续推送西江千户苗寨最新旅游动态及优质旅游产品，鼓励游客淡季出游，提升淡季旅游吸引力。

二、依托本土地缘与政策优势，拓展旅游市场空间

西江千户苗寨网络关注度的分布呈现出显著的东高西低的阶梯状分布格局，空间分布不均衡性明显。极高关注区主要集中在贵州本土市场，以及对口帮扶贵州的广东。高关注区主要以周边省级行政区湖南、重庆、广西及四川为主。西江千户苗寨的网络关注体现出鲜明的本土性、政策性和近邻性。因此，有关单位应充分利用贵州本土居民对西江千户苗寨旅游资源的认可和热爱，进一步提升西江千户苗寨在贵州本土市场的知名度和影响力，吸引更多本土游客；持续借助政策东风，利用政策资源，加强与广东等地区的合作，推广西江千户苗寨旅游品牌。此外，有关单位应深化与湖南、重庆等地区的合作，共同建立旅游合作机制、开发跨区域旅游线路和产品、加强旅游信息交流及市场营销合作，吸引更多游客到访。

三、精准定位旅游客群，设计专属产品及营销策略

笔者根据对西江千户苗寨网络关注度市场客群的分析发现：就城市级

别而言，主要以一线、新一线和二线城市为主。就具体城市而言，本土城市以贵阳、黔东南、遵义、黔南等为主，省外城市以重庆、成都等城市，以及广州、深圳和东莞等广东城市为主。就年龄群体而言，31~40岁人群对西江千户苗寨的偏好和关注水平更高，但50岁以上人群的关注持续上升且增速较快不容忽视。就性别而言，男性对西江千户苗寨的关注显著高于女性。因此，其一，有关单位应重点加大在一线、新一线和二线城市的宣传力度，与这些城市的旅行社及在线旅游平台等建立深度合作关系，利用抖音、小红书等新媒体开展针对性精准营销，提高西江千户苗寨的知名度。其二，有关单位可通过推出针对本土居民的优惠政策，如门票折扣、重游优惠、推荐奖励等，激发本土居民的出游欲望，进一步开拓本土市场。其三，有关单位可加强与广州、深圳和东莞等广东城市以及重庆、成都等城市的旅游交流与合作，如共同举办旅游推介会等大力宣传西江千户苗寨的独特魅力，吸引更多游客前来。其四，有关单位可持续提供符合31~40岁人群的旅游产品和服务，如亲子游、文化体验游等，并充分利用社交媒体、短视频平台等加强与该年龄段人群的互动，提升他们对西江千户苗寨的忠诚度。针对50岁以上人群，有关单位可开发相应的旅游产品，如养生游、休闲游等，并加强与老年旅游社团的合作，推出专属旅游线路和服务。此外，还可继续挖掘并推出针对男性的特色旅游项目，如户外探险、摄影采风等，提升其参与度和满意度。

四、强化区域经济联系，优化交通网络，多措并举吸引远程游客

地理探测器分析结果显示，西江千户苗寨网络关注度的时空分异是多因子共同作用的结果。其中，经济联系、空间距离是西江千户苗寨网络关注度时空差异的核心影响因素，接待国内旅游人数、国内旅游收入及旅客客运量是重要影响因素。因此，西江千户苗寨一方面可以通过旅游合作、文化交流等多种方式，积极与周边地区以及经济发达城市加强经济合作，建立更紧密的经济联系，提升知名度和影响力；另一方面进一步加强与相关部门及航空公司等的合作，加强交通基础设施建设，优化外部交通网络，切实提高交通通达度、可达性，提高游客出行的便利性，减少游客在交通上的时间和精力消耗，缩短游客地理距离感知，吸引远程游客。如推出特价机票和旅游套餐，提供接送机和接送站服务，提供租车和包车服务，增加直达班车和旅游专列，开通旅游巴士线路等。

第七节　本章小结

本章以中国典型乡村旅游目的地——贵州西江千户苗寨为例，对其网络关注度的时空特征及影响因素进行分析，发现：公众对西江千户苗寨的网络关注年际变动幅度整体较大且存在明显的季节性差异；各地区对西江千户苗寨的网络关注空间分布不均衡性显著且呈现出鲜明的本土性、近邻性和政策性，贵阳等本土城市、成都等邻近省级行政区的城市及广州等广东省城市是西江千户苗寨的重要客源市场；31—40岁人群、50岁以上人群及男性群体对西江千户苗寨的偏好和关注更为突出。经济联系、空间距离是影响西江千户苗寨网络关注度时空差异的核心因素。根据以上研究，笔者提出深挖景区旅游资源潜力，打造淡季特色旅游产品；依托本土地缘与政策优势，拓展旅游市场空间；精准定位旅游客群，设计专属产品及营销策略；强化区域经济联系，优化交通网络，多措并举吸引远程游客等发展建议。

第十章 结论、不足与展望

第一节 研究结论

笔者对中国乡村旅游网络关注度的时空特征及其影响因素进行研究，得出结论如下：

其一，时间演变特征上，年际变动较大，关注度不稳定，但总体呈现明显的上升趋势、发展态势向好，未来市场发展前景广阔。首先，2019—2021年乡村旅游市场受新冠疫情影响，网络关注度增速较缓。2023年乡村旅游市场迅速升温，网络关注度快速增长且势头迅猛。其次，受气候、节假日等因素影响，乡村旅游网络关注度存在季节性差异，且每年形成多个峰值与低谷，多峰山形特征明显。其中，波峰多集中在春季的3月和5月，夏季的7月和秋季的10月，而低谷多形成于每年的1月和2月。最后，2019—2023年乡村旅游网络关注度各月比重相对较为稳定，但受到政策的宏观调控、优质乡村旅游产品"新供给"的激发以及各类旅游营销推介等的影响，部分月份的乡村旅游网络关注度存在明显的跳跃性上升。

其二，空间演变特征上，乡村旅游网络关注度空间分布变化较为平稳，区域间空间跃迁不明显，总体呈现出以胡焕庸线为界的东高西低的阶梯状空间分布格局，东、中、西三大区域空间分布不均衡且区域间存在较大差异。从区域内部来看，东部地区内高关注区及以上省级行政区数量最多；由变差系数值可知，东部地区省域间关注度差异居于中部和西部地区之间，处于中间水平。中部地区整体变差系数水平最低，区域内部省级行政区之间关注度差异最小，省域间相对较为均衡。西部地区整体关注度较

164

低，尤其是西藏、青海和宁夏始终处于极低关注区，与重庆、云南的高关注度水平形成鲜明对比，省域间极化发展差异较大。就省域而言，极高关注区分布在山东、江苏、浙江、广东等东部地区以及西部地区的四川，高关注区主要分布在湖北、湖南、安徽等中部地区以及西部地区的云南，低关注区及以下则主要分布在西部地区的内蒙古、新疆、西藏、青海、宁夏等。省域间空间异质性显著。此外，笔者将我国 31 个省（自治区、直辖市）按照序位排序可以细分为上游、中游和下游三个层级，以及平稳、上升、下降和波动四种类型。其中，77.42% 的省级行政区属于平稳型。

其三，市场演变特征上，乡村旅游市场结构呈现出持续动态演化的特征，集聚效应与边缘化现象并存，二元对立结构鲜明。目前，乡村旅游的高搜索热度地区主要集中在广东、江苏、四川、河南等。甘肃、贵州、云南、陕西等市场增长潜力大，未来或将成为乡村旅游发展的重要新兴市场。对乡村旅游市场的关注主要聚集在经济发达、消费水平高的一线城市、新一线城市和二线城市，它们构成了乡村旅游的核心区域；三线、四线和五线城市明显处于边缘区域，我国乡村旅游市场"核心-边缘"结构特征显著。此外，四线和五线城市中，湖北恩施、云南临沧等逐渐崭露头角，四、五线城市的发展潜力不容忽视。总体而言，随着乡村旅游市场的日益成熟和发展，市场竞争不断加剧，市场集中度呈现下降趋势，市场结构正逐步向分散化、多元化演变，各城市在乡村旅游领域中的竞争态势与影响力格局处于不断的动态调整与重构之中。此外，31~40 岁、41~50 岁以及 24~30 岁人群是乡村旅游的主力市场，但 50 岁以上人群对乡村旅游市场的关注呈上升趋势，值得关注。就性别而言，男性对乡村旅游市场的关注和偏好以显著优势高于女性，但女性对乡村旅游的关注逐渐提升，二者差距逐渐缩小。

其四，影响因素上，中国乡村旅游网络关注度的时空差异是经济发展水平、信息化水平、旅游发展水平、交通便利程度、社会人口统计特征多方面因素共同作用的结果。其中，核心影响因素及其排序为：X_4（互联网宽带接入用户）$>X_5$（移动互联网用户）$>X_{12}$（年末人口数）$>X_9$（旅客客运量）$>X_{14}$（大专及以上人口数）$>X_{11}$（私人载客汽车拥有量）$>X_7$（乡村旅游总收入）$>X_2$（第三产业增加值）$>X_1$（地区生产总值）$>X_6$（乡村旅游接待总人数）。X_8［全国乡村旅游重点村、镇（乡）数量］虽然在 2019 年未通过 p 检验，但其 q 值随着各省纳入全国乡村旅游重点村、镇

（乡）数量的增多而逐年上升，在2021年和2023年均超过0.5，影响力逐渐显现，因此，该因素同样会对乡村旅游网络关注度的时空差异产生影响。此外，笔者通过研究还发现突发性公共卫生事件、相关国家政策以及旅游宣传营销推广的强度和力度等同样是影响乡村旅游网络关注度时空分布的重要因素。

其五，未来发展方向上，我国乡村旅游的高质量发展可以从以下几方面进一步完善和优化：其一，打造优质全时旅游产品，加强差异性旅游产品体系构建；其二，"新质生产力+新型营销力"双轮驱动旅游营销数字化、精准化；其三，积极借助政策东风，助力乡村旅游提质升级；其四，加强区域联动与合作，促进核心区与边缘区协同发展。

第二节　研究不足与展望

探究我国31个省（自治区、直辖市）乡村旅游网络关注度的时空特征及影响因素，有利于从宏观视域衡量公众对乡村旅游的网络关注程度，明晰乡村旅游市场需求变化及发展前景，提高乡村旅游供给与需求的匹配效率及准确性，提升公众对乡村旅游市场的网络关注并转化为线下旅游流量，提升乡村旅游新质生产力，促进乡村旅游经济增长。但本书亦存在不足之处，后续研究中还需进一步聚焦线上网络关注与线下旅游流量以及旅游经济增量之间的辩证关系，思考网络关注流量如何进一步与地方耦合并转化为现实生产力，切实带动地方经济可持续发展。

参考文献

［1］厉新建，曾博伟，张辉，等. 新质生产力与旅游业高质量发展 ［J］. 旅游学刊，2024，39（5）：15-29.

［2］BRAMWELL B, LANE B. Rural tourism and sustainable rural development ［M］. Bristol：Channel View Publication, 1994.

［3］VIKNESWARAN N, NATALIE K. Redefining rural tourism in Malaysia：a conceptual perspective Asia Pacific ［J］. Journal of tourism research, 2015, 20（3）：314-337.

［4］PEARCE P L. Farm tourism in New Zealand：a social situation analysis ［J］. Annals of tourism research, 1990, 17（3）：337-352.

［5］FARSANI N T, COELHO C, COSTA C. Geotourism and geoparks as novel strategies for socio-economic development in rural areas ［J］. International journal of tourism research, 2011, 13（1）：68-81.

［6］FATIMAH T. The impacts of rural tourism initiatives on cultural landscape sustainability in Borobudur area ［J］. Procedia environment, 2015（28）：567-577.

［7］LI K X, JIN M, SHI W. Tourism as an important impetus to promoting economic growth：a critical review ［J］. Tourism management perspectives, 2017, 26（4）：135-142.

［8］PARK D B, YOON Y S. Segmentation by motivation in rural tourism：a Korean case study ［J］. Tourism management, 2009, 30（1）：99-108.

［9］CLIFFORD L, STEVE D A. Understanding why：push-factors that drive rural tourism amongst senior travellers ［J］. Tourism management perspectives, 2019, 32（10）：100-103.

［10］CAMPÓN-CERRO A M, HERNÁNDEZ-MOGOLLÓN J M, ALVES H.

Sustainable improvement of competitiveness in rural tourism destinations：the quest for tourist loyalty in Spain ［J］. Journal of destination marketing and management, 2016, 6 (3)：252-266.

［11］ WILSON S, FESENMAIER D R, FESENMAIER J, et al. Factors for success in rural tourism development ［J］. Journal of travel research, 2001, 40 (2)：132-138.

［12］ GOSSLING S, MATTSSON S. Farm tourism in Sweden：structure, growth and characteristics ［J］. Scandinavian jorunal of hospitality & tourism, 2002, 2 (1)：17-30.

［13］ BRIEDENHANN J, WICKENS E. Tourism routes as a tool for the economic development of rural areas—vibrant hope or impossible dream? ［J］. Tourism management, 2004, 25 (1)：71-79.

［14］ WANNER A, PRÖBSTL-HAIDER U. Barriers to stakeholder involvement in sustainable rural tourism development—experiences from Southeast Europe ［J］. Sustainability, 2019, 11 (12)：3372.

［15］ CHAN J K L. Sustainable rural tourism practices from the local tourism stakeholders' perspectives ［J］. Global business & finance review, 2023, 28 (3)：136.

［16］ 陈佳鹜，瞿华. 国内乡村旅游研究综述 ［J］. 特区经济, 2021 (4)：158-160.

［17］ 杨旭. 开发"乡村旅游"势在必行 ［J］. 旅游学刊, 1992 (2)：38-41, 61.

［18］ 熊凯. 乡村意象与乡村旅游开发刍议 ［J］. 地域研究与开发, 1999 (3)：70-73.

［19］ 何景明，李立华. 关于"乡村旅游"概念的探讨 ［J］. 西南师范大学学报 (人文社会科学版), 2002 (5)：125-128.

［20］ 罗盛锋，黄燕玲，王利朋. 循环经济型乡村旅游发展模式探讨：以桂林恭城红岩村旅游点为例 ［J］. 旅游论坛, 2009, 2 (6)：886-889.

［21］ 何小怡. 基于可持续发展观的贵州乡村旅游发展模式构建 ［J］. 安徽农业科学, 2010, 38 (35)：20189-20190, 20202.

［22］ 孙苏苏. 基于多产联动视角下的乡村旅游发展模式研究 ［J］. 农业经济, 2015 (8)：46-47.

［23］ 杨军. 中国乡村旅游驱动力因子及其系统优化研究 ［J］. 旅游科学,

2006（4）：7-11.

[24] 叶红. 乡村旅游发展的动力机制研究：以成都市乡村旅游发展为例 [J]. 农村经济，2007（10）：79-82.

[25] 朱华. 乡村旅游利益主体研究：以成都市三圣乡红砂村观光旅游为 例 [J]. 旅游学刊，2006（5）：22-27.

[26] 胡文海. 基于利益相关者的乡村旅游开发研究：以安徽省池州市为 例 [J]. 农业经济问题，2008（7）：82-86.

[27] 古红梅. 乡村旅游发展与构建农村居民利益分享机制研究：以北京 市海淀区西北部地区旅游业发展为例 [J]. 旅游学刊，2012，27 （1）：26-30.

[28] 郭文. 乡村居民参与旅游开发的轮流制模式及社区增权效能研究：云 南香格里拉雨崩社区个案 [J]. 旅游学刊，2010，25（3）：76-83.

[29] 秦秀红. 郑州市乡村旅游市场消费行为调查报告：对346位游客的调 查 [J]. 中国统计，2011（9）：60-61.

[30] 林明太. 福建沿海地区乡村旅游游客旅游行为特征研究：以泉州双 芹村旅游区为例 [J]. 中国农学通报，2010，26（4）：328-335.

[31] 俞益武，张建国，徐燕. 乡村旅游消费行为特征研究：以湖州景区 为例 [J]. 农业经济，2007（8）：12-14.

[32] 赵承华. 乡村旅游开发模式及其影响因素分析 [J]. 农业经济，2012 （1）：13-15.

[33] 何景明. 城市郊区乡村旅游发展影响因素研究：以成都农家乐为例 [J]. 地域研究与开发，2006（6）：71-75.

[34] 龙茂兴，张河清. 乡村旅游发展中存在问题的解析 [J]. 旅游学刊，2006（9）：75-79.

[35] 张剑刚，王天生，朱继信. 贵州乡村旅游休闲农业发展路径：以贵 阳市乌当区为例 [J]. 贵州农业科学，2012，40（5）：222-227.

[36] 任世国. 我国乡村旅游可持续发展中存在的问题及对策分析 [J]. 农 业经济，2015（9）：56-58.

[37] 刘孝蓉，胡明扬. 基于产业融合的传统农业与乡村旅游互动发展模 式 [J]. 贵州农业科学，2013，41（3）：219-222.

[38] 张树民，钟林生，王灵恩. 基于旅游系统理论的中国乡村旅游发展 模式探讨 [J]. 地理研究，2012，31（11）：2094-2103.

[39] 毛峰. 乡村旅游扶贫模式创新与策略深化 [J]. 中国农业资源与区

划，2016，37（10）：212-217.

[40] 陈秋华，纪金雄. 乡村旅游精准扶贫实现路径研究［J］. 福建论坛（人文社会科学版），2016（5）：196-200.

[41] 银元，李晓琴. 乡村振兴战略背景下乡村旅游的发展逻辑与路径选择［J］. 国家行政学院学报，2018（5）：182-186，193.

[42] 陆林，任以胜，朱道才，等. 乡村旅游引导乡村振兴的研究框架与展望［J］. 地理研究，2019，38（1）：102-118.

[43] 庞艳华. 河南省乡村旅游与乡村振兴耦合关联分析［J］. 中国农业资源与区划，2019，40（11）：315-320.

[44] 杜岩，李世泰，杨洋. 山东省乡村旅游高质量发展与乡村振兴耦合协调发展研究［J］. 湖南师范大学自然科学学报，2022，45（3）：22-32.

[45] 张圆刚，郝亚梦，郭英之，等. 共同富裕视域下乡村旅游空间正义：内涵属性与研究框架［J］. 经济地理，2022，42（11）：195-203.

[46] 孙九霞，明庆忠，许春晓，等. 共同富裕目标下乡村旅游资源创造性传承与开发［J］. 自然资源学报，2023，38（2）：271-285.

[47] 孙九霞，张凌媛，罗意林. 共同富裕目标下中国乡村旅游资源开发：现状、问题与发展路径［J］. 自然资源学报，2023，38（2）：318-334.

[48] 贾田天. 产业融合背景下农村特色旅游业发展路径探究［J］. 农业经济，2023（3）：138-140.

[49] 赵慧. 乡村旅游与农村产业融合发展的机制构建［J］. 农业经济，2022（12）：101-102.

[50] 彭淑贞，刘艳梅，吕臣. 基于马克思再生产理论的乡村旅游高质量发展研究［J］. 山东社会科学，2022（10）：111-117.

[51] 耿松涛，张伸阳. 乡村振兴视域下乡村旅游高质量发展的理论逻辑与实践路径［J］. 南京农业大学学报（社会科学版），2023，23（1）：61-69.

[52] 陈梦璐，冯晓宇. 乡村旅游高质量发展：特征、评估与对策：基于湖北省159村的调查［J］. 中南民族大学学报（人文社会科学版）2023（3）：1-8.

[53] 张琦，陈珂，马发旺，等. 基于数字足迹的乡村旅游形象感知研究：以沈阳市周边乡村旅游点为例［J］. 农业经济，2018（3）：33-35.

［54］刘媛媛，成永军. 基于 VEP 法的乡村景区旅游形象感知研究：以安吉余村为例［J］. 林产工业，2023，60（7）：88-92.

［55］张欢欢. 河南省乡村旅游游客满意度及其与游后行为意向关系研究［J］. 信阳师范学院学报（自然科学版），2017，30（3）：402-406.

［56］吴江，李秋贝，胡忠义，等. 基于 IPA 模型的乡村旅游景区游客满意度分析［J］. 数据分析与知识发现，2023，7（7）：89-99.

［57］银元. 乡村旅游数字化发展：动力机制、逻辑维度与矛盾纾解［J］. 西安财经大学学报，2023，36（1）：29-40.

［58］孙建竹. 数字经济赋能乡村生态文化旅游融合发展研究［J］. 农业经济，2024（8）：73-75.

［59］KATHRYN P. The evolution and transformation of a tourism destination network：The Waitomo Caves，New Zealand［J］. Tourism management，2002，24（2）：203-216.

［60］SPILLANE I，VAYANNI H. Sustainable tourism：utopia or necessity? The role of new forms of tourism in the Aegean Islands［J］. Journal of sustainable tourism，2013，1（1）：13-15.

［61］BALLATORE A，SCHEIDER S，SPIERINGS B. Tracing tourism geographies with Google Trends：a Dutch case study［C］//Geospatial Technologies for Local and Regional Development：Proceedings of the 22nd AGILE Conference on Geographic Information Science. Cham：Springer International Publishing，2020：145-163.

［62］JORDAN E J，NORMAN W C，VOGT C A. A cross-cultural comparison of online travel information search behaviors［J］. Tourism management perspectives，2013（6）：15-22.

［63］SMITH I，VELASQUEZ E，NORMAN P，et al. Effect of the COVID-19 pandemic on the popularity of protected areas for mountain biking and hiking in Australia：Insights from volunteered geographic information［J］. Journal of outdoor recreation and tourism，2023（41）：203-221.

［64］XIANG Z，PAN B. Travel queries on cities in the United States：implications for search engine marketing for tourist destinations［J］. Tourism management，2011，32（1）：88-97.

［65］PAN B. The power of search engine ranking for tourist destinations［J］. Tourism management，2015，47：79-87.

［66］ PARK S B, OK C M, CHAE B K. Using twitter data for cruise tourism marketing and research. Journal of Travel&Tourism Marketing, 2016, 33 （6）：885-898.

［67］ SOTIRIADIS M D, VAN ZYL C. Electronic word-of-mouth and online reviews in tourism services：the use of twitter by tourists ［J］. Electronic commerce research, 2013, 13：103-124.

［68］ ÖNDER I. Forecasting tourism demand with google trends：accuracy comparison of countries versus cities ［J］. International journal of tourism research, 2017, 19 （6）：648-660.

［69］ HAVRANEK T, ZEYNALOV A. Forecasting tourist arrivals：Google Trends meets mixed-frequency data ［J］. Tourism economics, 2021, 27 （1）：129-148.

［70］ MURPHY D, LANE-O'NEILL B, DEMPSEY M P. COVID-19 and cosmetic tourism：a Google Trends analysis of public interests and the experience from a tertiary plastic surgery centre ［J］. Journal of plastic, reconstructive & aesthetic surgery, 2022, 75 （4）：1497-1520.

［71］ 孙晓蓓, 杨晓霞, 张枫怡. 基于百度指数的中国 A 级旅游洞穴景区网络关注度分布特征研究 ［J］. 西南师范大学学报（自然科学版）, 2018, 43 （4）：81-88.

［72］ 楚纯洁, 周金风, 姚蒙. 山岳型景区网络关注度时空分布及差异比较研究：以河南省 4 个 5A 级景区为例 ［J］. 地域研究与开发, 2021, 40 （6）：111-117.

［73］ 赵芮, 赵恒, 丁志伟. 基于网络关注度的中国沙漠型 A 级景区空间格局及其影响因素分析 ［J］. 中国沙漠, 2022, 42 （5）：101-113.

［74］ 丁鑫, 汪京强, 李勇泉. 基于百度指数的旅游目的地网络关注度时空特征与影响因素研究：以厦门市为例 ［J］. 资源开发与市场, 2018, 34 （5）：709-714.

［75］ 舒小林, 闵浙思, 何亚兰, 等. 贵州旅游网络关注度时空差异及政策匹配研究 ［J］. 资源开发与市场, 2023, 39 （2）：242-249.

［76］ 王钦安, 曹炜, 张丽惠. 安徽省红色旅游网络关注度时空分布研究 ［J］. 资源开发与市场, 2022, 38 （5）：627-633.

［77］ 高楠, 李锦敬, 张新成, 等. 中国研学旅行网络关注度时空分异特征及影响机理研究 ［J］. 地理与地理信息科学, 2023, 39 （3）：68-76.

[78] 陈昆仑, 宋新昊, 刘小琼, 等. 中国露营活动网络关注的时空特征及影响因素 [J]. 旅游科学, 2024 (2): 1-15.

[79] 殷紫燕, 黄安民. 虚拟旅游网络关注度的时空特征及其影响因素 [J]. 世界地理研究, 2024 (12): 1-14.

[80] 李山, 邱荣旭, 陈玲. 基于百度指数的旅游景区网络空间关注度: 时间分布及其前兆效应 [J]. 地理与地理信息科学, 2008, 4 (6): 102-107.

[81] 汪秋菊, 黄明, 刘宇. 城市旅游客流量—网络关注度空间分布特征与耦合分析 [J]. 地理与地理信息科学, 2015, 31 (5): 102-106, 127.

[82] 郑玉莲, 陆林, 赵海溶. 芜湖方特网络关注度分布特征及与客流量关系研究: 以 PC 端和移动端百度指数为例 [J]. 资源开发与市场, 2018, 34 (9): 1315-1320.

[83] 刘玉芳, 王爱忠, 王春宝. 贵州省旅游网络关注度与游客客流量时空相关分析 [J]. 桂林理工大学学报, 2020, 40 (2): 450-456.

[84] 蔡卫民, 彭晶, 覃娟娟. 韶山的全国网络关注热度矩阵及推广策略研究 [J]. 旅游科学, 2016, 30 (4): 61-72.

[85] 黄文胜. 基于百度指数的广西旅游网络关注率矩阵及营销策略研究 [J]. 地域研究与开发, 2019, 38 (5): 101-104.

[86] 马丽君, 张家凤. 旅游危机事件网络舆情传播时空演化特征与机理: 基于网络关注度的分析 [J]. 旅游导刊, 2019, 3 (6): 26-47.

[87] 马丽君, 马曼曼. "天价虾" 事件对青岛旅游网络关注度的影响 [J]. 资源开发与市场, 2018, 34 (1): 83-87.

[88] 陈金华, 胡亚美. 跨境网络舆情演化下目的地关注度时空特征: 以普吉岛沉船事件为例 [J]. 华侨大学学报 (哲学社会科学版), 2020 (3): 68-79.

[89] 吴佳倚, 储建国. 日本核污水排海网络关注度的时空演变及其影响因素 [J]. 地域研究与开发, 2024, 43 (3): 129-135.

[90] JYOTSNA J H, MAURYA U K. Experiencing the real village—a netnographic examination of perceived authenticity in rural tourism consumption [J]. Asia Pacific journal of tourism research, 2019, 24 (8): 750-762.

[91] AKAY B. Examining the rural tourism experiences of tourists in emerging rural tourism destination: Burdur province, turkey [J]. Geojournal of

Tourism and Geosites, 2020, 29: 534-544.

[92] TELES R, MARTINS H, PINHEIRO A, et al. Tourists' perception of tourist destinations: the case study of nazaré (portugal) [J]. Sustainability, 2024, 16 (4): 1387.

[93] MELO A J D V T, HERNÁNDEZ-MAESTRO R M, MUOZ-GALLEGO P A. Rural tourism positioning strategies based on customer perceptions [C] //2nd International conference cultural sustainable tourism (CST), 2020.

[94] GREAVES N, SKINNER H. The importance of destination image analysis to UK rural tourism [J]. Marketing intelligence & planning, 2010, 28 (4): 486-507.

[95] SATRIAWATI Z, PRASETYO H, IRAWATI N. Kajian Minat Masyarakat Terhadap Pariwisata Alternatif Dan Wisata Pedesaan Melalui Google Trends [J]. Kepariwisataan: Jurnal Ilmiah, 2022, 17 (1): 18-26.

[96] CEBRIAN E, DOMENECH J. Is it possible for google trends to forecast rural tourism? The situation in spain [J]. Journal of tourism management Research, 2024, 11 (2): 302-312.

[97] AN W, ALARCÓN S. From netnography to segmentation for the description of the rural tourism market based on tourist experiences in spain [J]. Journal of destination marketing & management, 2021, 19: 100-123.

[98] PESONEN J A. Targeting rural tourists in the internet: Comparing travel motivation and activity-based segments [J]. Journal of travel & tourism marketing, 2015, 32 (3): 211-226.

[99] JOO Y, SEOK H, NAM Y. The moderating effect of social media use on sustainable rural tourism: a theory of planned behavior model [J]. Sustainability, 2020, 12 (10): 4095.

[100] 黄英, 周智, 黄娟. 大数据时代乡村旅游发展的时空分异特征 [J]. 浙江农业学报, 2014, 26 (6): 1709-1714.

[101] 万田户, 张志荣, 李树亮, 等. 乡村旅游国内网络关注度的时空分布研究 [J]. 西南大学学报 (自然科学版), 2022, 44 (6): 138-149.

[102] 许敬阳. 基于百度指数的烟台市乡村旅游网络关注度及影响因素研究 [D]. 烟台: 烟台大学, 2023.

[103] 温秀, 黄枭, 崔林. 黄河流域乡村旅游重点村及其网络关注度空间分

异规律 [J]. 西北大学学报（自然科学版），2024，54（3）：472-488.

[104] 陈曦，田逢军，雷梦园. 我国乡村旅游网络关注度时空特征及影响机理 [J]. 老区建设，2023（4）：25-37.

[105] 史春云，范爽，岳梦凡，等. 基于网络关注度分析的乡村旅游季节性特征及其调控机制：以徐州市为例 [J]. 旅游科学，2024（1）：1-13.

[106] 琚胜利，陶卓民，韩彦林. 南京乡村旅游景区游客网络关注与景区引力耦合协调度 [J]. 经济地理，2017，37（11）：220-228.

[107] 荣慧芳，陶卓民. 基于网络数据的乡村旅游热点识别及成因分析：以江苏省为例 [J]. 自然资源学报，2020，35（12）：2848-2861.

[108] 朱中原，王蓉，胡静，等. 基于网络信息的江西省乡村旅游地吸引力评价及空间分析 [J]. 长江流域资源与环境，2020，29（8）：1713-1722.

[109] 张琦，陈珂，马发旺，等. 基于数字足迹的乡村旅游形象感知研究：以沈阳市周边乡村旅游点为例 [J]. 农业经济，2018（3）：33-35.

[110] 宋楠楠，崔会平，张建国，等. 基于网络文本和 ASEB 栅格分析的宁波奉化滕头村旅游体验提升路径研究 [J]. 浙江农业学报，2019，31（11）：1935-1944.

[111] 袁超，孔翔，李鲁奇，等. 基于游客用户生成内容数据的传统村落形象感知：以徽州呈坎村为例 [J]. 经济地理，2020，40（8）：203-211.

[112] 曹兴平，贺涵，冯琴，等. 基于游客照片的皖南古村落目的地意象：以安徽宏村为例 [J]. 资源科学，2020，42（5）：933-945.

[113] 荣慧芳，陶卓民，李涛，等. 基于网络数据的苏南乡村旅游客源市场时空特征及影响因素分析 [J]. 地理与地理信息科学，2020，36（6）：71-77.

[114] 王朝辉，汤陈松，乔浩浩，等. 基于数字足迹的乡村旅游流空间结构特征：以浙江省湖州市为例 [J]. 经济地理，2020，40（3）：225-233，240.

[115] 奚雨晴，桑广书，姜海宁，等. 基于网络游记的浙江省乡村旅游流时空特征研究 [J]. 南京师大学报（自然科学版），2023，46（3）：42-49.

[116] 赵耀武，刘佳欣，王慧. 基于旅游数字足迹的我国优质乡村旅游评价及发展路径探析 [J]. 农业经济，2020（3）：38-41.

[117] 琚胜利，陶卓民，钱进. 基于游客网络关注度的南京市农家乐、旅游农庄空间集聚研究 [J]. 中国农业资源与区划，2018，39（12）：262-268.

[118] 薛小洋. 国内乡村旅游网络关注度时空格局研究 [D]. 上海：上海师范大学，2017.

[119] 世界旅游组织. 旅游业可持续发展：地方旅游规划指南 [M]. 北京：旅游教育出版社，1997：55.

[120] ARIE R，ODED L，ADY M. Rural tourism in Israel：service quality and orientation [J]. Tourism management，2000（21）：451-459.

[121] GILBERT D. Rural tourism and marketing：synthesis and new ways of working [J]. Tourism management，1989，10（1）：39-50.

[122] BILL B，BERNARD L. Rural tourism and sustainable rural development [M]. London：Channel View Books，1994.

[123] NULTY P M. Rural tourism in europe：experiences, development and perspectives [M]. Madrid：UNWTO，2004.

[124] BARBU I. Approach to the concept of rural tourism [J]. Lucrări ştiinţifice management agricol，2013，15（4）：125-128.

[125] MELO A，HERNÁNDEZ-MAESTRO R，MUÑOZ-GALLEGO P. Service quality perceptions, online visibility, and business performance in rural lodging establishments [J]. Journal of travel research，2017，56（2）：250-262.

[126] 肖佑兴，明庆忠，李松志. 论乡村旅游的概念和类型 [J]. 旅游科学，2001（3）：8-10.

[127] 郭焕成. 发展乡村旅游业，支援新农村建设 [J]. 旅游学刊，2006（3）：6-7.

[128] 邹统钎. 乡村旅游推动新农村建设的模式与政策取向 [J]. 福建农林大学学报（哲学社会科学版），2008（3）：31-34.

[129] 王小磊，张兆胤，王征兵. 试论乡村旅游与农业旅游 [J]. 经济问题探索，2010（2）：155-158.

[130] 卢小丽，刘伟伟，王立伟. 乡村旅游内涵标准识别及其比较研究：对中外 50 个乡村旅游概念的定量分析 [J]. 资源开发与市场，

2017, 33 (6)：759-763.

[131] 黄震方，张圆刚，贾文通，等. 中国乡村旅游研究历程与新时代发展趋向 [J]. 自然资源学报，2021, 36 (10)：2615-2633.

[132] LANE B. What is rural tourism [J]. Journal of sustainable tourism, 1994, 2 (12)：7-21.

[133] 姚素英. 浅谈乡村旅游 [J]. 北京第二外国语学院学报，1997 (3)：42-46.

[134] 邹统钎. 乡村旅游发展的围城效应与对策 [J]. 旅游学刊，2006, 21 (3)：8-9.

[135] 郭焕成，韩非. 中国乡村旅游发展综述 [J]. 地理科学进展，2010, 29 (12)：1597-1605.

[136] 杨建翠. 成都近郊乡村旅游深层次开发研究 [J]. 农村经济，2004 (5)：33-34.

[137] 卢云亭. 两类乡村旅游地的分类模式及发展趋势 [J]. 旅游学刊，2006 (4)：6-8.

[138] 蒋建兴. 泰州乡村旅游发展研究 [D]. 南京：东南大学，2015.

[139] 王兵. 从中外乡村旅游的现状对比看中国乡村旅游的未来 [J]. 旅游学刊，1999, 14 (2)：38-42, 79.

[140] 贺小荣. 我国乡村旅游的起源、现状及其发展趋势探讨 [J]. 北京第二外国语学院学报，2001 (1)：90-94.

[141] 王云才，许春霞，郭焕成. 论中国乡村旅游发展的新趋势 [J]. 干旱区地理，2005 (6)：862-868.

[142] 叶宝忠. 乡村旅游开发对策探析 [J]. 理论月刊，2009 (5)：176-178.

[143] 龙花楼，刘彦随，邹健. 中国东部沿海地区乡村发展类型及其乡村性评价 [J]. 地理学报，2009, 64 (4)：426-434.

[144] 骆高远. 国外乡村旅游发展的类型 [J]. 乡村振兴，2021 (12)：92-95.

[145] 陈艳萍. 郑汴洛都市区域乡村旅游发展研究 [D]. 上海：上海师范大学，2008.

[146] 范黎丽. 我国乡村旅游发展的演变规律和演进机制研究 [D]. 南京：南京师范大学，2008.

[147] 段兆雯. 乡村旅游发展动力系统研究 [D]. 咸阳：西北农林科技大

学，2012.

[148] 曾而明. 基于共享发展理念的乡村旅游发展研究 [D]. 南昌：南昌大学，2017.

[149] 詹迅乔. 衢州市乡村旅游发展研究 [D]. 兰州：西北师范大学，2020.

[150] 王金伟，吴志才. 中国乡村旅游发展报告（2022）[M]. 北京：社会科学文献出版社，2022.

[151] 王晓南. 对我国乡村旅游发展模式的探讨 [J]. 通化师范学院学报，2006（3）：94-96.

[152] 胡敏. 我国乡村旅游专业合作组织的发展和转型：兼论乡村旅游发展模式的升级 [J]. 旅游学刊，2009，24（2）：70-74.

[153] 彭夏岁，许亦善. 基于多产联动的我国乡村旅游发展模式研究：以福建水吉镇为例 [J]. 西昌学院学报（自然科学版），2013，27（4）：47-51.

[154] 王一帆，吴忠军，高冲. 我国乡村旅游发展模式对农民增收的比较研究：基于桂、黔、滇三省区案例地的研究 [J]. 改革与战略，2014，30（11）：50-54.

[155] 王富强. 基于消费需求变化的我国乡村旅游产业发展模式 [J]. 农业经济，2015（10）：103-104.

[156] 谈琰. 我国乡村旅游发展模式分析 [J]. 南方农业，2019，13（2）：127-128.

[157] 罗斌. 我国乡村旅游发展模式研究 [J]. 中国市场，2021（16）：33-36，39.

[158] 张洪昌，舒伯阳. 社区能力、制度嵌入与乡村旅游发展模式 [J]. 甘肃社会科学，2019（1）：186-192.

[159] 陈梦璐，冯晓宇. 乡村旅游高质量发展：特征、评估与对策：基于湖北省159村的调查 [J]. 中南民族大学学报（人文社会科学版），2023（8）：134-141.

[160] 尹长丰. 乡村旅游高质量发展与乡村振兴耦合协调研究：以安徽省为例 [J]. 社会科学家，2023（1）：57-64.

[161] 耿满国，张伟，唐相龙，等. 中国乡村旅游地的空间分布特征及影响因素 [J]. 世界地理研究，2024（2）：15-17.

[162] GIRVAN M, NEWMAN M E J. Community structure in social and bio-

logical networks［J］. Proceedings of the national academy of sciences, 2002, 99（12）: 7821-7826.

［163］RATKIEWICZ J, FORTUNATO S, FLAMMINI A, et al. Characterizing and modeling the dynamics of online popularity［J］. Physical review letters, 2010, 105（15）: 158701.

［164］刘明月. 冰雪旅游网络关注度时空特征及影响因素研究［D］. 武汉: 华中师范大学, 2020.

［165］李梦程, 王成新, 薛明月, 等. 新冠肺炎疫情网络关注度的时空演变特征及其影响因素分析［J］. 人文地理, 2021, 36（2）: 110-119, 154.

［166］张博, 吴柳. 网络关注度视角下研学旅行发展现状与影响因素研究［J］. 地域研究与开发, 2022, 41（2）: 84-88, 100.

［167］杨利, 谢慧, 谢炳庚. 中国大陆31个省（市、自治区）湿地旅游网络关注度时空差异及其影响因素［J］. 湖南师范大学自然科学学报, 2022, 45（4）: 77-85.

［168］丁志伟, 马芳芳, 张改素. 基于抖音粉丝量的中国城市网络关注度空间差异及其影响因素［J］. 地理研究, 2022, 41（9）: 2548-2567.

［169］何小芊, 张艳蓉, 刘宇. 旅游洞穴网络关注度的时空特征研究: 以中国最美五大旅游洞穴为例［J］. 中国岩溶, 2017, 36（2）: 275-282.

［170］王湘荣. 基于百度指数的中国滨海旅游网络关注度时空演变研究［D］. 保定: 河北大学, 2024.

［171］马静. 中国红色旅游网络关注度的时空分异及其影响因素研究［D］. 乌鲁木齐: 新疆大学, 2020.

［172］潘立新, 张可, 晋秀龙. 旅游经济视域下温泉旅游网络关注度实证研究［J］. 经济问题探索, 2021（2）: 156-166.

［173］南明聪. 河南省乡村旅游目的地网络关注度时空特征及影响因素研究［D］. 新乡: 河南师范大学, 2023.

［174］杨晓霞, 玉波香, 刘亚男. 5A级旅游景区网络关注时空特征及影响因素研究: 基于成渝地区双城经济圈的分析［J］. 价格理论与实践, 2023（4）: 185-189.

［175］黄洋. 智慧旅游网络关注度省域时空特征及影响因素研究［D］. 成

都：成都大学，2024.

[176] 冯晓兵. 中国民宿网络关注时空特征及影响因素研究 [J]. 世界地理研究，2022，31（1）：154-165.

[177] 王慧娴，杨蓓，陈思静，等. 基于网络关注度的黄河流域乡村旅游发展模式研究 [J]. 中国农业资源与区划，2024，45（7）：221-235.

[178] 吴雅洁. 宁夏主要景区网络关注度时空特征及影响因素 [D]. 太原：太原师范学院，2023.

[179] 李钰函. 旅游短视频网络关注度特征分析 [D]. 重庆：重庆师范大学，2023.

[180] 任宋洁. 基于用户行为的政务媒体内容主题关注度研究：以"上海发布"及"北京发布"为例 [J]. 情报探索，2022（1）：98-105.

[181] 游旭群，杨杏. 旅游心理学 [M]. 上海：华东师范大学出版社，2003：112-123.

[182] 王晓庆. 国内外旅游偏好研究综述 [J]. 现代城市研究，2014（1）：110-115.

[183] 赵金丽，张落成. 基于"核心-边缘"理论的泛长三角制造业产业转移 [J]. 中国科学院大学学报，2015，32（3）：317-324.

[184] FRIEDMAN J R. Regional development policy：a case study of Venezuela [M]. Cambridge：MIT Press，1966.

[185] 汪宇明. 核心-边缘理论在区域旅游规划中的运用 [J]. 经济地理，2002（3）：372-375.

[186] BRUNSDON C, FOTHERINGHAM A S, CHARLTON M. Some notes on parametric significance tests for geographically weighted regression [J]. Journal of regional science，1999，39（3）：497-524.

[187] 刘建寿. 空间异质性与空间俱乐部趋同研究 [D]. 广州：暨南大学，2011.

[188] LI H, REYNOLDS J F. On definition and quantification of heterogeneity [J]. Oikos，1995（3）：280-284.

[189] 高楠，张新成，王琳艳. 中国红色旅游网络关注度时空特征及影响因素 [J]. 自然资源学报，2020，35（5）：1068-1089.

[190] 邓俊，严浩怀，周晓芳. 贵州省乡村振兴示范村空间分布及影响因素 [J]. 贵州师范大学学报（自然科学版），2022，40（3）：102-111.

［191］陈昆仑，林晨喧，刘小琼，等. 中国马拉松网络关注的时空特征及影响因素［J］. 经济地理，2022，42（1）：117-126.

［192］许家伟，王伟，杜锦. 中部六省红色旅游网络关注格局及影响因素的时空分异［J］. 重庆大学学报（社会科学版），2023，29（2）：82-96.

［193］车旭航，李锦宏. 贵州省传统村落旅游目的地空间分布与影响因素研究［J］. 贵州师范大学学报（自然科学版），2024，42（2）：62-71.

［194］刘安乐，明庆忠，杨承玥，等. 滇黔桂传统村落空间分布特征及其与旅游发展关系［J］. 中国农业资源与区划，2021，42（9）：166-177.

［195］阮文奇，张舒宁，李勇泉，等. 中国赴泰旅游需求时空分异及其影响因素［J］. 旅游学刊，2019，34（5）：76-89.

［196］厉新建，宋昌耀，张安妮. 旅游业新质生产力：难点与方向［J］. 旅游导刊，2024，8（3）：23-33.

［197］FRIEDMANN J R. Regional development policy：a case study of Venezuela［M］. Cambridge：MIT Press，1966.

［198］唐鸿，许春晓. 中国红色旅游经典景区网络关注度时空演变及影响因素［J］. 自然资源学报，2021，36（7）：1792-1810.

［199］许艳，陆林，赵海溶. 乌镇景区网络关注度动态演变与空间差异分析［J］. 经济地理，2020，40（7）：200-210.

附录

附录1　我国乡村旅游网络关注度指标数据

附表 1-1　我国乡村旅游网络关注度指标数据（百度指数平台 PC+移动端）

日期	2019 年	2020 年	2021 年	2022 年	2023 年
1 月 1 日	377	245	210	224	212
1 月 2 日	451	314	258	285	252
1 月 3 日	480	294	308	274	306
1 月 4 日	389	259	371	388	349
1 月 5 日	359	292	436	323	316
1 月 6 日	368	330	464	356	264
1 月 7 日	465	276	371	320	248
1 月 8 日	455	331	327	277	246
1 月 9 日	440	284	278	264	266
1 月 10 日	385	285	313	314	298
1 月 11 日	383	206	327	323	282
1 月 12 日	360	229	299	315	287
1 月 13 日	339	242	379	304	265
1 月 14 日	414	251	344	295	225
1 月 15 日	418	291	317	267	196
1 月 16 日	369	228	259	220	240

日 期	2019 年	2020 年	2021 年	2022 年	2023 年
1 月 17 日	371	240	297	329	244
1 月 18 日	435	190	301	299	245
1 月 19 日	335	238	285	334	212
1 月 20 日	350	218	278	273	188
1 月 21 日	390	183	303	285	131
1 月 22 日	409	191	271	223	159
1 月 23 日	405	156	243	227	154
1 月 24 日	353	130	242	226	177
1 月 25 日	318	141	332	231	207
1 月 26 日	311	139	293	238	206
1 月 27 日	291	150	314	244	203
1 月 28 日	351	158	306	213	285
1 月 29 日	319	177	259	214	275
1 月 30 日	350	191	229	172	331
1 月 31 日	323	189	222	150	272
2 月 1 日	235	214	259	148	299
2 月 2 日	240	220	263	146	331
2 月 3 日	217	218	260	146	300
2 月 4 日	214	226	317	185	239
2 月 5 日	246	236	258	192	239
2 月 6 日	222	224	216	209	334
2 月 7 日	290	225	248	249	314
2 月 8 日	276	214	224	246	346
2 月 9 日	273	214	226	302	377
2 月 10 日	285	288	180	324	346
2 月 11 日	341	259	150	323	277
2 月 12 日	328	325	148	251	277

日期	2019 年	2020 年	2021 年	2022 年	2023 年
2 月 13 日	409	257	197	259	357
2 月 14 日	368	213	177	361	362
2 月 15 日	343	251	201	328	411
2 月 16 日	312	270	249	337	414
2 月 17 日	323	297	301	352	357
2 月 18 日	393	276	332	335	287
2 月 19 日	383	364	433	305	326
2 月 20 日	376	286	395	302	397
2 月 21 日	387	315	303	379	397
2 月 22 日	418	264	383	402	419
2 月 23 日	329	259	418	402	431
2 月 24 日	358	385	402	392	369
2 月 25 日	460	393	476	384	311
2 月 26 日	466	369	428	329	325
2 月 27 日	431	365	364	389	387
2 月 28 日	416	403	349	472	442
2 月 29 日	—	322	—	—	—
3 月 1 日	486	306	466	505	411
3 月 2 日	367	395	534	451	447
3 月 3 日	452	359	529	464	370
3 月 4 日	500	344	533	429	298
3 月 5 日	561	402	420	376	301
3 月 6 日	524	359	440	373	418
3 月 7 日	480	315	415	506	370
3 月 8 日	472	319	508	485	429
3 月 9 日	376	363	524	459	418
3 月 10 日	403	392	607	466	352

附表 1-1（续）

日期	2019 年	2020 年	2021 年	2022 年	2023 年
3 月 11 日	435	417	495	428	299
3 月 12 日	519	391	425	372	1008
3 月 13 日	549	392	382	423	561
3 月 14 日	483	331	362	468	463
3 月 15 日	376	323	585	481	502
3 月 16 日	361	384	527	456	494
3 月 17 日	366	425	524	494	388
3 月 18 日	465	398	495	414	295
3 月 19 日	475	410	431	422	329
3 月 20 日	448	399	380	405	500
3 月 21 日	490	345	417	497	483
3 月 22 日	405	349	486	530	457
3 月 23 日	358	458	526	484	477
3 月 24 日	378	414	515	490	412
3 月 25 日	446	439	574	468	354
3 月 26 日	478	402	497	390	352
3 月 27 日	490	367	391	408	458
3 月 28 日	500	304	370	467	502
3 月 29 日	423	344	469	509	478
3 月 30 日	357	383	472	500	485
3 月 31 日	375	376	494	442	387
4 月 1 日	458	381	507	436	356
4 月 2 日	471	403	358	436	352
4 月 3 日	457	370	286	284	439
4 月 4 日	414	296	300	340	453
4 月 5 日	279	315	351	373	317
4 月 6 日	284	339	469	453	512

日期	2019 年	2020 年	2021 年	2022 年	2023 年
4 月 7 日	357	410	493	499	430
4 月 8 日	496	325	485	433	320
4 月 9 日	522	412	446	416	350
4 月 10 日	505	389	337	393	453
4 月 11 日	446	294	385	481	457
4 月 12 日	433	330	479	478	432
4 月 13 日	314	395	511	489	453
4 月 14 日	373	378	508	453	406
4 月 15 日	498	400	511	463	320
4 月 16 日	462	377	448	419	354
4 月 17 日	465	367	390	377	420
4 月 18 日	424	339	387	481	456
4 月 19 日	406	345	480	499	453
4 月 20 日	387	461	437	515	435
4 月 21 日	351	443	478	466	409
4 月 22 日	494	398	436	442	335
4 月 23 日	517	403	458	406	409
4 月 24 日	422	455	407	507	445
4 月 25 日	422	354	455	469	484
4 月 26 日	400	453	490	477	475
4 月 27 日	402	578	454	498	401
4 月 28 日	369	403	502	511	346
4 月 29 日	401	426	449	418	259
4 月 30 日	394	387	369	348	249
5 月 1 日	291	290	278	337	236
5 月 2 日	302	318	298	385	272
5 月 3 日	282	321	292	402	327

日期	2019 年	2020 年	2021 年	2022 年	2023 年
5 月 4 日	362	343	346	391	417
5 月 5 日	449	381	388	474	453
5 月 6 日	445	418	502	451	406
5 月 7 日	433	414	510	502	321
5 月 8 日	431	406	475	399	424
5 月 9 日	384	413	434	560	445
5 月 10 日	426	323	497	538	450
5 月 11 日	330	427	524	563	411
5 月 12 日	355	475	469	493	382
5 月 13 日	404	411	475	454	328
5 月 14 日	393	453	421	503	295
5 月 15 日	440	456	401	471	397
5 月 16 日	450	408	374	514	402
5 月 17 日	351	324	483	542	419
5 月 18 日	345	401	545	505	423
5 月 19 日	367	461	517	518	366
5 月 20 日	296	350	437	513	282
5 月 21 日	354	438	443	414	297
5 月 22 日	359	380	399	422	336
5 月 23 日	350	334	366	522	396
5 月 24 日	368	321	476	552	392
5 月 25 日	360	386	539	518	399
5 月 26 日	280	407	462	504	326
5 月 27 日	379	410	461	476	318
5 月 28 日	340	441	453	419	291
5 月 29 日	387	384	401	430	395
5 月 30 日	358	384	378	440	397

附表1-1（续）

日期	2019 年	2020 年	2021 年	2022 年	2023 年
5 月 31 日	300	354	409	454	344
6 月 1 日	295	402	454	420	392
6 月 2 日	321	420	401	401	355
6 月 3 日	415	380	412	286	309
6 月 4 日	369	412	392	286	325
6 月 5 日	362	366	350	360	392
6 月 6 日	347	344	316	464	407
6 月 7 日	246	326	412	448	401
6 月 8 日	272	407	387	471	396
6 月 9 日	333	402	418	453	341
6 月 10 日	364	449	408	413	263
6 月 11 日	403	425	361	309	278
6 月 12 日	386	369	289	333	449
6 月 13 日	378	322	311	493	394
6 月 14 日	341	323	365	443	419
6 月 15 日	305	413	394	413	401
6 月 16 日	353	358	443	394	363
6 月 17 日	414	428	415	415	254
6 月 18 日	376	392	372	341	265
6 月 19 日	387	366	314	343	360
6 月 20 日	327	351	336	405	364
6 月 21 日	373	316	455	376	316
6 月 22 日	321	379	422	381	222
6 月 23 日	331	419	391	393	227
6 月 24 日	349	360	411	405	268
6 月 25 日	389	315	387	283	336
6 月 26 日	394	347	336	266	315

日期	2019 年	2020 年	2021 年	2022 年	2023 年
6 月 27 日	337	312	356	347	313
6 月 28 日	351	387	364	350	307
6 月 29 日	289	348	392	345	296
6 月 30 日	259	345	364	381	262
7 月 1 日	298	364	381	309	224
7 月 2 日	323	372	379	269	222
7 月 3 日	355	325	310	283	303
7 月 4 日	321	284	289	307	302
7 月 5 日	319	259	399	337	289
7 月 6 日	247	331	380	361	295
7 月 7 日	291	365	340	337	271
7 月 8 日	308	329	354	334	212
7 月 9 日	327	377	329	270	213
7 月 10 日	310	388	295	227	280
7 月 11 日	311	324	270	302	240
7 月 12 日	368	363	354	328	270
7 月 13 日	281	401	301	331	302
7 月 14 日	299	403	363	334	252
7 月 15 日	374	364	349	314	190
7 月 16 日	330	356	278	233	196
7 月 17 日	327	357	275	246	263
7 月 18 日	355	360	234	343	297
7 月 19 日	310	371	332	368	306
7 月 20 日	255	400	380	339	310
7 月 21 日	248	403	334	348	259
7 月 22 日	272	375	354	290	191
7 月 23 日	327	348	312	208	203

附表1-1（续）

日期	2019 年	2020 年	2021 年	2022 年	2023 年
7 月 24 日	335	340	261	238	296
7 月 25 日	294	296	219	286	268
7 月 26 日	281	291	265	327	315
7 月 27 日	199	333	299	335	260
7 月 28 日	247	345	286	312	245
7 月 29 日	315	376	316	309	210
7 月 30 日	346	343	255	238	216
7 月 31 日	333	317	233	213	290
8 月 1 日	298	257	211	292	257
8 月 2 日	303	260	301	293	296
8 月 3 日	230	299	279	324	260
8 月 4 日	223	338	303	303	231
8 月 5 日	289	359	309	304	215
8 月 6 日	297	311	292	243	201
8 月 7 日	302	294	223	248	295
8 月 8 日	304	273	255	334	313
8 月 9 日	300	273	275	311	347
8 月 10 日	256	274	300	313	320
8 月 11 日	226	286	302	334	295
8 月 12 日	322	288	294	296	384
8 月 13 日	313	352	279	274	242
8 月 14 日	325	359	210	229	317
8 月 15 日	284	250	239	309	314
8 月 16 日	297	265	320	295	300
8 月 17 日	222	319	306	320	328
8 月 18 日	277	313	317	326	284
8 月 19 日	267	352	295	288	206

日期	2019 年	2020 年	2021 年	2022 年	2023 年
8 月 20 日	320	328	270	217	206
8 月 21 日	326	307	236	241	289
8 月 22 日	326	292	238	294	276
8 月 23 日	353	284	318	325	297
8 月 24 日	280	335	290	324	323
8 月 25 日	248	333	305	332	280
8 月 26 日	352	332	299	311	238
8 月 27 日	376	345	295	237	250
8 月 28 日	355	331	251	243	231
8 月 29 日	365	251	293	335	313
8 月 30 日	347	248	341	309	323
8 月 31 日	268	376	355	312	316
9 月 1 日	290	344	324	317	244
9 月 2 日	382	345	364	325	188
9 月 3 日	365	419	334	244	249
9 月 4 日	470	360	310	278	322
9 月 5 日	432	304	281	343	358
9 月 6 日	313	320	384	360	325
9 月 7 日	260	366	390	360	335
9 月 8 日	233	372	377	338	313
9 月 9 日	316	353	363	302	221
9 月 10 日	362	356	341	166	218
9 月 11 日	452	336	300	214	346
9 月 12 日	292	323	295	270	390
9 月 13 日	190	399	381	337	362
9 月 14 日	306	477	354	380	332
9 月 15 日	330	397	381	356	288

日期	2019 年	2020 年	2021 年	2022 年	2023 年
9 月 16 日	415	417	333	305	267
9 月 17 日	462	411	363	265	277
9 月 18 日	404	416	323	295	329
9 月 19 日	479	316	207	366	314
9 月 20 日	352	397	257	406	367
9 月 21 日	329	383	254	363	367
9 月 22 日	308	448	382	379	282
9 月 23 日	311	421	362	348	223
9 月 24 日	394	441	345	277	284
9 月 25 日	415	440	322	276	356
9 月 26 日	407	342	332	369	338
9 月 27 日	377	399	375	383	348
9 月 28 日	357	432	402	367	336
9 月 29 日	364	402	347	352	200
9 月 30 日	312	347	310	317	201
10 月 1 日	306	246	234	195	179
10 月 2 日	295	282	241	259	216
10 月 3 日	329	275	291	247	269
10 月 4 日	289	314	301	266	238
10 月 5 日	213	287	300	310	230
10 月 6 日	235	333	341	306	252
10 月 7 日	284	333	371	324	315
10 月 8 日	403	356	415	393	356
10 月 9 日	384	455	422	395	427
10 月 10 日	423	409	323	386	355
10 月 11 日	364	444	428	402	355
10 月 12 日	340	409	438	409	401

日期	2019年	2020年	2021年	2022年	2023年
10月13日	283	436	399	441	336
10月14日	408	432	415	357	263
10月15日	468	442	365	284	300
10月16日	451	365	326	354	353
10月17日	408	304	297	417	377
10月18日	400	316	397	407	415
10月19日	354	383	463	468	407
10月20日	361	434	449	401	358
10月21日	419	423	415	396	268
10月22日	449	441	345	349	292
10月23日	400	384	314	335	362
10月24日	389	333	340	400	362
10月25日	350	299	435	407	337
10月26日	323	410	437	423	354
10月27日	345	463	418	431	343
10月28日	402	482	378	368	260
10月29日	441	461	366	353	308
10月30日	406	363	323	279	365
10月31日	417	281	305	417	336
11月1日	362	294	418	442	389
11月2日	277	455	443	441	323
11月3日	354	446	439	461	290
11月4日	415	435	422	428	238
11月5日	417	452	408	374	255
11月6日	385	360	278	432	294
11月7日	377	298	342	498	337
11月8日	376	355	400	493	355

日期	2019 年	2020 年	2021 年	2022 年	2023 年
11 月 9 日	297	432	448	456	338
11 月 10 日	325	439	390	464	326
11 月 11 日	364	472	382	380	229
11 月 12 日	493	427	384	348	263
11 月 13 日	431	398	343	344	334
11 月 14 日	377	345	328	437	381
11 月 15 日	368	349	388	430	374
11 月 16 日	323	390	428	390	306
11 月 17 日	356	412	457	380	321
11 月 18 日	407	427	400	398	227
11 月 19 日	387	424	410	330	276
11 月 20 日	324	404	322	356	355
11 月 21 日	391	314	366	390	373
11 月 22 日	371	331	399	376	349
11 月 23 日	270	378	426	366	347
11 月 24 日	343	413	480	348	331
11 月 25 日	410	348	418	305	263
11 月 26 日	382	415	386	295	263
11 月 27 日	369	351	320	332	370
11 月 28 日	382	336	396	408	341
11 月 29 日	332	373	459	397	345
11 月 30 日	300	450	428	394	326
12 月 1 日	319	422	452	362	300
12 月 2 日	356	372	424	347	223
12 月 3 日	398	362	362	306	253
12 月 4 日	406	391	349	350	324
12 月 5 日	394	328	366	353	349

日期	2019 年	2020 年	2021 年	2022 年	2023 年
12 月 6 日	337	363	421	383	330
12 月 7 日	305	446	439	391	365
12 月 8 日	301	412	472	370	297
12 月 9 日	367	468	447	395	224
12 月 10 日	400	384	401	304	227
12 月 11 日	373	376	389	331	291
12 月 12 日	357	329	390	425	317
12 月 13 日	343	351	437	365	302
12 月 14 日	291	413	482	356	326
12 月 15 日	343	392	460	332	318
12 月 16 日	362	428	461	343	264
12 月 17 日	503	440	391	253	247
12 月 18 日	426	376	338	268	352
12 月 19 日	347	338	391	283	320
12 月 20 日	385	344	444	312	341
12 月 21 日	282	399	445	296	319
12 月 22 日	316	407	425	299	282
12 月 23 日	443	438	441	280	230
12 月 24 日	391	410	345	253	261
12 月 25 日	381	373	341	259	317
12 月 26 日	404	344	351	284	335
12 月 27 日	358	369	385	318	329
12 月 28 日	311	404	442	285	342
12 月 29 日	330	468	405	370	289
12 月 30 日	362	421	427	309	240
12 月 31 日	301	292	324	210	206

注：笔者根据百度指数平台爬取的我国 31 个省（自治区、直辖市）乡村旅游网络关注度逐日百度搜索指数数据整理得出。

附表 1-2　我国乡村旅游网络关注度指标数据（抖音指数）

日期	2019 年	2020 年	2021 年	2022 年	2023 年
1 月 1 日	17	67	97	533	1 175
1 月 2 日	27	54	111	586	861
1 月 3 日	17	84	111	427	840
1 月 4 日	17	77	67	375	1 068
1 月 5 日	20	57	84	448	1 131
1 月 6 日	37	74	99	352	1 293
1 月 7 日	27	187	49	341	1 200
1 月 8 日	20	170	43	368	1 425
1 月 9 日	34	234	73	332	1 306
1 月 10 日	14	110	70	321	1 128
1 月 11 日	20	197	52	347	1 720
1 月 12 日	37	127	67	308	1 040
1 月 13 日	17	74	81	310	1 172
1 月 14 日	17	90	67	256	7 738
1 月 15 日	10	94	50	409	3 699
1 月 16 日	50	70	88	285	1 507
1 月 17 日	17	40	76	317	1 052
1 月 18 日	20	67	86	317	1 212
1 月 19 日	17	184	58	342	1 494
1 月 20 日	20	124	48	432	1 912
1 月 21 日	30	77	95	313	1 252
1 月 22 日	17	64	67	333	3 640
1 月 23 日	10	50	91	362	3 632
1 月 24 日	24	27	86	291	4 048
1 月 25 日	20	20	66	337	4 081
1 月 26 日	50	94	63	235	4 134
1 月 27 日	10	44	78	304	3 345

日期	2019 年	2020 年	2021 年	2022 年	2023 年
1 月 28 日	7	49	71	267	3 035
1 月 29 日	17	74	58	266	2 679
1 月 30 日	20	140	76	288	2 624
1 月 31 日	24	50	59	220	2 661
2 月 1 日	14	74	106	527	2 673
2 月 2 日	24	70	70	522	2 023
2 月 3 日	14	97	86	636	1 886
2 月 4 日	27	97	87	708	1 929
2 月 5 日	17	107	71	723	1 731
2 月 6 日	30	120	70	631	1 467
2 月 7 日	40	54	103	541	1 520
2 月 8 日	30	154	75	512	1 480
2 月 9 日	37	220	87	506	1 412
2 月 10 日	34	240	60	513	1 306
2 月 11 日	30	244	52	472	1 421
2 月 12 日	14	134	151	678	1 409
2 月 13 日	27	157	192	670	1 414
2 月 14 日	24	167	189	656	1 408
2 月 15 日	24	150	215	484	1 747
2 月 16 日	17	287	243	565	1 627
2 月 17 日	20	200	179	542	1 757
2 月 18 日	34	240	219	593	1 766
2 月 19 日	27	230	227	494	1 791
2 月 20 日	17	210	217	523	1 480
2 月 21 日	10	174	192	444	1 542
2 月 22 日	14	154	166	435	1 798
2 月 23 日	34	287	225	535	1 740

附表1-2（续）

日期	2019 年	2020 年	2021 年	2022 年	2023 年
2 月 24 日	27	167	198	480	1 749
2 月 25 日	10	210	196	676	2 101
2 月 26 日	24	180	192	946	1 916
2 月 27 日	10	260	175	1 170	1 613
2 月 28 日	10	214	136	944	1 626
2 月 29 日	—	314	—	—	—
3 月 1 日	14	390	139	1 100	1 636
3 月 2 日	27	284	223	1 047	1 925
3 月 3 日	30	434	189	1 152	2 089
3 月 4 日	34	267	143	1 311	2 974
3 月 5 日	27	457	215	1 545	3 141
3 月 6 日	30	274	219	1 624	2 654
3 月 7 日	17	240	196	1 836	2 450
3 月 8 日	10	337	233	1 530	2 522
3 月 9 日	34	267	208	1 175	2 283
3 月 10 日	34	290	195	1 004	2 104
3 月 11 日	20	290	204	1 157	2 993
3 月 12 日	40	317	251	1 343	3 307
3 月 13 日	24	354	309	1 307	2 589
3 月 14 日	24	254	284	961	2 417
3 月 15 日	30	314	267	924	2 340
3 月 16 日	34	310	257	881	2 016
3 月 17 日	50	310	224	824	2 215
3 月 18 日	27	274	181	818	2 791
3 月 19 日	4	280	252	1 145	2 801
3 月 20 日	27	264	228	1 027	2 369
3 月 21 日	20	284	285	785	2 437

日期	2019 年	2020 年	2021 年	2022 年	2023 年
3 月 22 日	14	297	236	635	2 663
3 月 23 日	30	270	309	739	2 163
3 月 24 日	37	190	216	777	1 961
3 月 25 日	40	414	225	782	2 586
3 月 26 日	30	340	220	809	3 413
3 月 27 日	24	194	284	1 079	2 425
3 月 28 日	30	254	328	918	2 319
3 月 29 日	40	354	248	1 056	2 215
3 月 30 日	54	484	205	1 003	2 134
3 月 31 日	44	430	186	923	2 525
4 月 1 日	17	86	228	955	3 416
4 月 2 日	47	53	218	1 055	3 358
4 月 3 日	44	53	282	1 496	1 990
4 月 4 日	24	35	357	1 395	2 187
4 月 5 日	50	50	240	1 318	2 841
4 月 6 日	70	49	222	970	1 985
4 月 7 日	54	65	234	834	2 134
4 月 8 日	47	64	230	1 040	2 849
4 月 9 日	50	51	240	1 357	2 924
4 月 10 日	27	64	242	1 268	1 884
4 月 11 日	30	65	301	906	1 853
4 月 12 日	30	75	259	776	2 007
4 月 13 日	34	55	259	762	1 834
4 月 14 日	50	78	286	758	2 153
4 月 15 日	27	76	225	719	2 690
4 月 16 日	50	73	266	664	2 773
4 月 17 日	37	84	304	743	2 132

附表1-2(续)

日期	2019 年	2020 年	2021 年	2022 年	2023 年
4 月 18 日	27	103	288	600	2 041
4 月 19 日	37	75	225	812	1 922
4 月 20 日	34	100	252	773	1 770
4 月 21 日	44	113	248	772	1 722
4 月 22 日	50	92	217	716	2 068
4 月 23 日	40	84	213	887	2 074
4 月 24 日	37	66	277	979	1 794
4 月 25 日	20	78	309	855	2 372
4 月 26 日	70	143	285	1 046	2 539
4 月 27 日	50	102	263	988	2 230
4 月 28 日	40	100	356	1 032	3 177
4 月 29 日	40	96	388	1 782	4 752
4 月 30 日	67	137	507	1 969	5 615
5 月 1 日	74	145	743	2 378	6 447
5 月 2 日	40	130	739	2 555	4 866
5 月 3 日	224	105	648	2 262	2 918
5 月 4 日	207	83	522	1 516	1 974
5 月 5 日	210	65	331	1 032	1 891
5 月 6 日	214	86	302	1 004	1 922
5 月 7 日	190	73	305	903	1 912
5 月 8 日	207	103	303	899	1 675
5 月 9 日	250	60	1 793	758	1 633
5 月 10 日	200	85	1 833	876	1 536
5 月 11 日	80	83	335	979	1 541
5 月 12 日	70	77	296	830	1 616
5 月 13 日	20	67	315	842	2 479
5 月 14 日	30	94	279	893	2 428

日期	2019 年	2020 年	2021 年	2022 年	2023 年
5 月 15 日	24	75	252	905	1 489
5 月 16 日	40	90	303	827	1 538
5 月 17 日	40	163	290	842	1 492
5 月 18 日	107	93	315	842	2 175
5 月 19 日	50	84	240	1 035	2 570
5 月 20 日	54	102	299	973	2 418
5 月 21 日	30	89	414	1 033	2 413
5 月 22 日	40	96	467	1 057	1 916
5 月 23 日	24	90	287	894	1 768
5 月 24 日	27	110	266	946	1 671
5 月 25 日	47	139	227	796	1 692
5 月 26 日	67	88	261	788	1 586
5 月 27 日	40	106	234	811	1 823
5 月 28 日	50	122	229	1 250	2 074
5 月 29 日	54	121	277	1 287	1 607
5 月 30 日	30	105	270	1 067	1 789
5 月 31 日	40	121	272	820	1 631
6 月 1 日	34	102	236	846	1 690
6 月 2 日	50	118	242	960	1 388
6 月 3 日	20	102	309	1 333	1 729
6 月 4 日	27	88	475	1 069	1 750
6 月 5 日	34	263	412	986	1 505
6 月 6 日	24	111	279	829	1 401
6 月 7 日	27	155	255	1 222	1 642
6 月 8 日	44	94	251	1 340	1 480
6 月 9 日	47	91	281	1 162	1 598
6 月 10 日	57	90	261	862	1 775

日期	2019 年	2020 年	2021 年	2022 年	2023 年
6 月 11 日	20	82	254	1 023	1 661
6 月 12 日	30	101	321	1 308	1 488
6 月 13 日	27	87	329	1 152	1 466
6 月 14 日	64	72	303	1 182	1 453
6 月 15 日	40	96	247	966	1 469
6 月 16 日	80	70	240	1 296	1 575
6 月 17 日	154	83	712	1 182	1 705
6 月 18 日	174	67	1 688	1 084	1 766
6 月 19 日	97	72	517	1 201	1 721
6 月 20 日	100	65	293	1 131	1 560
6 月 21 日	114	89	256	1 027	1 848
6 月 22 日	137	93	244	1 018	2 593
6 月 23 日	127	63	208	940	2 532
6 月 24 日	90	79	255	1 030	1 907
6 月 25 日	167	98	271	1 437	1 702
6 月 26 日	70	76	245	1 129	1 576
6 月 27 日	87	79	309	1 106	1 552
6 月 28 日	107	66	231	1 274	1 604
6 月 29 日	304	62	230	1 172	1 733
6 月 30 日	727	67	346	1 179	1 668
7 月 1 日	180	80	2 079	1 428	2 202
7 月 2 日	110	85	320	1 926	2 158
7 月 3 日	50	83	321	1 771	1 789
7 月 4 日	184	55	368	1 453	1 836
7 月 5 日	114	101	340	1 525	1 652
7 月 6 日	120	59	337	1 467	1 898
7 月 7 日	204	77	340	1 846	2 193

日期	2019年	2020年	2021年	2022年	2023年
7月8日	170	64	345	1 681	2 624
7月9日	310	80	359	2 273	2 838
7月10日	177	107	414	2 072	2 464
7月11日	190	90	402	1 638	2 188
7月12日	140	86	417	1 943	2 312
7月13日	110	115	396	1 760	2 213
7月14日	177	84	397	1 768	2 771
7月15日	104	71	380	2 135	5 114
7月16日	70	73	384	1 926	3 886
7月17日	170	93	410	2 242	2 457
7月18日	127	82	409	1 820	2 213
7月19日	60	69	381	1 773	2 225
7月20日	100	94	430	1 813	2 169
7月21日	134	96	317	1 898	2 214
7月22日	184	76	377	2 118	2 274
7月23日	117	77	379	2 147	2 725
7月24日	147	67	479	2 283	2 183
7月25日	117	58	544	1 680	2 085
7月26日	117	67	417	1 558	3 415
7月27日	190	82	317	1 444	2 297
7月28日	170	61	319	1 538	2 159
7月29日	117	72	320	1 761	2 363
7月30日	160	66	373	1 948	2 556
7月31日	90	62	310	2 007	2 326
8月1日	134	90	262	1 609	2 166
8月2日	97	103	309	1 399	2 142
8月3日	70	81	278	1 457	2 027

日期	2019 年	2020 年	2021 年	2022 年	2023 年
8 月 4 日	117	106	312	1 603	2 150
8 月 5 日	64	92	334	2 049	2 465
8 月 6 日	130	87	301	2 131	2 034
8 月 7 日	160	80	354	2 122	1 801
8 月 8 日	144	101	295	1 981	1 912
8 月 9 日	120	115	304	1 912	2 087
8 月 10 日	124	95	268	1 978	2 190
8 月 11 日	87	96	252	2 030	1 988
8 月 12 日	100	69	295	2 066	2 069
8 月 13 日	110	120	289	3 060	2 158
8 月 14 日	167	84	371	2 020	1 756
8 月 15 日	94	103	339	1 580	1 688
8 月 16 日	84	72	265	1 555	1 597
8 月 17 日	190	74	302	1 708	1 824
8 月 18 日	144	84	296	1 326	1 922
8 月 19 日	164	105	305	1 298	2 192
8 月 20 日	87	86	302	1 432	2 025
8 月 21 日	124	93	332	1 356	1 629
8 月 22 日	190	87	396	1 146	1 682
8 月 23 日	107	72	288	1 141	1 577
8 月 24 日	167	71	354	1 939	1 655
8 月 25 日	207	87	232	1 100	1 589
8 月 26 日	54	117	243	1 108	1 780
8 月 27 日	267	105	266	1 420	1 551
8 月 28 日	150	88	316	1 186	1 217
8 月 29 日	107	84	461	1 020	1 465
8 月 30 日	34	70	382	1 071	1 229

日期	2019 年	2020 年	2021 年	2022 年	2023 年
8 月 31 日	150	65	319	941	1 136
9 月 1 日	54	74	230	852	1 260
9 月 2 日	44	107	403	844	1 519
9 月 3 日	194	61	1 045	1 000	1 436
9 月 4 日	124	72	1 476	956	1 218
9 月 5 日	44	75	1 020	743	1 143
9 月 6 日	30	93	419	857	1 047
9 月 7 日	224	91	602	744	1 090
9 月 8 日	90	66	391	860	1 039
9 月 9 日	80	70	337	788	1 348
9 月 10 日	67	71	336	1 255	1 340
9 月 11 日	240	96	470	1 261	1 305
9 月 12 日	170	65	456	1 170	1 370
9 月 13 日	197	93	315	1 200	1 162
9 月 14 日	130	61	309	1 021	1 177
9 月 15 日	130	72	370	906	1 066
9 月 16 日	190	77	330	860	1 400
9 月 17 日	60	50	392	1 087	1 503
9 月 18 日	64	64	363	1 331	1 178
9 月 19 日	67	56	523	862	1 158
9 月 20 日	54	68	695	1 201	1 148
9 月 21 日	154	67	723	998	1 198
9 月 22 日	107	81	461	974	1 410
9 月 23 日	70	72	469	1 167	1 710
9 月 24 日	50	77	444	1 440	1 995
9 月 25 日	67	68	532	1 572	1 459
9 月 26 日	114	55	570	1 322	1 575

附表1-2(续)

日期	2019年	2020年	2021年	2022年	2023年
9月27日	80	61	536	1 357	1 877
9月28日	150	74	575	1 498	1 897
9月29日	120	62	705	1 717	2 739
9月30日	60	56	954	1 992	3 900
10月1日	57	96	1 408	3 054	4 696
10月2日	134	116	1 606	3 040	4 276
10月3日	127	114	1 597	2 534	3 874
10月4日	364	96	1 212	2 336	3 328
10月5日	244	99	1 280	1 914	2 947
10月6日	54	91	968	1 716	4 711
10月7日	130	82	723	1 356	1 830
10月8日	167	81	498	1 202	1 562
10月9日	110	74	537	1 095	1 420
10月10日	144	43	482	1 473	1 420
10月11日	184	45	366	1 807	1 180
10月12日	114	50	389	1 378	1 220
10月13日	70	68	421	1 151	1 293
10月14日	104	65	424	1 103	1 697
10月15日	104	67	393	1 159	1 928
10月16日	160	78	423	1 252	1 382
10月17日	77	75	440	960	1 523
10月18日	74	68	398	907	1 252
10月19日	80	52	487	1 034	1 380
10月20日	74	65	362	975	1 854
10月21日	70	95	409	1 327	2 359
10月22日	170	70	318	1 317	1 633
10月23日	134	77	386	1 437	1 443

日期	2019 年	2020 年	2021 年	2022 年	2023 年
10 月 24 日	100	75	412	1 163	1 457
10 月 25 日	220	86	408	1 199	1 358
10 月 26 日	77	55	426	963	1 308
10 月 27 日	210	128	388	1 070	1 290
10 月 28 日	220	87	372	1 107	1 497
10 月 29 日	37	85	390	1 378	1 632
10 月 30 日	150	66	404	1 296	1 270
10 月 31 日	137	82	452	1 058	1 304
11 月 1 日	77	76	337	944	1 321
11 月 2 日	194	77	316	1 266	1 316
11 月 3 日	180	56	376	1 143	1 253
11 月 4 日	67	98	316	1 132	1 460
11 月 5 日	104	117	342	1 218	1 308
11 月 6 日	184	97	388	1 405	1 066
11 月 7 日	164	102	363	1 066	1 246
11 月 8 日	80	128	367	1 045	1 035
11 月 9 日	104	90	341	960	1 084
11 月 10 日	64	82	327	989	1 063
11 月 11 日	130	94	374	955	1 109
11 月 12 日	150	110	394	1 131	1 139
11 月 13 日	87	106	502	939	1 117
11 月 14 日	74	170	502	880	1 014
11 月 15 日	160	156	451	1 090	1 174
11 月 16 日	237	118	364	1 026	1 144
11 月 17 日	124	113	446	1 168	1 265
11 月 18 日	160	132	473	1 139	1 520
11 月 19 日	190	114	494	1 152	1 602

日期	2019 年	2020 年	2021 年	2022 年	2023 年
11 月 20 日	300	71	1 242	1 163	1 173
11 月 21 日	137	105	727	958	1 200
11 月 22 日	177	87	453	1 063	1 230
11 月 23 日	214	102	437	913	1 168
11 月 24 日	187	109	477	767	1 342
11 月 25 日	214	96	445	761	1 425
11 月 26 日	184	96	380	871	2 137
11 月 27 日	244	87	408	891	2 307
11 月 28 日	230	129	453	753	3 019
11 月 29 日	80	118	390	884	3 384
11 月 30 日	40	61	455	786	2 304
12 月 1 日	60	95	462	668	1 933
12 月 2 日	70	109	449	695	1 813
12 月 3 日	127	100	388	697	1 600
12 月 4 日	127	73	416	763	1 420
12 月 5 日	64	138	449	744	1 595
12 月 6 日	44	97	448	796	1 421
12 月 7 日	154	107	349	773	1 429
12 月 8 日	84	106	441	836	2 106
12 月 9 日	130	122	396	904	2 302
12 月 10 日	127	91	399	985	2 257
12 月 11 日	84	95	383	952	1 873
12 月 12 日	60	153	466	798	1 847
12 月 13 日	44	111	1 480	730	1 447
12 月 14 日	140	112	631	1 646	1 486
12 月 15 日	140	90	540	717	1 572
12 月 16 日	107	84	483	631	1 251

日期	2019 年	2020 年	2021 年	2022 年	2023 年
12 月 17 日	170	78	413	641	1 199
12 月 18 日	104	127	528	638	1 146
12 月 19 日	74	78	456	544	1 266
12 月 20 日	77	90	445	559	1 809
12 月 21 日	114	86	471	600	1 613
12 月 22 日	57	79	430	536	1 412
12 月 23 日	210	76	420	815	1 446
12 月 24 日	57	78	434	670	1 660
12 月 25 日	87	79	458	698	2 266
12 月 26 日	50	95	385	611	1 200
12 月 27 日	84	91	385	618	1 171
12 月 28 日	60	96	368	669	1 184
12 月 29 日	87	79	493	859	1 382
12 月 30 日	77	83	343	640	1 411
12 月 31 日	150	44	331	789	1 863

注：笔者根据巨量算数平台爬取的我国 31 个省（自治区、直辖市）乡村旅游网络关注度逐日抖音搜索指数数据整理得出。

附表1-3　我国乡村旅游网络关注度指标数据（头条指数）

日期	2019 年	2020 年	2021 年	2022 年	2023 年
1 月 1 日	47	27	123	125	135
1 月 2 日	47	57	112	209	187
1 月 3 日	27	30	79	173	164
1 月 4 日	37	24	108	166	139
1 月 5 日	40	37	141	149	168
1 月 6 日	47	40	136	146	166
1 月 7 日	47	54	137	121	210
1 月 8 日	54	47	141	153	177

附表1-3(续)

日期	2019 年	2020 年	2021 年	2022 年	2023 年
1 月 9 日	54	57	109	125	173
1 月 10 日	47	204	109	149	151
1 月 11 日	47	44	119	111	157
1 月 12 日	54	50	104	105	181
1 月 13 日	30	37	124	117	151
1 月 14 日	60	27	133	83	147
1 月 15 日	67	37	99	107	106
1 月 16 日	44	27	116	114	109
1 月 17 日	44	30	73	104	111
1 月 18 日	50	44	88	112	159
1 月 19 日	57	30	106	120	230
1 月 20 日	40	17	88	123	117
1 月 21 日	37	27	103	155	90
1 月 22 日	37	17	101	152	296
1 月 23 日	37	20	112	104	269
1 月 24 日	34	10	113	91	360
1 月 25 日	30	14	81	105	318
1 月 26 日	37	17	112	114	289
1 月 27 日	34	7	105	113	229
1 月 28 日	40	10	103	81	238
1 月 29 日	27	27	65	86	260
1 月 30 日	20	10	109	96	238
1 月 31 日	37	17	104	58	290
2 月 1 日	34	17	131	113	250
2 月 2 日	20	27	137	164	223
2 月 3 日	14	20	110	153	282
2 月 4 日	34	34	78	186	213

日期	2019 年	2020 年	2021 年	2022 年	2023 年
2 月 5 日	24	27	76	165	188
2 月 6 日	30	40	76	121	250
2 月 7 日	40	37	91	144	252
2 月 8 日	20	50	65	123	209
2 月 9 日	47	10	62	120	234
2 月 10 日	30	37	62	139	267
2 月 11 日	47	54	80	115	238
2 月 12 日	74	67	193	150	267
2 月 13 日	70	40	211	152	270
2 月 14 日	77	44	225	137	261
2 月 15 日	64	47	203	151	339
2 月 16 日	57	34	157	154	343
2 月 17 日	80	57	139	197	317
2 月 18 日	57	37	165	203	287
2 月 19 日	70	64	413	177	288
2 月 20 日	77	50	215	212	294
2 月 21 日	94	87	165	175	369
2 月 22 日	80	67	196	203	329
2 月 23 日	44	50	230	228	316
2 月 24 日	47	57	247	219	325
2 月 25 日	74	64	192	207	284
2 月 26 日	64	77	162	248	317
2 月 27 日	60	67	198	151	302
2 月 28 日	74	37	142	190	332
2 月 29 日	—	60	—	—	—
3 月 1 日	54	54	181	270	335
3 月 2 日	40	54	884	183	292

附表1-3（续）

日期	2019 年	2020 年	2021 年	2022 年	2023 年
3 月 3 日	47	37	219	248	317
3 月 4 日	44	24	214	230	322
3 月 5 日	54	20	292	256	293
3 月 6 日	74	64	215	276	369
3 月 7 日	50	94	190	242	308
3 月 8 日	34	90	205	217	267
3 月 9 日	50	77	207	263	316
3 月 10 日	74	90	177	206	305
3 月 11 日	100	110	217	270	305
3 月 12 日	80	94	212	222	1 420
3 月 13 日	80	80	321	233	417
3 月 14 日	90	84	273	235	373
3 月 15 日	77	90	235	231	380
3 月 16 日	64	90	200	232	353
3 月 17 日	67	114	232	159	340
3 月 18 日	77	127	193	173	325
3 月 19 日	84	134	207	198	399
3 月 20 日	64	140	184	207	446
3 月 21 日	70	104	213	180	334
3 月 22 日	54	70	201	215	288
3 月 23 日	67	74	213	151	304
3 月 24 日	87	104	233	173	314
3 月 25 日	57	87	198	193	314
3 月 26 日	54	94	205	213	352
3 月 27 日	77	94	234	185	338
3 月 28 日	57	104	183	186	289
3 月 29 日	64	50	203	228	256

日期	2019 年	2020 年	2021 年	2022 年	2023 年
3 月 30 日	60	100	280	255	394
3 月 31 日	64	104	198	242	280
4 月 1 日	67	80	260	184	311
4 月 2 日	70	75	221	205	401
4 月 3 日	60	96	307	218	381
4 月 4 日	54	88	533	242	326
4 月 5 日	64	61	220	193	267
4 月 6 日	57	150	260	182	341
4 月 7 日	74	95	254	245	348
4 月 8 日	57	96	242	204	387
4 月 9 日	74	148	202	249	465
4 月 10 日	117	117	246	226	370
4 月 11 日	97	119	198	206	360
4 月 12 日	74	115	240	246	308
4 月 13 日	80	119	234	198	315
4 月 14 日	64	129	250	233	292
4 月 15 日	70	117	235	311	300
4 月 16 日	70	121	251	385	302
4 月 17 日	57	111	341	264	333
4 月 18 日	87	102	238	245	352
4 月 19 日	50	82	195	1 908	279
4 月 20 日	50	106	222	535	299
4 月 21 日	57	146	230	250	335
4 月 22 日	84	132	200	230	307
4 月 23 日	70	108	219	255	270
4 月 24 日	80	87	229	232	327
4 月 25 日	40	143	277	250	381

日期	2019 年	2020 年	2021 年	2022 年	2023 年
4 月 26 日	67	140	252	263	328
4 月 27 日	40	131	286	224	365
4 月 28 日	44	117	319	250	433
4 月 29 日	60	166	297	389	435
4 月 30 日	77	182	280	529	553
5 月 1 日	74	135	345	348	497
5 月 2 日	74	176	394	428	465
5 月 3 日	64	182	362	380	373
5 月 4 日	60	116	498	275	421
5 月 5 日	80	145	229	233	387
5 月 6 日	77	108	260	281	302
5 月 7 日	77	155	272	393	250
5 月 8 日	70	137	241	216	261
5 月 9 日	57	139	3 919	244	271
5 月 10 日	87	67	2 050	322	252
5 月 11 日	67	90	361	331	267
5 月 12 日	70	139	226	281	277
5 月 13 日	44	154	226	271	269
5 月 14 日	67	108	213	230	229
5 月 15 日	44	131	236	195	285
5 月 16 日	54	116	281	219	260
5 月 17 日	87	110	181	254	368
5 月 18 日	54	115	248	287	252
5 月 19 日	90	168	209	269	232
5 月 20 日	50	122	203	289	270
5 月 21 日	70	117	164	375	256
5 月 22 日	60	123	152	288	288

日期	2019 年	2020 年	2021 年	2022 年	2023 年
5 月 23 日	87	152	175	275	261
5 月 24 日	84	181	204	357	278
5 月 25 日	84	154	193	322	290
5 月 26 日	80	123	261	290	241
5 月 27 日	37	128	172	223	215
5 月 28 日	70	120	176	317	236
5 月 29 日	47	128	193	296	226
5 月 30 日	84	133	181	311	284
5 月 31 日	44	147	152	288	279
6 月 1 日	34	114	148	208	251
6 月 2 日	50	106	155	242	274
6 月 3 日	50	119	226	228	242
6 月 4 日	54	150	170	316	263
6 月 5 日	57	128	156	284	239
6 月 6 日	44	119	164	304	221
6 月 7 日	54	123	140	310	243
6 月 8 日	47	105	164	225	244
6 月 9 日	80	136	152	264	238
6 月 10 日	44	137	234	210	197
6 月 11 日	60	130	212	243	161
6 月 12 日	54	115	218	207	307
6 月 13 日	107	81	164	268	279
6 月 14 日	80	96	131	215	324
6 月 15 日	74	153	138	173	252
6 月 16 日	74	127	189	252	289
6 月 17 日	84	97	236	243	210
6 月 18 日	87	95	168	243	191

日期	2019 年	2020 年	2021 年	2022 年	2023 年
6 月 19 日	50	108	132	244	244
6 月 20 日	77	107	114	224	235
6 月 21 日	70	101	146	268	283
6 月 22 日	77	125	181	247	226
6 月 23 日	64	133	154	229	239
6 月 24 日	84	115	171	252	227
6 月 25 日	70	91	156	256	212
6 月 26 日	60	98	176	205	226
6 月 27 日	70	83	123	239	266
6 月 28 日	57	94	165	282	218
6 月 29 日	54	104	195	478	245
6 月 30 日	60	106	338	283	209
7 月 1 日	54	109	725	258	229
7 月 2 日	64	138	195	295	184
7 月 3 日	50	160	172	247	221
7 月 4 日	90	172	156	479	231
7 月 5 日	67	128	183	290	226
7 月 6 日	70	158	179	252	236
7 月 7 日	40	147	149	280	213
7 月 8 日	60	157	172	297	256
7 月 9 日	60	201	125	268	289
7 月 10 日	77	300	153	266	226
7 月 11 日	80	230	162	243	195
7 月 12 日	90	252	190	218	208
7 月 13 日	147	278	220	232	202
7 月 14 日	74	152	186	178	249
7 月 15 日	70	148	203	197	202

日期	2019 年	2020 年	2021 年	2022 年	2023 年
7 月 16 日	97	165	156	207	176
7 月 17 日	70	125	195	236	214
7 月 18 日	80	111	166	239	257
7 月 19 日	64	371	148	234	221
7 月 20 日	80	281	116	218	212
7 月 21 日	70	180	138	195	210
7 月 22 日	70	156	156	197	200
7 月 23 日	80	137	182	237	187
7 月 24 日	130	99	161	260	179
7 月 25 日	110	105	133	196	244
7 月 26 日	77	98	161	348	228
7 月 27 日	84	120	161	202	229
7 月 28 日	100	120	184	210	204
7 月 29 日	207	99	240	596	142
7 月 30 日	110	109	217	286	213
7 月 31 日	94	100	157	210	1 790
8 月 1 日	60	70	155	199	1 120
8 月 2 日	67	109	191	233	1 662
8 月 3 日	70	94	253	192	984
8 月 4 日	94	108	469	218	306
8 月 5 日	84	117	349	195	222
8 月 6 日	77	142	232	246	248
8 月 7 日	90	261	263	160	630
8 月 8 日	94	70	254	202	671
8 月 9 日	60	80	196	221	757
8 月 10 日	57	88	196	177	666
8 月 11 日	44	128	189	172	648

附表1-3（续）

日期	2019 年	2020 年	2021 年	2022 年	2023 年
8 月 12 日	47	83	223	450	3 601
8 月 13 日	70	77	150	293	560
8 月 14 日	97	101	148	212	579
8 月 15 日	47	131	274	169	686
8 月 16 日	57	69	179	175	621
8 月 17 日	77	97	208	197	789
8 月 18 日	67	93	246	273	1 376
8 月 19 日	90	100	196	190	586
8 月 20 日	90	97	166	147	473
8 月 21 日	60	101	179	164	623
8 月 22 日	57	73	159	198	471
8 月 23 日	110	56	196	201	456
8 月 24 日	40	108	166	172	470
8 月 25 日	64	104	167	157	404
8 月 26 日	70	78	185	187	399
8 月 27 日	114	93	173	185	425
8 月 28 日	110	96	191	214	433
8 月 29 日	94	126	227	213	375
8 月 30 日	84	155	186	271	440
8 月 31 日	77	172	240	251	549
9 月 1 日	94	77	158	191	424
9 月 2 日	70	248	592	194	346
9 月 3 日	80	608	728	139	373
9 月 4 日	64	25 368	419	168	371
9 月 5 日	100	5 322	305	337	407
9 月 6 日	70	380	322	212	429
9 月 7 日	74	169	1 936	233	652

日期	2019 年	2020 年	2021 年	2022 年	2023 年
9 月 8 日	70	153	886	212	915
9 月 9 日	54	147	364	190	559
9 月 10 日	60	119	255	215	399
9 月 11 日	104	111	340	268	244
9 月 12 日	70	201	340	229	276
9 月 13 日	54	190	239	196	235
9 月 14 日	57	102	353	261	220
9 月 15 日	74	109	194	255	314
9 月 16 日	50	133	196	228	208
9 月 17 日	60	134	192	221	235
9 月 18 日	64	253	225	233	327
9 月 19 日	60	230	197	240	320
9 月 20 日	47	141	209	238	291
9 月 21 日	50	98	158	324	258
9 月 22 日	44	136	223	265	207
9 月 23 日	64	123	311	287	204
9 月 24 日	60	137	322	242	453
9 月 25 日	37	113	231	320	720
9 月 26 日	47	122	159	318	1 274
9 月 27 日	57	96	223	380	282
9 月 28 日	60	104	257	363	217
9 月 29 日	70	109	204	342	296
9 月 30 日	50	81	330	296	586
10 月 1 日	44	96	342	383	545
10 月 2 日	77	121	485	371	805
10 月 3 日	84	125	403	372	472
10 月 4 日	100	128	324	286	416

附表1-3（续）

日期	2019 年	2020 年	2021 年	2022 年	2023 年
10 月 5 日	84	135	322	271	311
10 月 6 日	74	227	299	334	212
10 月 7 日	47	316	211	184	247
10 月 8 日	90	113	178	175	249
10 月 9 日	97	115	187	167	250
10 月 10 日	74	85	173	229	251
10 月 11 日	64	113	165	180	240
10 月 12 日	60	103	216	239	287
10 月 13 日	107	108	234	189	200
10 月 14 日	67	78	258	208	288
10 月 15 日	84	114	473	248	405
10 月 16 日	64	79	134	243	719
10 月 17 日	60	78	120	223	666
10 月 18 日	57	77	184	291	721
10 月 19 日	60	106	140	256	751
10 月 20 日	67	111	192	251	548
10 月 21 日	90	90	187	269	324
10 月 22 日	57	109	158	233	357
10 月 23 日	47	73	197	213	308
10 月 24 日	70	79	314	245	278
10 月 25 日	84	47	247	308	236
10 月 26 日	34	75	196	205	270
10 月 27 日	57	79	171	253	287
10 月 28 日	34	94	233	347	593
10 月 29 日	97	96	202	346	567
10 月 30 日	64	91	255	264	320
10 月 31 日	70	72	141	283	796

附表1-3（续）

日期	2019 年	2020 年	2021 年	2022 年	2023 年
11 月 1 日	57	100	134	413	313
11 月 2 日	67	60	184	324	257
11 月 3 日	60	97	157	391	279
11 月 4 日	64	158	164	300	228
11 月 5 日	54	163	158	203	182
11 月 6 日	74	132	147	187	187
11 月 7 日	74	160	167	309	193
11 月 8 日	64	127	144	223	549
11 月 9 日	50	160	138	256	748
11 月 10 日	70	185	190	255	391
11 月 11 日	47	163	228	186	540
11 月 12 日	64	145	246	175	267
11 月 13 日	80	144	224	207	215
11 月 14 日	30	204	201	229	248
11 月 15 日	70	173	218	230	2 737
11 月 16 日	30	137	182	208	383
11 月 17 日	74	161	157	208	241
11 月 18 日	57	182	205	211	229
11 月 19 日	54	866	219	191	207
11 月 20 日	67	484	217	193	1 656
11 月 21 日	54	116	157	197	564
11 月 22 日	40	157	145	219	326
11 月 23 日	57	176	153	242	268
11 月 24 日	64	169	278	196	227
11 月 25 日	57	148	195	181	204
11 月 26 日	37	190	185	132	208
11 月 27 日	50	231	155	214	206

附表1-3（续）

日期	2019 年	2020 年	2021 年	2022 年	2023 年
11 月 28 日	70	122	131	237	241
11 月 29 日	54	148	163	199	245
11 月 30 日	50	166	158	247	157
12 月 1 日	27	138	132	181	172
12 月 2 日	30	133	255	168	162
12 月 3 日	40	110	372	213	168
12 月 4 日	70	119	192	199	216
12 月 5 日	44	167	715	173	246
12 月 6 日	47	142	195	219	374
12 月 7 日	54	170	188	180	606
12 月 8 日	27	120	157	283	970
12 月 9 日	70	130	207	306	705
12 月 10 日	47	130	201	262	1 165
12 月 11 日	50	103	170	178	674
12 月 12 日	30	120	152	195	365
12 月 13 日	44	133	197	212	286
12 月 14 日	47	128	232	225	230
12 月 15 日	54	151	165	240	227
12 月 16 日	57	242	156	182	198
12 月 17 日	64	180	214	124	191
12 月 18 日	50	160	160	115	260
12 月 19 日	37	148	223	149	151
12 月 20 日	50	143	206	158	135
12 月 21 日	34	188	194	128	302
12 月 22 日	47	122	165	135	683
12 月 23 日	64	169	191	160	376
12 月 24 日	64	116	169	162	563

附表1-3(续)

日　期	2019 年	2020 年	2021 年	2022 年	2023 年
12 月 25 日	67	140	128	108	611
12 月 26 日	27	129	137	137	187
12 月 27 日	40	136	149	121	172
12 月 28 日	30	160	161	134	233
12 月 29 日	44	204	145	142	196
12 月 30 日	24	130	152	153	261
12 月 31 日	24	143	159	170	189

注：笔者根据巨量算数平台爬取的我国 31 个省（自治区、直辖市）乡村旅游网络关注度逐日头条搜索指数数据整理得出。

附录2 我国31个省（自治区、直辖市）乡村旅游网络关注度指标数据及排序

附表2-1 我国31个省（自治区、直辖市）乡村旅游
网络关注度指标数据及排序

地区	省级行政区	2019 年	2020 年	2021 年	2022 年	2023 年
东部地区	北京	13 874（7）	14 043（7）	13 921（9）	16 062（15）	23 324（14）
	天津	4 733（28）	3 980（28）	4 561（28）	5 460（28）	7 849（27）
	河北	11 581（14）	11 904（14）	11 735（17）	14 658（17）	18 601（19）
	浙江	16 793（3）	16 135（3）	16 668（3）	23 160（5）	31 757（5）
	江苏	15 846（4）	15 730（4）	15 784（4）	22 202（7）	33 715（4）
	山东	15 687（5）	15 354（5）	15 355（5）	20 324（9）	28 689（10）
	广东	17 875（1）	16 933（1）	16 702（2）	28 748（1）	53 062（1）
	福建	12 441（12）	11 857（15）	12 358（15）	14 997（16）	19 728（17）
	上海	9 162（22）	8 532（21）	9 032（23）	10 955（22）	16 008（21）
	辽宁	9 244（21）	8 146（22）	9 201（21）	11 693（20）	29 967（9）
	海南	5 823（26）	5 694（26）	6 644（26）	7 391（27）	7 156（28）
中部地区	河南	14 464（6）	14 337（6）	15 135（6）	25 203（2）	34 669（3）
	湖北	13 434（9）	12 939（12）	13 591（11）	24 183（3）	26 981（13）
	山西	10 887（18）	10 790（17）	10 431（19）	13 343（19）	16 837（20）
	吉林	6 820（23）	6 157（24）	9 165（22）	9 631（24）	11 081（23）
	江西	11 467（16）	11 407（16）	12 001（16）	16 569（14）	22 527（15）

附表2-1(续)

地区	省级行政区	2019 年	2020 年	2021 年	2022 年	2023 年
中部地区	湖南	13 743（8）	13 567（8）	14 048（8）	20 819（8）	30 069（8）
	安徽	12 997（11）	13 461（9）	13 847（10）	19 366（10）	31 439（6）
	黑龙江	6 582（24）	4 963（27）	6 084（27）	8 059（26）	8 809（26）
西部地区	重庆	13 376（10）	13 218（10）	14 140（7）	22 472（6）	22 472（16）
	贵州	11 485（15）	11 929（13）	12 504（13）	17 505（13）	27 412（12）
	西藏	677（31）	2 570（30）	1 063（31）	1 459（31）	1 485（31）
	青海	2 403（29）	2 511（31）	3 327（29）	3 605（30）	4 176（30）
	新疆	5 187（27）	6 274（23）	8 379（24）	9 805（23）	10 830（24）
	四川	17 225（2）	16 734（2）	17 070（1）	23 852（4）	37 583（2）
	广西	11 172（17）	10 727（18）	12 443（14）	18 422（12）	28 192（11）
	云南	12 333（13）	13 106（11）	13 433（12）	18 747（11）	30 635（7）
	甘肃	9 831（20）	9 859（20）	9 401（20）	11 678（21）	13 893（22）
	宁夏	2 028（30）	3 027（29）	3 260（30）	4 652（29）	6 367（29）
	内蒙古	6 347（25）	6 062（25）	7 432（25）	9 082（25）	9 293（25）
	陕西	10 359（19）	10 198（19）	11 262（18）	14 529（18）	19 726（18）

注：①笔者根据百度指数和巨量算数平台爬取的我国 31 个省（自治区、直辖市）乡村旅游网络关注度逐日百度指数、抖音和头条指数数据整理得出。②括号内数值代表其在当年的网络关注度的序位。

附录3 我国乡村旅游网络关注度人群画像指标数据

附表 3-1 2019 年全国游客乡村旅游搜索指数省域排名

序号	抖音指数			头条指数		
	省级行政区	分布占比/%	TGI	省级行政区	分布占比/%	TGI
1	广东	12.48	109.38	广东	10.95	93.49
2	江苏	6.84	91.73	四川	8.81	170.37
3	四川	6.49	121.57	山东	8.28	109.93
4	浙江	5.86	93.26	河南	7.37	122.88
5	安徽	5.86	142.02	江苏	6.95	95.91
6	河南	5.16	77.07	陕西	5.32	170.92
7	湖北	4.96	130.92	河北	4.21	83.49
8	贵州	4.57	174.11	浙江	3.96	75.47
9	陕西	3.98	130.39	湖北	3.84	98.95
10	山东	3.77	59.03	山西	3.48	135.7
11	江西	3.70	126.96	湖南	3.29	92.98
12	湖南	3.45	87.15	安徽	3.27	94.24
13	福建	3.41	99.6	福建	2.86	95.01
14	云南	3.17	102.19	甘肃	2.74	180.2
15	重庆	2.74	122.29	江西	2.59	106.63
16	山西	2.70	112.36	广西	2.57	82.56
17	河北	2.67	58.71	云南	2.05	83.47
18	广西	2.58	85.32	北京	2.03	65.4
19	辽宁	2.34	96.05	辽宁	1.99	63.18
20	甘肃	1.80	144.96	重庆	1.99	99.71
21	吉林	1.70	136.12	贵州	1.93	107.25
22	黑龙江	1.69	107.93	上海	1.73	58.69
23	北京	1.57	72.04	新疆	1.24	86.66
24	新疆	1.37	74.01	内蒙古	1.19	73.49

序号	抖音指数			头条指数		
	省级行政区	分布占比/%	TGI	省级行政区	分布占比/%	TGI
25	上海	1.33	59.14	吉林	1.13	69.02
26	内蒙古	1.18	83.69	黑龙江	1.05	52.44
27	海南	0.87	106.66	海南	0.98	116.09
28	天津	0.73	65.38	青海	0.85	237.8
29	西藏	0.40	113.63	天津	0.70	49.46
30	宁夏	0.30	72.69	宁夏	0.54	116.87
31	青海	0.28	87.73	西藏	0.09	52.3

资料来源：抖音指数、头条指数。

附表3-2　2020年全国游客乡村旅游搜索指数省域排名

序号	抖音指数			头条指数		
	省级行政区	分布占比/%	TGI	省级行政区	分布占比/%	TGI
1	广东	9.47	83	广东	10.53	89.91
2	河南	7.77	116.05	山东	7.48	99.31
3	四川	6.17	115.57	江苏	6.76	93.28
4	江苏	5.62	75.37	四川	6.67	128.99
5	安徽	5.29	128.21	河南	6.19	103.2
6	湖南	5.24	132.36	陕西	6.16	197.91
7	浙江	5.17	82.28	河北	4.52	89.63
8	山东	4.83	75.62	浙江	3.93	74.9
9	湖北	4.56	120.37	湖南	3.85	108.81
10	云南	4.45	143.46	甘肃	3.79	249.26
11	贵州	3.78	144.01	湖北	3.73	96.11
12	福建	3.75	109.54	广西	3.29	105.69
13	陕西	3.70	121.22	山西	3.22	125.56
14	江西	3.52	120.78	福建	2.94	97.67
15	新疆	3.11	168.02	安徽	2.85	82.14
16	重庆	3.06	136.57	云南	2.82	114.82

附表3-2（续）

序号	抖音指数			头条指数		
	省级行政区	分布占比/%	TGI	省级行政区	分布占比/%	TGI
17	河北	2.92	64.21	北京	2.69	86.66
18	广西	2.92	96.57	江西	2.28	93.87
19	山西	2.73	113.61	重庆	2.22	111.23
20	甘肃	2.29	184.43	辽宁	1.92	60.96
21	北京	1.58	72.5	贵州	1.82	101.13
22	上海	1.40	62.25	上海	1.76	59.71
23	辽宁	1.22	50.08	内蒙古	1.46	90.17
24	海南	1.08	132.41	吉林	1.46	89.17
25	内蒙古	0.89	63.12	黑龙江	1.31	65.42
26	吉林	0.80	64.06	新疆	1.28	89.45
27	黑龙江	0.79	50.45	天津	1.05	74.19
28	天津	0.61	54.64	海南	0.79	93.58
29	西藏	0.52	147.72	宁夏	0.55	119.04
30	青海	0.42	131.6	青海	0.45	125.89
31	宁夏	0.30	72.69	西藏	0.15	87.17

资料来源：抖音指数、头条指数。

附表3-3　2021年全国游客乡村旅游搜索指数省域排名

序号	抖音指数			头条指数		
	省级行政区	分布占比/%	TGI	省级行政区	分布占比/%	TGI
1	河南	8.97	131.86	广东	10.61	91.64
2	广东	8.51	74.86	河南	7.53	127.45
3	云南	6.27	195.61	山东	6.88	91.62
4	四川	6.02	109.98	四川	6.18	116.92
5	浙江	5.90	93.81	江苏	5.85	80.96
6	湖北	5.67	144.61	湖北	5.19	152.53
7	湖南	5.61	152.43	陕西	4.98	156.64
8	江苏	5.31	71.2	浙江	4.29	81.01

序号	抖音指数			头条指数		
	省级行政区	分布占比/%	TGI	省级行政区	分布占比/%	TGI
9	贵州	5.02	181.84	河北	4.16	81.99
10	安徽	4.69	111.15	甘肃	3.90	254.16
11	江西	4.61	156.52	湖南	3.78	120.26
12	山东	3.95	61.62	广西	3.63	120.87
13	陕西	3.75	121.3	江西	3.12	133.21
14	广西	3.59	116.26	安徽	2.73	80.38
15	福建	3.28	94.96	北京	2.71	89.86
16	重庆	2.75	124.18	云南	2.67	112.78
17	甘肃	2.51	206.73	山西	2.61	100.49
18	河北	2.22	50.39	福建	2.52	83.63
19	山西	2.18	92.54	重庆	2.29	114.35
20	新疆	1.59	83.81	上海	2.11	72.42
21	上海	1.17	52.91	辽宁	1.91	58.87
22	海南	1.06	121.24	贵州	1.75	99.57
23	北京	1.01	48.48	吉林	1.55	71.95
24	内蒙古	0.75	55.61	内蒙古	1.51	92.26
25	辽宁	0.72	30.37	新疆	1.40	100.91
26	吉林	0.63	54.03	天津	1.07	75.71
27	青海	0.49	174.59	黑龙江	1.06	38.64
28	天津	0.44	41.38	海南	0.88	94.3
29	黑龙江	0.44	28.29	宁夏	0.54	112.87
30	西藏	0.44	125.55	青海	0.44	147.64
31	宁夏	0.44	103.95	西藏	0.12	79.14

资料来源：抖音指数、头条指数。

附表 3-4　2022 年全国游客乡村旅游搜索指数省域排名

序号	抖音指数			头条指数		
	省级行政区	分布占比/%	TGI	省级行政区	分布占比/%	TGI
1	广东	10.21	92.25	广东	12.76	114.56
2	河南	6.93	100.06	山东	7.01	91.98
3	四川	6.90	126.87	河南	5.98	99.45
4	浙江	6.19	99.14	江苏	5.90	82.58
5	云南	6.08	189.22	四川	5.74	105.95
6	湖北	5.53	140.72	陕西	4.31	136.17
7	湖南	5.37	132.51	浙江	4.19	80.35
8	贵州	5.30	194.15	湖北	4.15	104.55
9	江苏	5.03	69.25	湖南	4.11	118.12
10	安徽	4.70	111.76	河北	3.69	71.54
11	江西	4.17	141.91	广西	3.62	119.98
12	广西	3.86	122.93	北京	3.21	107.46
13	陕西	3.86	126.93	上海	3.10	108.66
14	山东	3.54	53.92	甘肃	3.01	184.85
15	福建	3.53	103.88	安徽	2.80	82.02
16	重庆	2.83	130.15	辽宁	2.79	86.5
17	河北	2.37	52.12	山西	2.76	103.5
18	山西	2.09	87.4	福建	2.66	89.33
19	新疆	1.77	95.97	重庆	2.37	111.72
20	甘肃	1.57	120.55	云南	2.15	88.07
21	北京	1.23	63.55	吉林	2.07	124.58
22	上海	1.20	55.81	江西	2.05	87.7
23	海南	1.13	131.7	贵州	1.63	92.51
24	辽宁	0.99	41.56	新疆	1.60	106.48
25	内蒙古	0.77	55.36	内蒙古	1.57	95.32
26	吉林	0.74	61.51	黑龙江	1.51	72.33
27	黑龙江	0.64	41.67	天津	1.30	91.25
28	天津	0.47	45.77	海南	0.80	87.15

附表3-4(续)

序号	抖音指数			头条指数		
	省级行政区	分布占比/%	TGI	省级行政区	分布占比/%	TGI
29	宁夏	0.38	88.45	宁夏	0.59	120.36
30	西藏	0.35	103.62	青海	0.46	129.31
31	青海	0.29	91.94	西藏	0.08	55.89

资料来源:抖音指数、头条指数。

附表3-5　2023年全国游客乡村旅游搜索指数省域排名

序号	抖音指数			头条指数		
	省级行政区	分布占比/%	TGI	省级行政区	分布占比/%	TGI
1	广东	11.14	98.31	广东	13.95	123.11
2	浙江	6.74	108.73	山东	8.18	109.14
3	河南	6.58	98.9	江苏	6.34	88.04
4	云南	6.57	203.44	河南	5.90	101.19
5	湖北	6.20	160.49	四川	5.11	91.93
6	湖南	5.69	141.07	浙江	4.97	80.86
7	四川	5.40	99.76	广西	4.83	160.67
8	安徽	4.93	120.69	湖北	4.36	111.2
9	江西	4.73	162.88	湖南	3.97	113.61
10	江苏	4.60	64.62	陕西	3.80	124.28
11	贵州	4.44	169.48	河北	3.67	73.86
12	广西	4.42	139.02	福建	3.36	116.11
13	陕西	4.02	133.77	安徽	3.20	94.45
14	福建	3.83	115.26	北京	2.83	96.2
15	山东	3.80	57.54	上海	2.59	91.4
16	重庆	2.43	113.43	山西	2.56	97.83
17	山西	2.06	87.57	云南	2.56	107.45
18	河北	2.05	44.43	辽宁	2.45	76.22
19	甘肃	1.57	117.22	江西	2.32	98.86
20	新疆	1.45	79.74	重庆	2.07	96.98

附表3-5（续）

序号	抖音指数			头条指数		
	省级行政区	分布占比/%	TGI	省级行政区	分布占比/%	TGI
21	辽宁	1.32	53.24	贵州	1.81	105.9
22	上海	1.16	52.42	甘肃	1.73	111.09
23	吉林	0.86	67.91	吉林	1.24	77.36
24	海南	0.81	88.87	新疆	1.21	89.53
25	北京	0.80	38.83	黑龙江	1.09	52.3
26	黑龙江	0.58	35.95	天津	1.06	75.01
27	内蒙古	0.56	39.19	内蒙古	1.04	67.46
28	天津	0.39	36.37	海南	0.98	94.34
29	青海	0.31	96.18	宁夏	0.39	85.31
30	宁夏	0.29	66.29	青海	0.33	102.92
31	西藏	0.26	77.07	西藏	0.09	63.89

资料来源：抖音指数、头条指数。

附表3-6 2019年全国游客乡村旅游搜索指数市域排名

序号	抖音指数			头条指数		
	城市	分布占比/%	TGI	城市	分布占比/%	TGI
1	重庆	4.72	210.62	成都	6.10	293.11
2	宣城	3.57	1 882.08	西安	3.99	275.2
3	成都	3.39	177.57	北京	3.38	108.87
4	广州	2.84	133.94	重庆	3.30	165.32
5	深圳	2.59	138.24	广州	3.17	136.35
6	南京	2.57	277	上海	2.80	94.98
7	北京	2.53	116.07	深圳	2.69	131.05
8	西安	2.50	188.53	郑州	2.41	194.66
9	上海	2.15	95.58	东莞	2.31	177.93
10	苏州	2.14	144.29	济南	2.07	210.63
11	贵阳	2.11	351.6	常州	1.69	336.22
12	东莞	2.05	147.81	苏州	1.67	124.09

附表3-6(续)

序号	抖音指数			头条指数		
	城市	分布占比/%	TGI	城市	分布占比/%	TGI
13	汕头	1.88	399.2	南京	1.57	146.26
14	杭州	1.51	111.12	潍坊	1.42	184.41
15	温州	1.44	160.6	佛山	1.41	127.46
16	揭阳	1.43	387.06	南充	1.36	494.9
17	遵义	1.35	276.43	石家庄	1.31	137.18
18	潮州	1.27	759.55	武汉	1.18	81.94
19	上饶	1.26	346.93	杭州	1.11	87.89
20	佛山	1.18	112.98	咸阳	1.03	301.36
21	郑州	1.12	86.79	青岛	1.02	100.34
22	泉州	1.11	133.07	兰州	1	202.5
23	宁波	1.10	110.96	临沂	1	142.11
24	宜昌	1.02	384.54	合肥	0.98	117.08
25	黄石	0.99	692.64	济宁	0.94	185.03
26	长春	0.94	164.65	惠州	0.91	144.56
27	天津	0.94	84.18	长沙	0.90	101.2
28	哈尔滨	0.91	150.64	天津	0.83	58.64
29	沈阳	0.90	133.38	洛阳	0.81	163.99
30	赣州	0.89	162.19	太原	0.81	142.15

资料来源:抖音指数、头条指数。

附表3-7 2020年全国游客乡村旅游搜索指数市域排名

序号	抖音指数			头条指数		
	城市	分布占比/%	TGI	城市	分布占比/%	TGI
1	重庆	6.93	309.24	西安	5.59	385.55
2	成都	4.65	243.57	成都	5.27	253.23
3	广州	3.62	170.72	北京	4.98	160.41
4	北京	3.50	160.57	重庆	4.04	202.39
5	西安	3.20	241.32	广州	3.46	148.82

序号	抖音指数			头条指数		
	城市	分布占比/%	TGI	城市	分布占比/%	TGI
6	上海	3.13	139.15	南京	3.21	299.04
7	长沙	3.10	315.34	上海	3.10	105.16
8	合肥	3.08	365.13	深圳	2.92	142.26
9	深圳	3.02	161.2	东莞	2.13	164.06
10	郑州	2.97	230.14	郑州	1.95	157.51
11	东莞	2.87	206.93	武汉	1.77	122.91
12	苏州	2.56	172.61	济南	1.73	176.03
13	武汉	2.05	173.63	苏州	1.71	127.06
14	杭州	1.97	144.97	兰州	1.69	342.22
15	昆明	1.75	215.89	天津	1.68	118.69
16	洛阳	1.74	343.99	青岛	1.59	156.42
17	赣州	1.51	275.18	昆明	1.45	179.8
18	南京	1.36	146.59	杭州	1.41	111.64
19	厦门	1.33	256.57	佛山	1.28	115.71
20	贵阳	1.24	206.63	咸阳	1.20	351.1
21	佛山	1.24	118.73	长沙	1.19	133.81
22	温州	1.16	129.37	石家庄	1.18	123.57
23	遵义	1.14	233.43	南宁	1.11	144.57
24	宁波	1.10	110.96	临沂	1.03	146.37
25	潍坊	1.07	153.47	福州	0.96	140.08
26	泉州	1.03	123.48	无锡	0.91	124.12
27	南阳	0.97	175.26	合肥	0.90	107.52
28	济南	0.91	113.79	赣州	0.87	180.82
29	青岛	0.78	92.81	洛阳	0.76	153.87
30	运城	0.71	203.68	惠州	0.76	120.73

资料来源：抖音指数、头条指数。

附表 3-8　2021 年全国游客乡村旅游搜索指数市域排名

序号	抖音指数			头条指数		
	城市	分布占比/%	TGI	城市	分布占比/%	TGI
1	重庆	3.28	150.02	北京	3.34	100.47
2	成都	2.02	104.25	成都	3.04	142.28
3	洛阳	1.87	380.82	西安	2.88	192.47
4	郑州	1.74	128.15	重庆	2.82	141.48
5	赣州	1.68	308.33	上海	2.60	81.62
6	武汉	1.57	124.84	广州	2.58	119.09
7	西安	1.55	117.1	武汉	2.40	166.61
8	东莞	1.46	104.31	深圳	2.20	103.82
9	广州	1.40	67.32	郑州	1.79	139.71
10	上海	1.38	58.15	兰州	1.74	346.71
11	昆明	1.36	162.16	南京	1.38	123.63
12	深圳	1.34	74.41	东莞	1.34	98.03
13	杭州	1.22	88.22	天津	1.23	87.44
14	北京	1.19	52.48	杭州	1.14	89.17
15	苏州	1.12	74.63	昆明	1.09	136.73
16	长沙	1.04	99.58	南宁	1.08	140.09
17	合肥	0.99	109.75	苏州	1.07	78.15
18	贵阳	0.97	164.82	济南	1.05	107.08
19	宁波	0.90	90.94	洛阳	1.04	222.34
20	临沧	0.88	800.74	佛山	1.03	94.36
21	兰州	0.86	237.28	长沙	1.02	113.24
22	遵义	0.83	162.02	石家庄	0.96	102.56
23	温州	0.82	94.49	宁波	0.90	100.08
24	南京	0.80	83.02	合肥	0.86	102.15
25	佛山	0.78	74.18	青岛	0.85	69.61
26	泉州	0.76	89.63	赣州	0.85	185.55
27	信阳	0.75	202.82	潍坊	0.78	100.52
28	金华	0.70	101.22	临沂	0.77	165.81

序号	抖音指数			头条指数		
	城市	分布占比/%	TGI	城市	分布占比/%	TGI
29	宜昌	0.68	268.94	惠州	0.72	120
30	恩施	0.66	290.17	长春	0.65	82.92

资料来源：抖音指数、头条指数。

附表3-9 2022年全国游客乡村旅游搜索指数市域排名

序号	抖音指数			头条指数		
	城市	分布占比/%	TGI	城市	分布占比/%	TGI
1	重庆	2.83	130.12	北京	3.21	107.43
2	成都	1.69	89.28	上海	3.10	108.64
3	广州	1.44	76.9	广州	2.60	126.02
4	赣州	1.31	234.84	重庆	2.37	111.71
5	西安	1.30	103.53	成都	2.34	109.85
6	温州	1.25	145.86	深圳	2.19	118.68
7	昆明	1.24	155.37	西安	1.98	137.84
8	深圳	1.23	69.05	武汉	1.59	108.22
9	北京	1.23	63.54	郑州	1.37	113.94
10	上海	1.20	55.79	天津	1.30	91.24
11	东莞	1.18	87.89	东莞	1.30	101.48
12	武汉	1.03	85.07	兰州	1.23	247.65
13	合肥	1.01	113.95	佛山	1.23	114.23
14	郑州	1	84.23	南京	1.09	103.4
15	苏州	0.95	65.9	济南	1.06	103.35
16	杭州	0.95	69.18	南宁	1.05	137.45
17	佛山	0.92	88.19	长沙	1.04	116.89
18	贵阳	0.91	157.97	杭州	1.02	83.72
19	遵义	0.91	180.08	苏州	1	75.26
20	长沙	0.85	82.58	长春	0.99	132.88
21	洛阳	0.80	158.71	石家庄	0.92	91.88

附表3-9（续）

序号	抖音指数			头条指数		
	城市	分布占比/%	TGI	城市	分布占比/%	TGI
22	台州	0.79	141.4	青岛	0.90	85.37
23	宁波	0.79	80.6	昆明	0.90	113.22
24	泉州	0.75	92.58	临沂	0.86	124.69
25	信阳	0.73	184.23	合肥	0.84	100.12
26	南宁	0.70	93.38	太原	0.78	128.29
27	恩施	0.68	297.96	沈阳	0.77	89.12
28	金华	0.68	98.51	洛阳	0.75	158.47
29	曲靖	0.68	203.01	宁波	0.72	82.66
30	南京	0.65	73.16	惠州	0.71	117.56

资料来源：抖音指数、头条指数。

附表3-10　2023年全国游客乡村旅游搜索指数市域排名

序号	抖音指数			头条指数		
	城市	分布占比/%	TGI	城市	分布占比/%	TGI
1	重庆	2.43	113.4	北京	2.83	96.19
2	赣州	1.69	312.62	广州	2.60	122.6
3	广州	1.53	70.72	上海	2.59	91.38
4	温州	1.45	175.41	深圳	2.20	104.49
5	成都	1.43	73.71	成都	2.13	98.18
6	西安	1.31	99.52	重庆	2.07	96.96
7	深圳	1.30	72.81	西安	1.92	135.91
8	武汉	1.26	98.42	武汉	1.67	116.72
9	昆明	1.24	142.43	东莞	1.52	125.39
10	东莞	1.23	94.81	佛山	1.44	138.43
11	上海	1.16	52.4	郑州	1.33	109.64
12	杭州	1.04	74.04	济南	1.32	135.67
13	苏州	0.99	70.72	南宁	1.30	166.4
14	长沙	0.95	84.65	苏州	1.15	88.64

附表3-10（续）

序号	抖音指数			头条指数		
	城市	分布占比/%	TGI	城市	分布占比/%	TGI
15	合肥	0.91	99.62	杭州	1.14	51.09
16	遵义	0.90	181.59	天津	1.06	75
17	佛山	0.90	86.52	南京	1.05	100.51
18	宁波	0.88	94.07	长沙	1.05	114.41
19	曲靖	0.88	276.48	昆明	1	126.09
20	郑州	0.86	64.93	青岛	0.99	98.26
21	黄冈	0.83	259.61	合肥	0.98	117.96
22	泉州	0.81	99.26	石家庄	0.93	94.61
23	北京	0.80	38.82	温州	0.86	135.06
24	临沧	0.77	575.02	潍坊	0.81	101.66
25	贵阳	0.76	129.63	临沂	0.80	122.3
26	南宁	0.76	95.27	福州	0.78	114.25
27	金华	0.75	104.42	惠州	0.76	131.03
28	福州	0.71	100.81	宁波	0.74	89.53
29	洛阳	0.71	143.03	沈阳	0.68	79.99
30	信阳	0.71	198.41	无锡	0.67	90.54

资料来源：抖音指数、头条指数。

附表 3-11 2019 年中国城市分级排行

级别	名单
一线城市	北京、上海、广州、深圳
新一线城市	成都、杭州、重庆、武汉、西安、苏州、天津、南京、长沙、郑州、东莞、青岛、沈阳、宁波、昆明
二线城市	无锡、佛山、合肥、大连、福州、厦门、哈尔滨、济南、温州、南宁、长春、泉州、石家庄、贵阳、南昌、金华、常州、南通、嘉兴、太原、徐州、惠州、珠海、中山、台州、烟台、兰州、绍兴、海口、扬州
三线城市	汕头、湖州、盐城、潍坊、保定、镇江、洛阳、泰州、乌鲁木齐、临沂、唐山、漳州、赣州、廊坊、呼和浩特、芜湖、桂林、银川、揭阳、三亚、遵义、江门、济宁、莆田、湛江、绵阳、淮安、连云港、淄博、宜昌、邯郸、上饶、柳州、舟山、咸阳、九江、衡阳、威海、宁德、阜阳、株洲、丽水、南阳、襄阳、大庆、沧州、信阳、岳阳、商丘、肇庆、清远、滁州、龙岩、荆州、蚌埠、新乡、鞍山、湘潭、马鞍山、三明、潮州、梅州、秦皇岛、南平、吉林、安庆、鞍山、泰安、宿迁、包头、郴州
四线城市	韶关、常德、六安、汕尾、西宁、茂名、驻马店、邢台、南充、宜春、大理、丽江、延边、衢州、黔东南、景德镇、开封、红河、北海、黄冈、东营、怀化、阳江、菏泽、黔南、宿州、日照、黄石、周口、晋中、许昌、拉萨、佳木斯、淮北、抚州、营口、齐齐哈尔、牡丹江、河源、德阳、邵阳、孝感、焦作、益阳、张家口、运城、大同、德州、玉林、榆林、平顶山、盘锦、渭南、安阳、铜仁、宣城、永州、黄山、西双版纳、十堰、宜宾、丹东、乐山、吉安、宝鸡、鄂尔多斯、铜陵、娄底、六盘水、承德、保山、毕节、泸州、恩施、安顺、枣庄、聊城、百色、临汾、梧州、亳州、德宏、鹰潭、滨州、绥化、眉山、赤峰、咸宁
五线城市	防城港、玉溪、呼伦贝尔、普洱、葫芦岛、楚雄、衡水、抚顺、钦州、四平、汉中、黔西南、内江、湘西、漯河、新余、延安、长治、文山、云浮、贵港、昭通、河池、达州、淮北、濮阳、通化、松原、通辽、广元、鄂州、凉山、张家界、荆门、来宾、忻州、克拉玛依、遂宁、朝阳、崇左、辽阳、广安、萍乡、阜新、吕梁、池州、贺州、本溪、铁岭、自贡、锡林郭勒、白城、白山、雅安、酒泉、天水、晋城、巴彦淖尔、随州、兴安、临沧、鸡西、迪庆、攀枝花、鹤壁、黑河、双鸭山、三门峡、安康、乌兰察布、庆阳、伊犁、儋州、哈密、海西、甘孜、伊春、陇南、乌海、林芝、怒江、朔州、阳泉、嘉峪关、鹤岗、张掖、辽源、吴忠、昌吉、大兴安岭、巴音郭楞、阿坝、日喀则、阿拉善、巴中、平凉、阿克苏、定西、商洛、金昌、七台河、石嘴山、白银、铜川、武威、吐鲁番、固原、山南、临夏、海东、喀什、甘南、昌都、中卫、资阳、阿勒泰、塔城、博尔塔拉、海南、克孜勒苏、阿里、和田、玉树、那曲、黄南、海北、果洛、三沙

注：数据来源于新一线城市研究所。

附表 3-12　2020 年中国城市分级排行

级别	名单
一线城市	北京、上海、广州、深圳
新一线城市	成都、重庆、杭州、武汉、西安、天津、苏州、南京、郑州、长沙、东莞、沈阳、青岛、合肥、佛山
二线城市	宁波、昆明、福州、无锡、厦门、济南、大连、哈尔滨、温州、石家庄、泉州、南宁、长春、南昌、贵阳、金华、常州、惠州、嘉兴、南通、徐州、太原、珠海、中山、保定、兰州、台州、绍兴、烟台、廊坊
三线城市	潍坊、扬州、海口、汕头、洛阳、乌鲁木齐、临沂、唐山、镇江、盐城、湖州、赣州、泰州、济宁、呼和浩特、咸阳、漳州、揭阳、江门、桂林、邯郸、芜湖、三亚、阜阳、淮安、遵义、银川、衡阳、上饶、柳州、淄博、莆田、绵阳、湛江、商丘、宜昌、沧州、连云港、南阳、九江、新乡、信阳、襄阳、岳阳、蚌埠、驻马店、滁州、威海、宿迁、株洲、宁德、邢台、潮州、秦皇岛、肇庆、荆州、周口、马鞍山、清远、宿州、鞍山、安庆、菏泽、宜春、黄冈、泰安、南充、六安、大庆、舟山
四线城市	常德、渭南、孝感、丽水、运城、德州、许昌、湘潭、晋中、安阳、三明、开封、郴州、茂名、邵阳、德阳、龙岩、南平、淮南、黄石、营口、亳州、日照、西宁、衢州、东营、吉林、韶关、枣庄、包头、怀化、宜城、临汾、聊城、梅州、盘锦、锦州、榆林、北海、宝鸡、抚州、景德镇、玉林、十堰、汕尾、咸宁、宜宾、焦作、平顶山、滨州、吉安、永州、益阳、黔南、丹东、曲靖、乐山、黔东南、张家口、黄山、鄂尔多斯、阳江、泸州、恩施、衡水、铜陵、承德、红河、大理、大同、漯河、葫芦岛、河源、娄底、延边、齐齐哈尔、延安、抚顺、拉萨、铜仁、长治、达州、鄂州、忻州、吕梁、淮北、濮阳、眉山、池州、荆门
五线城市	汉中、辽阳、梧州、鹰潭、百色、毕节、钦州、云浮、佳木斯、朝阳、贵港、丽江、四平、内江、六盘水、安顺、三门峡、赤峰、新余、牡丹江、晋城、自贡、本溪、防城港、铁岭、随州、广安、广元、天水、遂宁、萍乡、西双版纳、绥化、鹤壁、湘西、松原、阜新、酒泉、张家界、黔西南、保山、昭通、克拉玛依、呼伦贝尔、贺州、通化、阳泉、河池、来宾、玉溪、安康、通辽、德宏、楚雄、朔州、伊犁、文山、嘉峪关、凉山、资阳、锡林郭勒、雅安、普洱、崇左、庆阳、巴音郭楞、乌兰察布、白山、昌吉、白城、兴安、定西、喀什、白银、陇南、张掖、商洛、黑河、哈密、吴忠、攀枝花、巴彦淖尔、巴中、鸡西、乌海、临沧、海东、双鸭山、阿克苏、石嘴山、阿拉善、海西、平凉、辽源、临夏、铜川、金昌、鹤岗、伊春、林芝、固原、武威、儋州、吐鲁番、甘孜、中卫、怒江、和田、迪庆、甘南、阿坝、大兴安岭、七台河、山南、日喀则、塔城、博尔塔拉、昌都、阿勒泰、玉树、海南、克孜勒苏、阿里、海北、黄南、果洛、那曲、三沙

注：数据来源于新一线城市研究所。

附表 3-13　2021 年中国城市分级排行

级别	名单
一线城市	上海、北京、深圳、广州
新一线城市	成都、杭州、重庆、西安、苏州、武汉、南京、天津、郑州、长沙、东莞、佛山、宁波、青岛、沈阳
二线城市	合肥、昆明、无锡、厦门、济南、福州、温州、大连、哈尔滨、长春、泉州、石家庄、南宁、金华、贵阳、南昌、常州、嘉兴、珠海、南通、惠州、太原、中山、徐州、绍兴、台州、烟台、兰州、潍坊、临沂
三线城市	廊坊、汕头、保定、海口、扬州、湖州、镇江、唐山、乌鲁木齐、洛阳、盐城、呼和浩特、江门、赣州、咸阳、揭阳、泰州、济宁、漳州、芜湖、银川、桂林、邯郸、遵义、湛江、阜阳、连云港、淮安、衡阳、莆田、柳州、三亚、绵阳、淄博、南阳、肇庆、上饶、沧州、宁德、新乡、宜昌、滁州、九江、清远、商丘、岳阳、信阳、潮州、威海、株洲、襄阳、马鞍山、宿迁、邢台、菏泽、周口、宜春、丽水、蚌埠、茂名、舟山、安庆、鞍山、大庆、驻马店、三明、秦皇岛、荆州、六安、德州
四线城市	梅州、包头、衢州、常德、运城、龙岩、许昌、南充、郴州、榆林、邵阳、鄂尔多斯、南平、泰安、黄冈、孝感、西宁、日照、吉林、宿州、湘潭、德阳、黔南、汕尾、玉林、韶关、晋中、开封、安阳、亳州、宣城、张家口、黔东南、吉安、黄山、红河、怀化、聊城、景德镇、北海、营口、宜宾、大理、渭南、东营、焦作、平顶山、临汾、阳江、大同、赤峰、盘锦、抚州、曲靖、淮南、滨州、恩施、黄石、枣庄、宝鸡、乐山、河源、娄底、永州、十堰、承德、咸宁、衡水、齐齐哈尔、长治、铜陵、泸州、昭通、益阳、眉山、锦州、延边、丹东、漯河、云浮、拉萨、绥化、延安、葫芦岛、铜仁、吕梁、梧州、鹰潭、毕节、安顺
五线城市	六盘水、天水、丽江、百色、达州、濮阳、贵港、防城港、朝阳、池州、德宏、湘西、淮北、汉中、新余、钦州、忻州、文山、辽阳、晋城、呼伦贝尔、通辽、四平、酒泉、佳木斯、三门峡、张家界、鄂州、铁岭、凉山、内江、黔西南、安康、西双版纳、萍乡、广元、克拉玛依、牡丹江、玉溪、阜新、广安、贺州、荆门、遂宁、抚顺、鹤壁、保山、河池、松原、楚雄、庆阳、普洱、锡林郭勒、来宾、本溪、随州、伊犁、通化、乌兰察布、巴音郭楞、兴安、临沧、阳泉、吴忠、自贡、定西、朔州、巴中、嘉峪关、雅安、白城、崇左、哈密、阿拉善、巴彦淖尔、张掖、陇南、资阳、黑河、乌海、海西、攀枝花、平凉、白银、临夏、白山、阿克苏、鸡西、甘南、昌吉、阿坝、甘孜、双鸭山、金昌、林芝、中卫、喀什、商洛、儋州、石嘴山、固原、伊春、鹤岗、大兴安岭、塔城、怒江、辽源、铜川、海东、武威、迪庆、博尔塔拉、山南、阿勒泰、日喀则、昌都、七台河、和田、海南、吐鲁番、海北、那曲、阿里、克孜勒苏、玉树、黄南、果洛、三沙

注：数据来源于新一线城市研究所。

附表 3-14　2022 年中国城市分级排行

级别	名单
一线城市	上海、北京、广州、深圳
新一线城市	成都、重庆、杭州、西安、武汉、苏州、郑州、南京、天津、长沙、东莞、宁波、佛山、合肥、青岛
二线城市	昆明、沈阳、济南、无锡、厦门、福州、温州、金华、哈尔滨、大连、贵阳、南宁、泉州、石家庄、长春、南昌、惠州、常州、嘉兴、徐州、南通、太原、保定、珠海、中山、兰州、临沂、潍坊、烟台、绍兴
三线城市	台州、海口、乌鲁木齐、洛阳、廊坊、汕头、湖州、咸阳、盐城、济宁、呼和浩特、扬州、赣州、阜阳、唐山、镇江、邯郸、银川、南阳、桂林、泰州、遵义、江门、揭阳、芜湖、商丘、连云港、新乡、淮安、淄博、绵阳、菏泽、漳州、周口、沧州、信阳、衡阳、湛江、三亚、上饶、邢台、莆田、柳州、宿迁、九江、襄阳、驻马店、宜昌、岳阳、肇庆、滁州、威海、德州、泰安、安阳、荆州、运城、安庆、潮州、清远、开封、宿州、株洲、蚌埠、许昌、宁德、六安、宜春、聊城、渭南
四线城市	宜宾、鞍山、南充、秦皇岛、亳州、常德、晋中、孝感、丽水、平顶山、黄冈、吉林、龙岩、枣庄、郴州、日照、马鞍山、衢州、鄂尔多斯、包头、邵阳、玉林、榆林、西宁、德阳、泸州、临汾、南平、焦作、宣城、毕节、淮南、黔南、滨州、黔东南、茂名、三明、湘潭、梅州、乐山、黄石、韶关、衡水、怀化、张家口、永州、十堰、曲靖、大庆、舟山、宝鸡、景德镇、北海、娄底、吉安、汕尾、锦州、咸宁、大同、恩施、营口、长治、赤峰、抚州、漯河、眉山、东营、铜仁、拉萨、汉中、黄山、阳江、大理、盘锦、达州、濮阳、吕梁、承德、红河、百色、丹东、益阳、河源、铜陵、鄂州、内江、梧州、淮北、安顺、晋城
五线城市	六盘水、佳木斯、齐齐哈尔、延安、忻州、朝阳、鹤壁、三门峡、葫芦岛、池州、昭通、广元、铁岭、新余、鹰潭、延边、贵港、萍乡、湘西、遂宁、云浮、辽阳、广安、防城港、天水、荆门、牡丹江、自贡、绥化、钦州、安康、随州、玉溪、通辽、庆阳、巴音郭楞、丽江、张家界、松原、贺州、吴忠、四平、阜新、伊犁、文山、酒泉、本溪、西双版纳、凉山、来宾、巴中、抚顺、德宏、定西、阳泉、克拉玛依、保山、雅安、嘉峪关、乌兰察布、黔西南、楚雄、资阳、河池、朔州、呼伦贝尔、陇南、铜川、普洱、巴彦淖尔、喀什、兴安、阿拉善、乌海、阿克苏、白城、中卫、昌吉、锡林郭勒、海东、商洛、临沧、攀枝花、鸡西、张掖、通化、石嘴山、平凉、白银、鹤岗、白山、崇左、伊春、博尔塔拉、临夏、固原、儋州、双鸭山、海西、林芝、金昌、和田、塔城、甘孜、辽源、黑河、吐鲁番、七台河、武威、阿勒泰、甘南、阿坝、昌都、迪庆、三沙、怒江、日喀则、大兴安岭、海北、阿里、海南、黄南、果洛、玉树、克孜勒苏、哈密、山南、那曲

注：数据来源于新一线城市研究所。

附表 3-15　2023 年中国城市分级排行

级别	名单
一线城市	上海、北京、广州、深圳
新一线城市	成都、重庆、杭州、武汉、苏州、西安、南京、长沙、天津、郑州、东莞、青岛、昆明、宁波、合肥
二线城市	佛山、沈阳、无锡、济南、厦门、福州、温州、哈尔滨、石家庄、大连、南宁、泉州、金华、贵阳、常州、长春、南昌、南通、嘉兴、徐州、惠州、太原、台州、绍兴、保定、中山、潍坊、临沂、珠海、烟台
三线城市	兰州、海口、湖州、扬州、洛阳、汕头、盐城、赣州、唐山、乌鲁木齐、济宁、镇江、廊坊、咸阳、泰州、芜湖、邯郸、揭阳、南阳、呼和浩特、阜阳、江门、银川、遵义、淮安、漳州、桂林、淄博、新乡、连云港、沧州、绵阳、衡阳、商丘、菏泽、信阳、襄阳、滁州、上饶、九江、宜昌、莆田、湛江、柳州、安庆、宿迁、肇庆、周口、邢台、荆州、三亚、岳阳、蚌埠、驻马店、泰安、潮州、株洲、威海、六安、常德、安阳、宿州、黄冈、德州、宁德、聊城、宜春、渭南、清远、南充
四线城市	马鞍山、开封、亳州、丽水、郴州、鞍山、宣城、许昌、衢州、孝感、枣庄、宜宾、邵阳、秦皇岛、泸州、舟山、南平、吉林、龙岩、三明、曲靖、梅州、德阳、湘潭、宝鸡、茂名、焦作、运城、平顶山、榆林、汕尾、怀化、吉安、日照、黄石、淮南、黔东南、鄂尔多斯、包头、韶关、永州、乐山、东营、晋中、滨州、营口、张家口、恩施、大庆、咸宁、毕节、河源、十堰、娄底、抚州、汉中、锦州、景德镇、眉山、大理、西宁、玉林、盘锦、临汾、衡水、黄山、红河、黔南、承德、濮阳、益阳、阳江、长治、齐齐哈尔、大同、铜仁、赤峰、内江、达州、北海、荆门、西双版纳、铜陵、遂宁、鄂州、佳木斯、淮北、漯河、延边、牡丹江
五线城市	昭通、凉山、广安、丹东、六盘水、拉萨、辽阳、延安、铁岭、葫芦岛、抚顺、玉溪、百色、保山、萍乡、广元、三门峡、新余、湘西、晋城、天水、吕梁、随州、忻州、朝阳、池州、自贡、绥化、张家界、呼伦贝尔、丽江、云浮、普洱、梧州、鹰潭、安顺、贵港、德宏、四平、鹤壁、庆阳、本溪、安康、通化、钦州、楚雄、文山、通辽、资阳、阜新、松原、黔西南、伊犁、喀什、巴音郭楞、酒泉、阿克苏、巴中、锡林郭勒、河池、定西、巴彦淖尔、鸡西、攀枝花、黑河、贺州、白山、来宾、雅安、乌兰察布、临沧、阳泉、克拉玛依、嘉峪关、乌海、白银、张掖、昌吉、防城港、商洛、吴忠、白城、平凉、双鸭山、和田、铜川、陇南、鹤岗、朔州、辽源、七台河、金昌、哈密、阿拉善、石嘴山、兴安、伊春、崇左、林芝、固原、临夏、海西、儋州、怒江、武威、海东、阿勒泰、中卫、大兴安岭、塔城、博尔塔拉、昌都、迪庆、日喀则、甘孜、吐鲁番、阿坝、山南、甘南、阿里、果洛、那曲、三沙、海南、海北、玉树、克孜勒苏、黄南

注：数据来源于新一线城市研究所。

附表 3-16 2019—2023 年全国乡村旅游游客年龄分布画像

年份	抖音指数			头条指数		
	年龄	分布占比/%	TGI	年龄	分布占比/%	TGI
2019 年	18~23 岁	8.10	70.19	18~23 岁	4.19	88.71
	24~30 岁	17.98	107.38	24~30 岁	17.85	88.71
	31~40 岁	39.57	121.47	31~40 岁	32.37	98.68
	41~50 岁	29.35	129.81	41~50 岁	31.82	130.55
	50 岁以上	5.01	30.31	50 岁以上	13.77	54.38
2020 年	18~23 岁	12.23	105.98	18~23 岁	3.07	65
	24~30 岁	16.44	98.18	24~30 岁	14.29	111.83
	31~40 岁	39.13	120.12	31~40 岁	35.54	108.34
	41~50 岁	27.42	121.27	41~50 岁	31.47	129.12
	50 岁以上	4.78	28.92	50 岁以上	15.63	61.73
2021 年	18~23 岁	7.81	73.31	18~23 岁	2.60	52.7
	24~30 岁	17.11	106.53	24~30 岁	10.41	73.51
	31~40 岁	33.30	84.32	31~40 岁	34.25	95.36
	41~50 岁	24.78	138.09	41~50 岁	27.44	128.66
	50 岁以上	17.01	107.34	50 岁以上	25.30	106.93
2022 年	18~23 岁	7.60	65.67	18~23 岁	2.75	60.29
	24~30 岁	18.57	106.92	24~30 岁	9.64	74.81
	31~40 岁	34.15	94.9	31~40 岁	35.95	96.96
	41~50 岁	23.64	130.4	41~50 岁	24.22	112.55
	50 岁以上	16.04	94.67	50 岁以上	27.45	114.58
2023 年	18~23 岁	5.77	58.18	18~23 岁	1.63	56.26
	24~30 岁	15.08	81.94	24~30 岁	8.17	71.88
	31~40 岁	30.91	114.75	31~40 岁	29.30	122.08
	41~50 岁	24.27	146.62	41~50 岁	25.22	128.82
	50 岁以上	23.98	85.07	50 岁以上	35.68	84.63

资料来源：抖音指数、头条指数。

附表 3-17 2019—2023 年乡村旅游游客性别分布画像

年份	抖音指数			头条指数		
	性别	分布占比/%	TGI	年龄	分布占比/%	TGI
2019 年	男性	59	114.69	男性	80	131.71
	女性	41	84.44	女性	20	50.94
2020 年	男性	64	124.41	男性	78	128.41
	女性	36	74.14	女性	22	56.04
2021 年	男性	60	122.72	男性	79	131.73
	女性	40	78.27	女性	21	52.46
2022 年	男性	60	114.34	男性	79	125.51
	女性	40	84.16	女性	21	56.67
2023 年	男性	58	109.01	男性	77	119.3
	女性	42	89.76	女性	23	64.87

资料来源：抖音指数、头条指数。

附录4 我国乡村旅游网络关注度时空演变的影响因素探测结果

附表 4-1 我国乡村旅游网络关注度时空演变的影响因素因子探测结果

指标	2019 年		2021 年		2023 年	
	q	p	q	p	q	p
X_1（地区生产总值）	0.687 6	0.004 3	0.730 0	0.000 0	0.517 2	0.022 2
X_2（第三产业增加值）	0.664 6	0.005 0	0.700 8	0.000 0	0.700 9	0.000 0
X_3（居民人均可支配收入）	0.171 0	0.703 2	0.106 6	0.871 1	0.138 2	0.698 9
X_4（互联网宽带接入用户）	0.824 5	0.000 0	0.841 2	0.000 0	0.792 3	0.000 0
X_5（移动互联网用户）	0.789 2	0.000 0	0.796 3	0.000 0	0.840 8	0.000 0
X_6（乡村旅游接待总人数）	0.707 5	0.000 0	0.591 5	0.003 4	0.492 5	0.013 7
X_7（乡村旅游总收入）	0.599 9	0.000 0	0.783 5	0.000 0	0.706 6	0.000 0
X_8〔全国乡村旅游重点村、镇（乡）数量〕	0.367 3	0.097 1	0.505 2	0.009 9	0.510 5	0.004 0
X_9（旅客客运量）	0.809 9	0.000 0	0.829 8	0.000 0	0.617 2	0.000 0
X_{10}（万人拥有公共交通车辆）	0.178 4	0.508 8	0.193 4	0.579 1	0.111 0	0.590 7
X_{11}（私人载客汽车拥有量）	0.746 8	0.000 0	0.682 9	0.000 0	0.687 5	0.000 0
X_{12}（年末人口数）	0.768 8	0.000 0	0.798 7	0.000 0	0.775 8	0.000 0
X_{13}（年末城镇人口比重）	0.340 9	0.138 4	0.312 0	0.143 2	0.282 4	0.160 5
X_{14}（大专及以上人口数）	0.730 5	0.000 0	0.779 7	0.000 0	0.727 7	0.000 0

附表 4-2　2019 年我国乡村旅游网络关注度时空演变影响因子交互探测结果

项目	影响因子	影响因子													
		X_1	X_2	X_3	X_4	X_5	X_6	X_7	X_8	X_9	X_{10}	X_{11}	X_{12}	X_{13}	X_{14}
q值	X_1	0.6876	—	—	—	—	—	—	—	—	—	—	—	—	—
	X_2	0.7105	0.6646	—	—	—	—	—	—	—	—	—	—	—	—
	X_3	0.7670	0.7666	0.1710	—	—	—	—	—	—	—	—	—	—	—
	X_4	0.8816	0.8790	0.9378	0.8245	—	—	—	—	—	—	—	—	—	—
	X_5	0.8412	0.8443	0.8581	0.8729	0.7892	—	—	—	—	—	—	—	—	—
	X_6	0.9052	0.9063	0.8929	0.8596	0.8448	0.7075	—	—	—	—	—	—	—	—
	X_7	0.8281	0.8283	0.7935	0.8620	0.8468	0.8190	0.5999	—	—	—	—	—	—	—
	X_8	0.8794	0.8772	0.7983	0.8773	0.8751	0.8070	0.8691	0.3673	—	—	—	—	—	—
	X_9	0.9047	0.9068	0.9028	0.9330	0.9166	0.9067	0.9068	0.8386	0.8099	—	—	—	—	—
	X_{10}	0.7912	0.7847	0.5335	0.9126	0.8743	0.8734	0.7630	0.7600	0.9056	0.1784	—	—	—	—
	X_{11}	0.8358	0.8342	0.9159	0.8866	0.8121	0.8434	0.8307	0.8369	0.9143	0.8744	0.7468	—	—	—
	X_{12}	0.8315	0.8327	0.8700	0.8608	0.8061	0.8543	0.8691	0.8425	0.9188	0.8653	0.8200	0.7688	—	—
	X_{13}	0.8498	0.8439	0.5734	0.8619	0.8943	0.8135	0.8148	0.7344	0.8733	0.5854	0.9128	0.9169	0.3409	—
	X_{14}	0.7964	0.7735	0.8730	0.8981	0.8462	0.8956	0.8810	0.8790	0.9046	0.8761	0.8131	0.8429	0.8474	0.7305
交互结果	X_1	—	—	—	—	—	—	—	—	—	—	—	—	—	—
	X_2	▲	—	—	—	—	—	—	—	—	—	—	—	—	—
	X_3	▲	▲	—	—	—	—	—	—	—	—	—	—	—	—
	X_4	▲	▲	▲	—	—	—	—	—	—	—	—	—	—	—
	X_5	▲	▲	▲	▲	—	—	—	—	—	—	—	—	—	—
	X_6	▲	▲	▲	▲	▲	—	—	—	—	—	—	—	—	—
	X_7	▲	▲	▲	▲	▲	▲	—	—	—	—	—	—	—	—
	X_8	▲	▲	□	▲	▲	▲	—	—	—	—	—	—	—	—
	X_9	▲	▲	▲	▲	▲	▲	▲	▲	—	—	—	—	—	—
	X_{10}	▲	▲	□	▲	▲	▲	▲	□	▲	—	—	—	—	—
	X_{11}	▲	▲	▲	▲	▲	▲	▲	▲	▲	▲	—	—	—	—
	X_{12}	▲	▲	▲	▲	▲	▲	▲	▲	▲	▲	▲	—	—	—
	X_{13}	▲	▲	□	▲	▲	▲	▲	▲	▲	□	▲	▲	—	—
	X_{14}	▲	▲	▲	▲	▲	▲	▲	▲	▲	▲	▲	▲	▲	—

注："▲"表示双因子增强，"□"表示非线性增强。

附表 4-3　2021 年我国乡村旅游网络关注度时空演变影响因子交互探测结果

项目	影响因子	影响因子													
		X_1	X_2	X_3	X_4	X_5	X_6	X_7	X_8	X_9	X_{10}	X_{11}	X_{12}	X_{13}	X_{14}
q 值	X_1	0.730 0	—												
	X_2	0.746 9	0.700 8	—											
	X_3	0.810 0	0.805 7	0.106 6	—										
	X_4	0.867 2	0.868 3	0.890 2	0.841 2	—									
	X_5	0.878 0	0.896 4	0.860 5	0.870 4	0.796 3	—								
	X_6	0.885 6	0.917 9	0.674 9	0.903 7	0.868 7	0.591 5	—							
	X_7	0.873 1	0.873 1	0.847 5	0.945 0	0.940 9	0.858 1	0.783 5	—						
	X_8	0.897 5	0.877 5	0.721 9	0.876 3	0.836 0	0.665 0	0.840 9	0.505 2	—					
	X_9	0.920 2	0.909 3	0.907 1	0.946 7	0.939 1	0.887 6	0.910 8	0.862 1	0.829 8	—				
	X_{10}	0.871 9	0.856 3	0.431 1	0.969 8	0.910 6	0.841 6	0.904 1	0.765 3	0.969 3	0.193 4	—			
	X_{11}	0.838 7	0.819 2	0.882 2	0.886 7	0.814 6	0.850 3	0.903 0	0.831 9	0.920 3	0.895 5	0.682 9	—		
	X_{12}	0.884 6	0.901 1	0.870 7	0.878 2	0.817 6	0.876 6	0.932 3	0.834 1	0.952 2	0.915 0	0.829 9	0.798 7	—	
	X_{13}	0.892 0	0.888 6	0.641 5	0.906 8	0.871 9	0.763 4	0.911 3	0.689 3	0.910 4	0.625 1	0.848 5	0.898 6	0.312 0	—
	X_{14}	0.790 1	0.795 3	0.869 9	0.867 7	0.876 4	0.883 5	0.911 2	0.896 6	0.919 0	0.903 7	0.836 1	0.879 7	0.906 4	0.779 7
交互结果	X_1	—	—	—	—	—	—	—	—	—	—	—	—	—	—
	X_2	▲	—	—	—	—	—	—	—	—	—	—	—	—	—
	X_3	▲	▲	—	—	—	—	—	—	—	—	—	—	—	—
	X_4	▲	▲	▲	—	—	—	—	—	—	—	—	—	—	—
	X_5	▲	▲	▲	▲	—	—	—	—	—	—	—	—	—	—
	X_6	▲	▲	▲	▲	▲	—	—	—	—	—	—	—	—	—
	X_7	▲	▲	▲	▲	▲	▲	—	—	—	—	—	—	—	—
	X_8	▲	▲	□	▲	▲	▲	▲	—	—	—	—	—	—	—
	X_9	▲	▲	▲	▲	▲	▲	▲	▲	—	—	—	—	—	—
	X_{10}	▲	▲	□	▲	▲	□	▲	□	▲	—	—	—	—	—
	X_{11}	▲	▲	□	▲	▲	▲	▲	▲	▲	▲	—	—	—	—
	X_{12}	▲	▲	▲	▲	▲	▲	▲	▲	▲	▲	▲	—	—	—
	X_{13}	▲	▲	□	▲	▲	▲	▲	▲	□	▲	▲	▲	—	—
	X_{14}	▲	▲	▲	▲	▲	▲	▲	▲	▲	▲	▲	▲	▲	—

注："▲"表示双因子增强，"□"表示非线性增强。

附表 4-4　2023 年我国乡村旅游网络关注度时空演变影响因子交互探测结果

项目	影响因子	影响因子													
		X_1	X_2	X_3	X_4	X_5	X_6	X_7	X_8	X_9	X_{10}	X_{11}	X_{12}	X_{13}	X_{14}
q 值	X_1	0.517 2	—												
	X_2	0.722 0	0.700 9	—											
	X_3	0.651 2	0.830 9	0.138 2	—										
	X_4	0.837 7	0.864 6	0.876 4	0.792 3	—									
	X_5	0.873 7	0.927 8	0.881 1	0.903 2	0.840 8	—								
	X_6	0.889 0	0.955 9	0.650 3	0.929 0	0.887 4	0.492 5	—							
	X_7	0.815 9	0.920 4	0.844 0	0.852 5	0.917 7	0.941 5	0.706 6	—						
	X_8	0.768 5	0.882 7	0.696 6	0.867 2	0.865 2	0.691 1	0.799 2	0.510 5	—					
	X_9	0.843 4	0.829 0	0.865 0	0.894 9	0.931 0	0.857 9	0.847 0	0.824 5	0.617 2	—				
	X_{10}	0.674 7	0.841 6	0.402 8	0.889 4	0.895 4	0.669 7	0.812 9	0.814 7	0.794 0	0.111 0	—			
	X_{11}	0.757 3	0.832 9	0.837 3	0.833 5	0.875 4	0.920 3	0.846 2	0.796 6	0.869 2	0.859 6	0.687 5	—		
	X_{12}	0.829 2	0.910 7	0.890 8	0.822 0	0.854 4	0.888 1	0.843 9	0.840 8	0.892 1	0.880 4	0.796 8	0.775 8	—	
	X_{13}	0.784 8	0.837 2	0.561 6	0.890 7	0.913 6	0.931 9	0.835 2	0.674 3	0.789 3	0.460 3	0.856 5	0.925 3	0.282 4	
	X_{14}	0.755 6	0.791 0	0.839 5	0.843 5	0.901 7	0.913 9	0.859 6	0.889 3	0.854 2	0.855 1	0.770 2	0.840 5	0.876 7	0.727 7
交互结果	X_1	—	—	—	—	—	—	—	—	—	—	—	—	—	—
	X_2	▲	—												
	X_3	▲	▲	—											
	X_4	▲	▲	▲	—										
	X_5	▲	▲	▲	▲	—									
	X_6	▲	▲	▲	▲	▲	—								
	X_7	▲	▲	▲	▲	▲	▲	—							
	X_8	▲	▲	□	▲	▲	▲	▲	—	—	—	—	—	—	—
	X_9	▲	▲	□	▲	▲	▲	▲	▲	—					
	X_{10}	□	▲	□	▲	▲	□	▲	□	□	—				
	X_{11}	▲	▲	▲	▲	▲	▲	▲	▲	▲	□	—			
	X_{12}	▲	▲	▲	▲	▲	▲	▲	▲	▲	▲	▲	—		
	X_{13}	▲	▲	□	▲	▲	□	▲	▲	▲	□	▲	▲	—	
	X_{14}	▲	▲	▲	▲	▲	▲	▲	▲	▲	▲	▲	▲	▲	—

注："▲"表示双因子增强，"□"表示非线性增强。

附录5　西江千户苗寨网络关注度指标数据

附表5-1　西江千户苗寨网络关注度指标数据（百度指数平台PC+移动端）

日期	2019 年	2020 年	2021 年	2022 年	2023 年
1 月 1 日	617	785	477	416	513
1 月 2 日	643	839	533	445	581
1 月 3 日	750	832	489	412	607
1 月 4 日	778	893	484	421	715
1 月 5 日	814	860	510	433	733
1 月 6 日	941	847	480	395	655
1 月 7 日	1 042	896	435	393	754
1 月 8 日	1 058	856	374	409	716
1 月 9 日	906	862	364	423	800
1 月 10 日	942	844	340	388	853
1 月 11 日	903	862	373	374	810
1 月 12 日	857	879	368	426	812
1 月 13 日	897	974	408	475	935
1 月 14 日	863	974	361	436	906
1 月 15 日	903	952	354	422	898
1 月 16 日	935	981	403	377	793
1 月 17 日	963	980	357	452	741
1 月 18 日	970	957	375	443	822
1 月 19 日	943	1 026	372	423	820
1 月 20 日	996	1 055	343	415	862
1 月 21 日	1 087	984	340	449	781
1 月 22 日	1 149	970	367	478	1 066
1 月 23 日	1 112	871	303	461	1 259
1 月 24 日	1 165	952	296	432	1 533

附表 5-1（续）

日期	2019 年	2020 年	2021 年	2022 年	2023 年
1 月 25 日	1 191	809	379	442	1 481
1 月 26 日	1 153	560	340	537	1 243
1 月 27 日	1 231	442	326	474	1 082
1 月 28 日	1 156	440	369	445	1 101
1 月 29 日	1 194	396	340	444	1 065
1 月 30 日	1 223	392	338	445	1 055
1 月 31 日	1 196	475	354	390	1 030
2 月 1 日	1 281	512	360	568	1 001
2 月 2 日	1 369	428	369	629	924
2 月 3 日	1 600	437	367	752	892
2 月 4 日	1 359	386	412	927	690
2 月 5 日	2 463	431	374	914	683
2 月 6 日	4 357	431	423	790	737
2 月 7 日	5 204	411	436	666	810
2 月 8 日	4 936	384	405	694	742
2 月 9 日	3 786	393	352	680	829
2 月 10 日	2 638	398	386	688	774
2 月 11 日	2 217	422	340	749	839
2 月 12 日	1 807	469	763	695	999
2 月 13 日	1 663	475	902	784	761
2 月 14 日	1 701	475	936	737	717
2 月 15 日	1 442	549	943	706	682
2 月 16 日	1 268	538	956	701	684
2 月 17 日	1 173	476	843	695	680
2 月 18 日	1 229	493	727	662	648
2 月 19 日	1 160	476	624	634	669
2 月 20 日	1 236	484	648	554	733

日期	2019 年	2020 年	2021 年	2022 年	2023 年
2 月 21 日	1 251	563	529	583	674
2 月 22 日	1 240	541	607	607	748
2 月 23 日	1 159	505	609	550	723
2 月 24 日	1 089	514	552	616	748
2 月 25 日	1 210	507	571	576	684
2 月 26 日	1 192	487	484	592	674
2 月 27 日	1 219	528	473	533	753
2 月 28 日	1 358	495	521	596	701
2 月 29 日	—	467	—	—	—
3 月 1 日	1 253	518	534	589	673
3 月 2 日	1 190	519	512	617	715
3 月 3 日	1 140	518	601	628	674
3 月 4 日	1 234	591	559	661	644
3 月 5 日	1 252	695	555	690	663
3 月 6 日	1 253	558	586	538	744
3 月 7 日	1 228	517	630	685	739
3 月 8 日	1 204	551	646	652	668
3 月 9 日	1 212	508	668	600	719
3 月 10 日	1 180	503	669	663	784
3 月 11 日	1 218	519	672	670	696
3 月 12 日	1 282	581	748	604	721
3 月 13 日	1 376	609	690	531	931
3 月 14 日	1 958	531	683	650	794
3 月 15 日	1 295	507	785	601	846
3 月 16 日	1 728	545	805	558	894
3 月 17 日	1 239	474	992	584	896
3 月 18 日	1 452	510	1 097	534	792

附表5-1（续）

日期	2019 年	2020 年	2021 年	2022 年	2023 年
3 月 19 日	1 557	512	1 025	495	850
3 月 20 日	1 756	555	877	564	892
3 月 21 日	1 544	545	920	532	942
3 月 22 日	1 495	552	999	533	957
3 月 23 日	1 460	589	1 011	544	920
3 月 24 日	1 380	587	1 038	620	853
3 月 25 日	1 364	629	997	619	765
3 月 26 日	1 522	748	895	538	752
3 月 27 日	1 633	706	897	570	912
3 月 28 日	1 590	664	998	571	939
3 月 29 日	1 466	741	1 006	552	919
3 月 30 日	1 442	680	1 060	520	922
3 月 31 日	1 332	642	1 102	473	982
4 月 1 日	1 481	631	1 059	459	839
4 月 2 日	1 460	757	1 103	492	910
4 月 3 日	1 583	788	1 014	370	910
4 月 4 日	1 905	942	1 000	458	924
4 月 5 日	2 263	968	1 025	522	917
4 月 6 日	2 010	792	1 100	632	958
4 月 7 日	1 612	828	1 116	499	920
4 月 8 日	1 482	951	1 164	455	882
4 月 9 日	1 558	885	1 126	492	987
4 月 10 日	1 636	946	1 054	435	1 078
4 月 11 日	1 770	928	1 116	503	1 092
4 月 12 日	2 737	978	1 219	545	1 104
4 月 13 日	4 482	1 005	1 218	567	1 123
4 月 14 日	3 844	990	1 191	579	1 118

附表5-1(续)

日期	2019 年	2020 年	2021 年	2022 年	2023 年
4 月 15 日	4 961	947	1 233	539	1 066
4 月 16 日	10 962	957	1 226	520	1 075
4 月 17 日	9 113	1 000	1 123	471	1 215
4 月 18 日	7 947	951	1 110	508	1 212
4 月 19 日	8 948	980	1 246	543	1 315
4 月 20 日	4 469	1 021	1 269	527	1 206
4 月 21 日	7 546	1 081	1 171	562	1 252
4 月 22 日	4 975	1 070	1 206	527	1 177
4 月 23 日	5 096	1 103	1 192	497	1 285
4 月 24 日	4 481	1 109	1 094	639	1 217
4 月 25 日	3 780	1 102	1 289	622	1 236
4 月 26 日	3 895	1 357	1 237	791	1 259
4 月 27 日	5 097	1 153	1 205	833	1 262
4 月 28 日	5 589	1 252	1 244	829	1 453
4 月 29 日	4 796	1 454	1 259	834	1 517
4 月 30 日	10 819	1 762	1 372	748	1 759
5 月 1 日	6 372	2 202	1 615	824	1 622
5 月 2 日	8 049	1 963	1 992	834	1 540
5 月 3 日	3 892	1 724	1 799	676	1 403
5 月 4 日	3 832	1 254	1 348	640	1 192
5 月 5 日	2 870	1 074	1 136	678	1 171
5 月 6 日	3 562	1 032	1 170	590	1 165
5 月 7 日	5 381	1 045	1 136	584	882
5 月 8 日	3 570	1 018	1 129	543	1 165
5 月 9 日	4 021	1 021	1 054	605	1 192
5 月 10 日	5 123	968	1 110	634	942
5 月 11 日	4 574	984	1 172	667	921

附表5-1（续）

日期	2019 年	2020 年	2021 年	2022 年	2023 年
5 月 12 日	4 965	945	1 141	609	834
5 月 13 日	3 999	1 006	1 146	571	887
5 月 14 日	5 144	990	1 134	572	876
5 月 15 日	4 486	1 112	1 051	587	913
5 月 16 日	3 690	954	1 046	629	868
5 月 17 日	3 048	879	1 079	648	915
5 月 18 日	6 051	977	1 114	603	945
5 月 19 日	3 734	934	1 142	628	891
5 月 20 日	6 176	893	1 065	533	793
5 月 21 日	2 946	1 142	1 066	490	814
5 月 22 日	4 354	909	1 013	588	853
5 月 23 日	4 496	1 014	1 190	596	884
5 月 24 日	3 639	1 016	1 178	597	955
5 月 25 日	2 821	1 034	1 202	613	874
5 月 26 日	2 981	956	1 152	635	898
5 月 27 日	3 542	980	1 062	612	838
5 月 28 日	2 993	1 030	1 067	575	845
5 月 29 日	2 590	910	1 054	622	925
5 月 30 日	3 228	1 012	988	690	920
5 月 31 日	4 674	849	1 092	660	901
6 月 1 日	4 581	868	993	659	839
6 月 2 日	4 723	1 058	1 009	701	829
6 月 3 日	3 576	1 039	1 098	645	847
6 月 4 日	7 410	1 001	1 015	695	894
6 月 5 日	7 844	1 066	962	638	976
6 月 6 日	4 768	1 023	1 005	726	919
6 月 7 日	5 344	1 031	1 097	683	944

日期	2019 年	2020 年	2021 年	2022 年	2023 年
6 月 8 日	6 220	1 108	1 087	793	1 044
6 月 9 日	6 409	1 172	1 079	754	968
6 月 10 日	6 484	1 149	1 127	687	910
6 月 11 日	5 504	1 158	1 086	672	1 000
6 月 12 日	4 527	1 120	957	752	1 137
6 月 13 日	4 047	1 053	968	830	1 109
6 月 14 日	3 613	1 032	986	784	1 116
6 月 15 日	1 335	1 073	1 084	791	1 116
6 月 16 日	1 185	1 044	1 053	807	1 037
6 月 17 日	1 363	1 074	1 040	727	1 015
6 月 18 日	1 177	1 053	982	862	988
6 月 19 日	1 278	1 051	1 031	997	1 157
6 月 20 日	1 542	1 045	1 028	1 022	1 133
6 月 21 日	1 368	1 044	1 063	1 044	1 096
6 月 22 日	1 318	1 103	1 115	1 096	1 034
6 月 23 日	1 277	1 138	1 117	1 067	1 040
6 月 24 日	1 269	1 091	1 063	1 025	1 062
6 月 25 日	1 313	1 079	1 029	994	1 120
6 月 26 日	1 358	1 066	1 078	1 027	1 110
6 月 27 日	1 392	1 077	1 108	1 065	1 120
6 月 28 日	1 433	1 046	1 157	1 084	1 139
6 月 29 日	1 463	1 091	1 128	1 087	1 155
6 月 30 日	1 451	1 089	1 161	1 100	1 092
7 月 1 日	1 551	1 095	1 100	1 103	1 082
7 月 2 日	1 597	1 090	1 111	1 034	1 124
7 月 3 日	1 672	1 116	1 072	1 051	1 211
7 月 4 日	1 672	1 036	1 109	1 136	1 242

日期	2019 年	2020 年	2021 年	2022 年	2023 年
7月5日	1 635	1 054	1 183	1 133	1 250
7月6日	1 672	1 117	1 193	1 130	1 274
7月7日	1 848	1 120	1 185	1 150	1 251
7月8日	1 821	1 094	1 226	1 109	1 160
7月9日	1 951	1 125	1 183	1 075	1 151
7月10日	2 016	1 128	1 143	1 079	9 615
7月11日	1 993	1 096	1 126	1 162	4 160
7月12日	1 998	1 121	1 270	1 217	2 659
7月13日	1 899	1 181	1 270	1 222	1 744
7月14日	1 897	1 224	1 272	1 204	1 483
7月15日	1 945	1 220	1 287	1 179	1 359
7月16日	1 992	1 196	1 315	1 114	1 276
7月17日	2 169	1 167	1 294	1 110	1 469
7月18日	2 143	1 072	1 306	1 205	1 552
7月19日	2 181	1 111	1 378	1 211	1 441
7月20日	2 202	1 173	1 445	1 195	1 470
7月21日	2 166	1 208	1 404	1 193	1 405
7月22日	2 340	1 148	1 357	1 216	1 301
7月23日	2 504	1 161	1 349	1 171	1 289
7月24日	2 415	1 177	1 256	1 186	1 479
7月25日	2 451	1 119	1 279	1 304	1 508
7月26日	2 427	1 140	1 320	1 322	1 507
7月27日	2 526	1 260	1 351	1 359	1 464
7月28日	2 582	1 254	1 347	1 453	1 493
7月29日	2 699	1 274	1 184	1 397	1 352
7月30日	2 809	1 267	1 112	1 278	1 431
7月31日	2 757	1 246	1 035	1 324	1 668

附表5-1（续）

日期	2019 年	2020 年	2021 年	2022 年	2023 年
8 月 1 日	2 769	1 119	1 020	1 477	1 634
8 月 2 日	2 991	1 117	889	1 351	1 688
8 月 3 日	2 998	1 353	904	1 362	1 614
8 月 4 日	3 365	1 319	831	1 356	1 647
8 月 5 日	3 443	1 380	754	1 493	1 515
8 月 6 日	3 506	1 349	708	1 350	1 594
8 月 7 日	3 170	1 276	590	1 266	1 721
8 月 8 日	3 303	1 255	610	1 401	1 758
8 月 9 日	3 187	1 983	590	1 319	1 684
8 月 10 日	3 113	1 601	592	1 258	1 527
8 月 11 日	2 984	1 683	552	1 255	1 471
8 月 12 日	2 955	1 528	563	1 215	1 378
8 月 13 日	2 981	1 352	585	1 158	1 423
8 月 14 日	2 847	1 324	525	1 118	1 474
8 月 15 日	2 893	1 153	539	1 189	1 446
8 月 16 日	2 653	1 154	563	1 172	1 433
8 月 17 日	2 548	1 261	576	1 115	1 347
8 月 18 日	2 523	1 210	562	1 145	1 377
8 月 19 日	2 486	1 226	853	1 063	1 146
8 月 20 日	2 490	1 215	669	1 012	1 135
8 月 21 日	2 430	1 157	585	1 012	1 198
8 月 22 日	2 181	1 072	632	1 093	1 164
8 月 23 日	2 010	1 046	592	1 060	1 228
8 月 24 日	1 993	1 091	577	943	1 157
8 月 25 日	1 751	1 081	590	963	1 140
8 月 26 日	1 749	1 156	588	913	1 080
8 月 27 日	1 733	1 151	677	1 056	1 084

日期	2019 年	2020 年	2021 年	2022 年	2023 年
8 月 28 日	1 585	1 120	576	1 004	1 164
8 月 29 日	1 519	1 024	807	1 067	1 141
8 月 30 日	1 344	1 004	1 006	924	1 128
8 月 31 日	1 194	1 167	764	959	1 109
9 月 1 日	1 222	1 028	740	949	1 038
9 月 2 日	1 395	1 071	747	921	1 007
9 月 3 日	1 361	1 129	746	1 036	1 015
9 月 4 日	1 341	1 180	727	1 019	1 070
9 月 5 日	1 404	1 055	792	998	1 094
9 月 6 日	1 368	1 089	800	810	1 043
9 月 7 日	1 493	1 137	761	857	1 065
9 月 8 日	1 466	1 200	879	709	1 042
9 月 9 日	1 227	1 165	818	524	1 033
9 月 10 日	1 119	1 193	825	458	1 033
9 月 11 日	1 157	1 143	786	526	1 091
9 月 12 日	1 145	1 088	905	625	1 110
9 月 13 日	1 120	1 098	871	628	1 127
9 月 14 日	1 125	1 262	941	613	1 125
9 月 15 日	1 209	1 203	836	560	1 046
9 月 16 日	1 190	1 230	925	515	1 014
9 月 17 日	1 187	1 198	927	549	1 049
9 月 18 日	1 212	1 144	892	605	1 133
9 月 19 日	1 277	1 100	859	587	1 158
9 月 20 日	1 197	1 134	846	566	1 150
9 月 21 日	1 270	1 237	847	612	1 117
9 月 22 日	1 300	1 257	882	560	1 103
9 月 23 日	1 291	1 223	962	470	1 046

附表5-1(续)

日期	2019 年	2020 年	2021 年	2022 年	2023 年
9 月 24 日	1 230	1 149	999	451	1 019
9 月 25 日	1 162	1 138	981	506	1 096
9 月 26 日	1 203	1 097	1 100	572	1 077
9 月 27 日	1 301	1 251	1 149	614	1 072
9 月 28 日	1 418	1 243	1 195	567	1 081
9 月 29 日	1 641	1 246	1 181	611	1 053
9 月 30 日	2 243	1 242	1 171	625	1 218
10 月 1 日	2 863	1 233	1 161	555	1 291
10 月 2 日	4 116	1 698	1 312	712	1 322
10 月 3 日	4 419	2 092	1 486	645	1 152
10 月 4 日	3 861	2 264	1 396	621	1 108
10 月 5 日	2 662	1 906	1 144	586	1 064
10 月 6 日	1 835	1 451	1 063	541	1 037
10 月 7 日	1 292	1 152	1 011	577	975
10 月 8 日	1 137	1 147	930	493	994
10 月 9 日	1 118	1 123	804	486	962
10 月 10 日	1 086	1 092	794	456	892
10 月 11 日	1 125	1 018	855	507	878
10 月 12 日	1 074	1 084	863	495	1 015
10 月 13 日	1 025	1 063	924	477	926
10 月 14 日	1 058	1 059	881	450	771
10 月 15 日	1 067	1 076	810	458	816
10 月 16 日	1 089	1 095	767	469	814
10 月 17 日	1 052	1 012	804	487	854
10 月 18 日	1 027	998	843	521	930
10 月 19 日	1 019	1 067	774	555	947
10 月 20 日	1 049	1 094	770	522	779

附表 5-1(续)

日期	2019 年	2020 年	2021 年	2022 年	2023 年
10 月 21 日	1 081	1 061	573	533	603
10 月 22 日	1 079	1 067	705	443	696
10 月 23 日	1 081	1 027	591	533	687
10 月 24 日	1 060	975	630	489	615
10 月 25 日	994	930	604	532	648
10 月 26 日	1 002	948	665	533	593
10 月 27 日	1 011	924	663	946	588
10 月 28 日	1 018	946	524	990	554
10 月 29 日	1 019	924	526	1 015	580
10 月 30 日	1 025	921	483	933	550
10 月 31 日	1 021	801	480	843	556
11 月 1 日	1 068	802	517	808	655
11 月 2 日	1 017	828	513	698	546
11 月 3 日	1 021	813	493	730	611
11 月 4 日	1 022	868	503	642	507
11 月 5 日	1 002	851	498	650	582
11 月 6 日	1 011	811	460	667	640
11 月 7 日	1 041	725	465	803	612
11 月 8 日	991	785	494	995	643
11 月 9 日	989	816	544	985	687
11 月 10 日	972	844	486	829	631
11 月 11 日	957	749	493	754	505
11 月 12 日	986	945	601	691	587
11 月 13 日	989	903	441	658	572
11 月 14 日	1 020	899	506	690	629
11 月 15 日	990	930	557	629	627
11 月 16 日	998	843	558	647	595

附表5-1（续）

日期	2019 年	2020 年	2021 年	2022 年	2023 年
11 月 17 日	1 039	881	563	642	617
11 月 18 日	1 016	873	563	621	544
11 月 19 日	994	935	586	741	562
11 月 20 日	999	921	522	735	694
11 月 21 日	992	1 006	534	645	678
11 月 22 日	994	872	595	633	656
11 月 23 日	979	782	585	653	594
11 月 24 日	1 008	710	632	595	712
11 月 25 日	972	722	589	535	684
11 月 26 日	1 009	700	568	502	702
11 月 27 日	966	664	565	575	688
11 月 28 日	946	649	543	541	599
11 月 29 日	957	695	625	530	774
11 月 30 日	938	684	604	515	566
12 月 1 日	972	629	608	462	604
12 月 2 日	969	662	559	488	561
12 月 3 日	926	605	509	499	611
12 月 4 日	953	621	542	507	556
12 月 5 日	978	512	571	539	647
12 月 6 日	1 009	997	584	585	622
12 月 7 日	960	1 141	542	466	516
12 月 8 日	937	759	540	539	545
12 月 9 日	945	750	603	457	513
12 月 10 日	978	706	534	483	498
12 月 11 日	955	612	502	438	512
12 月 12 日	973	565	574	517	424
12 月 13 日	961	637	624	502	509

附表 5-1（续）

日期	2019 年	2020 年	2021 年	2022 年	2023 年
12 月 14 日	948	607	585	503	537
12 月 15 日	976	641	564	474	574
12 月 16 日	1 042	534	547	417	449
12 月 17 日	1 032	537	501	372	442
12 月 18 日	989	597	503	449	541
12 月 19 日	959	548	461	375	465
12 月 20 日	972	510	506	363	467
12 月 21 日	947	561	505	415	465
12 月 22 日	935	598	573	394	416
12 月 23 日	950	575	543	415	406
12 月 24 日	953	490	470	394	452
12 月 25 日	995	528	431	487	464
12 月 26 日	967	446	426	512	523
12 月 27 日	872	969	477	495	521
12 月 28 日	896	590	511	513	530
12 月 29 日	916	575	488	527	536
12 月 30 日	806	511	436	547	529
12 月 31 日	812	481	453	524	534

注：笔者根据百度指数平台爬取的我国 31 个省（自治区、直辖市）对西江千户苗寨的网络关注度的逐日百度指数数据整理得出。

附表 5-2　西江千户苗寨旅游网络关注度指标数据（抖音指数）

日期	2019 年	2020 年	2021 年	2022 年	2023 年
1 月 1 日	124	877	410	955	5 130
1 月 2 日	117	690	369	907	5 135
1 月 3 日	160	710	352	908	4 374
1 月 4 日	210	824	221	818	5 714
1 月 5 日	200	824	290	1 054	8 805

附表5-2（续）

日期	2019 年	2020 年	2021 年	2022 年	2023 年
1 月 6 日	210	760	271	981	8 227
1 月 7 日	194	634	232	832	8 956
1 月 8 日	137	724	213	827	8 238
1 月 9 日	197	544	230	934	7 675
1 月 10 日	160	657	218	805	7 276
1 月 11 日	240	800	179	919	8 016
1 月 12 日	120	830	220	1 034	8 497
1 月 13 日	187	714	242	1 126	8 621
1 月 14 日	207	1 084	276	913	8 996
1 月 15 日	180	647	240	887	7 305
1 月 16 日	130	627	223	837	7 236
1 月 17 日	177	787	220	966	6 855
1 月 18 日	154	897	192	924	7 121
1 月 19 日	210	827	240	887	7 420
1 月 20 日	177	927	215	1 066	7 584
1 月 21 日	247	914	227	1 220	7 489
1 月 22 日	140	920	220	1 211	19 186
1 月 23 日	164	547	224	1 334	27 444
1 月 24 日	130	677	241	1 526	35 492
1 月 25 日	170	370	267	1 374	37 694
1 月 26 日	224	450	245	1 961	32 703
1 月 27 日	227	237	239	1 177	38 404
1 月 28 日	204	175	272	922	24 446
1 月 29 日	210	410	209	1 097	20 064
1 月 30 日	200	380	286	1 390	18 247
1 月 31 日	260	444	259	1 084	16 296
2 月 1 日	184	557	301	2 635	16 887

日期	2019 年	2020 年	2021 年	2022 年	2023 年
2 月 2 日	340	650	256	3 287	14 097
2 月 3 日	250	577	230	5 108	12 405
2 月 4 日	220	510	276	9 300	9 926
2 月 5 日	657	607	300	9 084	8 421
2 月 6 日	757	604	320	7 744	7 980
2 月 7 日	1 310	420	352	4 947	9 051
2 月 8 日	1 474	587	322	5 074	8 783
2 月 9 日	1 130	734	365	4 641	9 151
2 月 10 日	910	487	311	3 656	9 983
2 月 11 日	654	687	291	4 305	17 361
2 月 12 日	480	707	1 054	6 429	17 296
2 月 13 日	490	734	1 561	4 124	22 225
2 月 14 日	337	644	1 788	3 227	13 231
2 月 15 日	284	974	2 058	2 806	10 794
2 月 16 日	334	884	2 016	6 555	17 094
2 月 17 日	304	720	1 748	5 971	14 147
2 月 18 日	247	644	1 346	4 507	12 771
2 月 19 日	250	410	1 105	5 190	11 891
2 月 20 日	230	767	1 065	2 712	11 171
2 月 21 日	214	540	978	2 043	11 069
2 月 22 日	220	564	888	2 111	9 922
2 月 23 日	290	520	789	1 718	13 108
2 月 24 日	194	434	713	2 060	11 353
2 月 25 日	207	617	646	1 653	10 048
2 月 26 日	210	604	609	1 839	8 453
2 月 27 日	264	450	602	1 773	8 248
2 月 28 日	227	880	505	1 817	9 638

附表5-2(续)

日期	2019 年	2020 年	2021 年	2022 年	2023 年
2 月 29 日	—	777	—	—	—
3 月 1 日	280	570	457	1 883	13 408
3 月 2 日	274	744	605	1 890	10 755
3 月 3 日	200	1 100	621	2 062	9 893
3 月 4 日	244	594	528	1 853	9 056
3 月 5 日	234	787	640	2 168	8 558
3 月 6 日	284	487	657	3 505	8 555
3 月 7 日	284	670	684	2 139	9 703
3 月 8 日	237	680	513	1 836	8 320
3 月 9 日	230	637	651	1 813	10 581
3 月 10 日	204	624	616	1 857	7 566
3 月 11 日	210	690	627	1 846	6 493
3 月 12 日	290	834	698	1 994	6 769
3 月 13 日	247	587	762	1 653	8 445
3 月 14 日	240	547	718	1 727	6 891
3 月 15 日	260	607	710	1 483	19 118
3 月 16 日	844	920	711	1 509	12 447
3 月 17 日	357	774	1 695	1 473	7 988
3 月 18 日	267	510	3 269	1 498	7 015
3 月 19 日	344	810	1 757	1 868	19 515
3 月 20 日	280	607	1 320	1 608	10 186
3 月 21 日	227	544	1 257	1 764	21 210
3 月 22 日	244	587	1 194	1 421	14 338
3 月 23 日	354	747	1 041	1 597	12 292
3 月 24 日	287	980	955	1 809	10 447
3 月 25 日	277	614	1 009	1 559	8 129
3 月 26 日	220	550	1 106	1 384	7 838

附表5-2(续)

日期	2019 年	2020 年	2021 年	2022 年	2023 年
3 月 27 日	307	634	1 205	1 305	8 551
3 月 28 日	284	680	1 130	1 301	25 306
3 月 29 日	384	744	1 081	1 201	14 949
3 月 30 日	320	634	1 069	1 097	11 786
3 月 31 日	260	810	1 060	1 025	11 067
4 月 1 日	240	232	1 285	1 087	9 514
4 月 2 日	340	210	1 465	1 124	13 594
4 月 3 日	277	185	1 834	1 244	12 854
4 月 4 日	314	244	1 739	1 110	11 237
4 月 5 日	510	211	1 317	1 043	10 339
4 月 6 日	580	265	1 271	1 146	9 784
4 月 7 日	337	192	1 113	956	8 350
4 月 8 日	314	201	1 152	903	8 326
4 月 9 日	377	206	1 127	984	8 241
4 月 10 日	270	280	1 962	1 017	9 214
4 月 11 日	290	280	1 863	1 107	11 895
4 月 12 日	307	256	1 963	1 115	11 681
4 月 13 日	420	241	1 794	1 080	11 987
4 月 14 日	354	254	1 937	1 269	11 260
4 月 15 日	270	259	1 769	1 019	11 961
4 月 16 日	370	298	1 793	1 127	11 472
4 月 17 日	340	252	1 650	1 104	14 352
4 月 18 日	344	308	1 754	1 258	13 143
4 月 19 日	440	313	2 081	1 311	11 504
4 月 20 日	424	342	1 781	1 186	11 955
4 月 21 日	447	454	1 848	953	12 262
4 月 22 日	570	507	1 805	1 083	13 910

附表5-2（续）

日期	2019 年	2020 年	2021 年	2022 年	2023 年
4 月 23 日	420	478	1 795	1 259	13 020
4 月 24 日	377	523	1 945	1 529	12 249
4 月 25 日	454	640	2 002	1 729	12 199
4 月 26 日	470	1243	2 191	2 450	11 698
4 月 27 日	454	977	2 100	2 467	13 627
4 月 28 日	500	807	2 196	2 757	18 025
4 月 29 日	517	891	2 385	3 151	27 762
4 月 30 日	750	1 187	2 912	3 580	31 116
5 月 1 日	1 284	1 635	4 908	4 936	27 668
5 月 2 日	1 410	1 444	6 743	4 909	18 276
5 月 3 日	1 447	1 231	5 210	3 831	12 556
5 月 4 日	960	922	3 724	2 619	14 138
5 月 5 日	490	597	2 426	2 558	8 555
5 月 6 日	460	459	1 888	1 787	7 744
5 月 7 日	574	414	1 809	1 695	7 574
5 月 8 日	427	410	1 602	1 675	7 794
5 月 9 日	364	364	1 576	1 980	7 895
5 月 10 日	450	415	1 567	2 023	7 326
5 月 11 日	344	371	1 713	2 112	7 625
5 月 12 日	320	368	1 796	2 149	7 936
5 月 13 日	467	411	2 412	1 968	8 346
5 月 14 日	300	376	2 054	2 162	7 088
5 月 15 日	377	375	1 867	2 155	7 297
5 月 16 日	387	426	1 635	2 038	8 015
5 月 17 日	390	402	1 393	1 768	8 003
5 月 18 日	424	393	1 519	1 681	7 890
5 月 19 日	354	379	1 373	1 955	8 215

日期	2019 年	2020 年	2021 年	2022 年	2023 年
5 月 20 日	334	376	1 301	1 902	7 948
5 月 21 日	360	571	1 679	2 271	7 008
5 月 22 日	507	406	1 518	2 454	7 147
5 月 23 日	410	584	1 805	2 419	7 120
5 月 24 日	374	376	1 557	2 211	8 294
5 月 25 日	517	388	1 603	2 184	9 002
5 月 26 日	484	395	2 093	2 215	7 965
5 月 27 日	547	381	2 250	2 732	7 635
5 月 28 日	510	430	1 842	2 677	6 706
5 月 29 日	550	378	1 919	2 640	11 235
5 月 30 日	490	428	1 724	2 713	37 085
5 月 31 日	527	384	1 460	3 120	9 822
6 月 1 日	440	319	1 374	3 149	8 299
6 月 2 日	444	413	1 463	3 457	7 885
6 月 3 日	520	441	1 767	3 878	8 423
6 月 4 日	484	402	1 515	3 767	8 359
6 月 5 日	637	476	1 473	3 431	7 674
6 月 6 日	577	483	1 679	3 610	8 029
6 月 7 日	757	424	1 662	3 467	21 329
6 月 8 日	690	501	1 694	3 566	9 526
6 月 9 日	610	472	1 634	4 487	9 480
6 月 10 日	690	506	1 994	4 771	9 207
6 月 11 日	550	584	2 020	4 082	9 091
6 月 12 日	527	601	2 334	3 476	9 104
6 月 13 日	500	541	2 213	3 676	9 020
6 月 14 日	500	508	1 827	3 966	9 571
6 月 15 日	484	519	1 582	3 972	12 169

日期	2019 年	2020 年	2021 年	2022 年	2023 年
6 月 16 日	1 490	433	1 337	3 947	11 385
6 月 17 日	1 180	496	1 492	3 776	11 434
6 月 18 日	1 140	422	1 576	4 167	11 295
6 月 19 日	1 347	492	1 650	4 589	11 161
6 月 20 日	1 354	595	1 995	4 299	11 880
6 月 21 日	1 690	600	3 202	4 266	11 756
6 月 22 日	1 270	630	1 990	4 117	13 525
6 月 23 日	1 677	606	1 739	4 511	13 659
6 月 24 日	1 794	640	1 858	5 290	11 258
6 月 25 日	1 324	807	2 005	5 167	21 991
6 月 26 日	1 457	675	2 024	5 466	18 500
6 月 27 日	1 114	644	1 860	4 699	12 084
6 月 28 日	1 900	581	1 880	5 203	12 163
6 月 29 日	1 564	598	2 082	5 282	13 821
6 月 30 日	1 760	583	1 950	4 882	54 747
7 月 1 日	1 394	551	1 822	5 655	35 186
7 月 2 日	1 770	752	2 070	5 512	21 732
7 月 3 日	1 777	773	2 520	5 998	22 947
7 月 4 日	1 694	755	2 646	5 774	21 047
7 月 5 日	1 977	764	3 439	5 629	17 689
7 月 6 日	1 750	659	9 766	5 714	17 509
7 月 7 日	2 590	693	7 643	5 993	22 035
7 月 8 日	1 734	709	6 686	6 459	19 166
7 月 9 日	1 964	743	9 480	7 468	21 684
7 月 10 日	1 850	668	11 927	7 400	3 481 793
7 月 11 日	2 937	829	10 191	7 245	889 985
7 月 12 日	2 170	908	5 273	7 465	210 907

日 期	2019 年	2020 年	2021 年	2022 年	2023 年
7 月 13 日	2 134	805	4 510	8 436	127 442
7 月 14 日	2 034	875	4 710	8 927	41 348
7 月 15 日	1 844	856	4 287	8 420	37 948
7 月 16 日	1 514	813	4 392	8 543	28 279
7 月 17 日	1 784	773	5 467	8 165	25 222
7 月 18 日	1 757	840	4 680	8 846	25 180
7 月 19 日	1 934	839	4 465	8 897	23 524
7 月 20 日	1 940	852	4 411	8 838	27 640
7 月 21 日	2 144	1 040	4 447	8 949	24 156
7 月 22 日	1 660	907	12 793	9 014	24 002
7 月 23 日	2 240	932	20 566	9 653	25 425
7 月 24 日	2 147	935	4 114	9 673	24 195
7 月 25 日	2 097	892	3 895	10 177	27 508
7 月 26 日	1 774	900	4 232	9 946	25 229
7 月 27 日	2 060	959	4 312	11 017	23 208
7 月 28 日	2 140	930	5 013	10 752	20 888
7 月 29 日	2 124	941	3 034	11 054	22 075
7 月 30 日	2 000	1 051	2 843	12 075	23 032
7 月 31 日	2 217	1 004	2 682	12 681	23 775
8 月 1 日	2 314	1 193	2 292	15 872	65 484
8 月 2 日	2 230	1 111	2 078	29 509	82 233
8 月 3 日	2 400	1 095	1 749	15 112	37 481
8 月 4 日	2 524	1 203	1 724	13 695	26 310
8 月 5 日	2 510	1 468	1 766	14 149	25 472
8 月 6 日	2 224	1 508	1 122	13 374	25 377
8 月 7 日	2 850	1 352	1 216	13 249	24 678
8 月 8 日	2 487	1 520	1 115	11 855	24 792

附表5-2(续)

日期	2019 年	2020 年	2021 年	2022 年	2023 年
8 月 9 日	2 564	4 207	1 031	11 629	26 265
8 月 10 日	3 250	4 841	932	10 314	24 041
8 月 11 日	2 520	3 986	1 047	10 024	24 644
8 月 12 日	2 340	2 528	1 047	10 704	27 679
8 月 13 日	2 710	1 876	1 191	9 683	25 141
8 月 14 日	2 514	1 709	1 542	9 612	27 691
8 月 15 日	3 010	1 515	2 403	9 008	19 898
8 月 16 日	2 400	1 469	1 024	9 155	19 492
8 月 17 日	2 887	1 331	994	8 726	17 287
8 月 18 日	3 904	1 226	1 026	7 900	18 625
8 月 19 日	3 184	1 196	2 263	7 627	15 474
8 月 20 日	2 680	1 181	1 588	8 203	13 289
8 月 21 日	2 180	1 077	1 435	7 493	13 207
8 月 22 日	2 794	1 001	1 338	7 086	12 361
8 月 23 日	2 094	971	1 333	6 764	12 410
8 月 24 日	2 047	884	1 363	6 242	11 613
8 月 25 日	1 894	831	1 312	5 914	11 424
8 月 26 日	1 524	837	1 423	5 555	11 266
8 月 27 日	1 520	806	1 593	5 966	9 782
8 月 28 日	1 480	863	1 585	5 206	9 982
8 月 29 日	1 680	759	2 171	4 980	9 704
8 月 30 日	1 290	800	1 893	4 804	9 916
8 月 31 日	1 220	700	1 708	4 198	9 524
9 月 1 日	1 027	709	1 746	4 534	9 551
9 月 2 日	1 060	802	2 015	4 404	9 951
9 月 3 日	1 477	944	1 790	7 976	9 750
9 月 4 日	1 430	741	2 212	8 022	9 408

日期	2019 年	2020 年	2021 年	2022 年	2023 年
9 月 5 日	1 354	744	1 992	5 924	9 219
9 月 6 日	1 387	800	1 803	3 449	9 680
9 月 7 日	1 577	689	1 863	2 646	9 476
9 月 8 日	1 820	753	1 840	2 123	9 507
9 月 9 日	1 310	822	1 969	2 003	10 576
9 月 10 日	1 447	836	1 924	2 142	10 111
9 月 11 日	1 444	886	1 922	2 255	10 456
9 月 12 日	1 404	846	1 881	1 945	14 015
9 月 13 日	2 134	876	1 802	1 770	18 723
9 月 14 日	1 877	896	1 947	1 784	13 362
9 月 15 日	1 674	787	1 755	1 655	11 327
9 月 16 日	1 504	709	1 762	1 531	13 461
9 月 17 日	1 670	668	1 740	1 916	13 167
9 月 18 日	1 357	856	1 839	2 296	11 876
9 月 19 日	1 390	794	2 258	2 281	12 070
9 月 20 日	1 140	865	2 102	1 882	10 593
9 月 21 日	1 397	829	1 852	2 142	10 264
9 月 22 日	1 480	817	1 693	1 767	10 054
9 月 23 日	1 317	755	1 987	2 268	10 692
9 月 24 日	1 614	903	2 062	1 604	10 862
9 月 25 日	1 404	811	2 224	1 778	10 818
9 月 26 日	1 357	876	2 545	1 814	10 479
9 月 27 日	1 570	886	2 655	1 910	11 121
9 月 28 日	1 347	918	2 865	1 969	13 026
9 月 29 日	2 544	1 069	3 039	2 886	19 709
9 月 30 日	1 804	1 125	3 818	2 862	31 072
10 月 1 日	2 420	1 739	6 500	3 499	32 230

附表5-2（续）

日期	2019 年	2020 年	2021 年	2022 年	2023 年
10 月 2 日	4 120	2 999	9 039	3 785	30 803
10 月 3 日	4 844	3 592	8 424	3 285	28 354
10 月 4 日	4 304	3 337	7 179	2 895	23 823
10 月 5 日	3 450	2 978	5 688	2 578	16 616
10 月 6 日	3 224	2 068	3 788	2 385	10 797
10 月 7 日	1 774	1 397	2 536	1 647	12 227
10 月 8 日	1 160	1 146	1 960	1 443	10 313
10 月 9 日	1 100	960	2 008	1 408	9 202
10 月 10 日	1 470	885	1 682	1 474	7 801
10 月 11 日	997	879	1 321	1 432	7 510
10 月 12 日	1 200	835	1 685	1 356	7 290
10 月 13 日	964	804	1 542	1 277	7 057
10 月 14 日	1 190	625	1 283	1 272	7 812
10 月 15 日	1 407	669	1 266	1 673	8 216
10 月 16 日	1 044	642	1 266	1 577	7 912
10 月 17 日	900	715	1 407	1 567	7 571
10 月 18 日	977	628	1 283	1 565	8 306
10 月 19 日	1 210	721	1 168	1 536	8 131
10 月 20 日	1 010	676	963	1 490	7 613
10 月 21 日	710	777	919	1 476	7 470
10 月 22 日	980	793	852	1 793	6 715
10 月 23 日	984	700	822	1 732	7 006
10 月 24 日	714	777	764	1 729	6 859
10 月 25 日	720	610	774	1 731	7 351
10 月 26 日	884	656	692	2 281	6 497
10 月 27 日	800	696	735	11 455	6 350
10 月 28 日	1 140	739	679	15 284	6 761

日期	2019 年	2020 年	2021 年	2022 年	2023 年
10 月 29 日	1 044	559	699	16 207	5 568
10 月 30 日	714	673	703	12 652	5 956
10 月 31 日	1 074	621	731	10 862	5 748
11 月 1 日	1 004	494	722	10 165	5 910
11 月 2 日	1 350	562	715	7 142	6 136
11 月 3 日	1 054	483	737	8 053	6 417
11 月 4 日	7 70	576	808	6 702	6 393
11 月 5 日	827	623	737	6 215	5 500
11 月 6 日	904	562	1 528	7 939	6 262
11 月 7 日	1 094	712	809	7 600	5 721
11 月 8 日	727	615	720	21 926	6 279
11 月 9 日	1 457	560	706	31 878	6 824
11 月 10 日	787	548	758	18 615	9 677
11 月 11 日	534	508	955	17 276	6 117
11 月 12 日	824	684	956	13 965	5 201
11 月 13 日	947	687	932	11 178	15 096
11 月 14 日	947	745	1 011	10 896	5 642
11 月 15 日	994	643	1 042	9 273	7 391
11 月 16 日	767	741	828	7 748	8 542
11 月 17 日	904	723	900	8 524	7 492
11 月 18 日	620	848	861	8 680	8 413
11 月 19 日	864	1 121	890	22 763	7 087
11 月 20 日	800	1 452	980	16 794	6 252
11 月 21 日	807	1 074	962	14 197	6 976
11 月 22 日	867	796	967	9 871	6 983
11 月 23 日	617	506	903	8 732	5 849
11 月 24 日	757	580	767	7 182	7 714

附表5-2（续）

日期	2019 年	2020 年	2021 年	2022 年	2023 年
11 月 25 日	437	529	756	6 792	9 880
11 月 26 日	480	447	60 717	4 942	7 032
11 月 27 日	570	511	1 484	4 979	7 179
11 月 28 日	624	514	899	4 314	5 518
11 月 29 日	640	481	850	5 000	6 618
11 月 30 日	550	387	777	14 036	5 588
12 月 1 日	797	409	762	13 912	5 124
12 月 2 日	544	569	978	10 365	8 439
12 月 3 日	660	422	773	6 299	11 613
12 月 4 日	750	460	896	8 935	14 875
12 月 5 日	604	528	869	8 892	9 690
12 月 6 日	917	10 556	811	8 026	8 521
12 月 7 日	610	9 938	923	7 331	6 580
12 月 8 日	610	1 397	855	4 905	6 353
12 月 9 日	564	966	846	4 205	14 324
12 月 10 日	384	748	812	4 002	7 568
12 月 11 日	610	638	858	4 434	7 760
12 月 12 日	770	502	783	4 618	6 439
12 月 13 日	537	520	866	4 158	8 813
12 月 14 日	1 224	435	684	4 189	9 958
12 月 15 日	700	439	678	3 499	8 012
12 月 16 日	847	427	701	3 167	6 574
12 月 17 日	627	336	654	3 327	6 181
12 月 18 日	680	421	762	16 148	7 009
12 月 19 日	787	444	757	4 526	6 634
12 月 20 日	687	374	828	3 132	5 395
12 月 21 日	970	304	790	2 951	5 634

日期	2019 年	2020 年	2021 年	2022 年	2023 年
12 月 22 日	684	346	730	3 012	5 130
12 月 23 日	634	361	846	3 869	5 850
12 月 24 日	520	286	710	4 066	6 148
12 月 25 日	504	285	834	4 034	9 302
12 月 26 日	654	360	1 070	5 057	7 436
12 月 27 日	594	377	813	6 317	6 216
12 月 28 日	610	328	918	6 969	5 340
12 月 29 日	687	321	737	6 800	5 907
12 月 30 日	667	354	846	5 567	9 115
12 月 31 日	570	293	724	6 135	8 641

注：笔者根据巨量算数平台爬取的我国 31 个省（自治区、直辖市）对西江千户苗寨的网络关注度的逐日抖音指数数据整理得出。

附表 5-3 西江千户苗寨网络关注度指标数据（头条指数）

日期	2019 年	2020 年	2021 年	2022 年	2023 年
1 月 1 日	24	110	53	152	275
1 月 2 日	37	114	76	251	282
1 月 3 日	27	104	80	177	245
1 月 4 日	30	80	63	219	208
1 月 5 日	24	87	45	128	346
1 月 6 日	30	80	57	99	332
1 月 7 日	44	54	75	100	354
1 月 8 日	40	77	144	59	331
1 月 9 日	47	107	112	80	300
1 月 10 日	40	64	113	65	386
1 月 11 日	74	70	71	54	367
1 月 12 日	84	90	62	74	353
1 月 13 日	104	100	47	70	350

附表5-3（续）

日期	2019年	2020年	2021年	2022年	2023年
1月14日	70	74	46	58	398
1月15日	47	107	61	63	363
1月16日	30	94	76	72	326
1月17日	47	110	92	87	391
1月18日	50	104	36	74	351
1月19日	44	124	32	78	425
1月20日	57	127	32	51	413
1月21日	34	114	47	65	395
1月22日	44	90	50	77	1 455
1月23日	37	87	47	75	937
1月24日	34	120	69	75	1 762
1月25日	47	170	59	87	1 441
1月26日	40	307	48	120	1 004
1月27日	37	190	38	125	700
1月28日	60	100	53	91	650
1月29日	44	50	40	67	548
1月30日	40	70	67	68	423
1月31日	47	80	45	80	429
2月1日	57	47	49	97	365
2月2日	64	80	63	149	369
2月3日	87	70	46	193	391
2月4日	80	44	64	173	308
2月5日	200	90	70	172	308
2月6日	260	124	64	186	272
2月7日	307	360	60	129	289
2月8日	304	197	88	79	373
2月9日	280	184	86	111	400

日期	2019 年	2020 年	2021 年	2022 年	2023 年
2 月 10 日	190	174	59	103	400
2 月 11 日	110	137	49	103	1 553
2 月 12 日	104	157	146	99	3 430
2 月 13 日	80	107	195	125	1 043
2 月 14 日	74	144	278	106	666
2 月 15 日	97	220	298	105	488
2 月 16 日	120	377	229	109	374
2 月 17 日	84	260	175	125	422
2 月 18 日	97	197	145	121	392
2 月 19 日	70	227	122	134	451
2 月 20 日	67	157	122	100	392
2 月 21 日	64	217	150	128	531
2 月 22 日	67	240	177	123	388
2 月 23 日	70	267	107	105	315
2 月 24 日	70	167	129	132	536
2 月 25 日	60	264	106	131	393
2 月 26 日	74	294	91	109	538
2 月 27 日	54	170	77	133	557
2 月 28 日	54	310	78	105	352
2 月 29 日	—	207	—	—	—
3 月 1 日	50	194	67	106	628
3 月 2 日	67	257	82	113	490
3 月 3 日	37	274	120	127	444
3 月 4 日	54	194	81	268	413
3 月 5 日	50	144	99	118	300
3 月 6 日	94	184	94	143	394
3 月 7 日	47	177	111	161	579

附表5-3(续)

日期	2019 年	2020 年	2021 年	2022 年	2023 年
3 月 8 日	54	190	107	151	374
3 月 9 日	127	297	109	135	396
3 月 10 日	54	260	141	329	468
3 月 11 日	40	207	119	238	424
3 月 12 日	67	174	138	219	396
3 月 13 日	50	170	166	210	362
3 月 14 日	57	167	144	168	452
3 月 15 日	87	127	246	171	380
3 月 16 日	1 550	114	252	233	936
3 月 17 日	337	130	188	215	1 544
3 月 18 日	144	134	300	142	528
3 月 19 日	107	1 710	204	204	747
3 月 20 日	90	720	189	287	586
3 月 21 日	84	240	183	191	543
3 月 22 日	110	220	261	177	683
3 月 23 日	84	147	192	170	768
3 月 24 日	94	154	192	4 261	1 276
3 月 25 日	107	227	230	5 238	626
3 月 26 日	67	210	234	832	629
3 月 27 日	94	1 664	219	168	558
3 月 28 日	74	1 970	290	157	640
3 月 29 日	67	780	224	142	595
3 月 30 日	60	600	283	133	560
3 月 31 日	47	270	244	114	558
4 月 1 日	90	181	287	91	592
4 月 2 日	90	201	350	100	473
4 月 3 日	40	205	280	86	598

附表5-3(续)

日期	2019 年	2020 年	2021 年	2022 年	2023 年
4 月 4 日	70	411	233	116	580
4 月 5 日	104	218	208	120	463
4 月 6 日	114	175	249	95	480
4 月 7 日	100	169	235	109	567
4 月 8 日	64	201	230	120	427
4 月 9 日	90	188	233	64	498
4 月 10 日	97	87	315	90	550
4 月 11 日	70	99	409	67	675
4 月 12 日	114	89	360	49	609
4 月 13 日	227	65	430	83	759
4 月 14 日	70	78	429	95	590
4 月 15 日	70	103	380	88	623
4 月 16 日	770	70	385	81	789
4 月 17 日	117	65	355	100	707
4 月 18 日	100	73	373	75	706
4 月 19 日	117	98	429	57	638
4 月 20 日	100	99	370	95	634
4 月 21 日	144	164	410	83	605
4 月 22 日	94	85	482	64	696
4 月 23 日	80	118	397	78	670
4 月 24 日	100	125	417	136	603
4 月 25 日	87	127	648	1 591	544
4 月 26 日	64	186	515	389	558
4 月 27 日	70	231	330	87	605
4 月 28 日	97	154	372	137	754
4 月 29 日	130	260	398	122	961
4 月 30 日	164	278	434	163	1 243

附表5-3（续）

日期	2019年	2020年	2021年	2022年	2023年
5月1日	244	380	696	169	1 080
5月2日	287	256	891	205	762
5月3日	390	248	764	143	661
5月4日	270	162	692	108	451
5月5日	157	261	405	73	475
5月6日	120	276	290	93	480
5月7日	84	186	364	89	438
5月8日	60	135	283	68	378
5月9日	74	97	332	101	434
5月10日	80	99	362	107	458
5月11日	107	90	340	174	401
5月12日	144	118	373	139	406
5月13日	70	78	382	126	500
5月14日	90	130	435	122	515
5月15日	110	121	348	77	429
5月16日	140	170	301	93	444
5月17日	110	111	375	92	412
5月18日	114	88	295	95	428
5月19日	187	131	275	140	413
5月20日	150	90	279	95	412
5月21日	180	92	337	94	491
5月22日	117	79	281	95	442
5月23日	140	157	361	162	413
5月24日	110	135	258	140	398
5月25日	140	116	325	161	396
5月26日	167	108	295	280	424
5月27日	110	115	230	235	394

日期	2019年	2020年	2021年	2022年	2023年
5月28日	100	54	230	146	426
5月29日	80	77	222	125	374
5月30日	90	81	232	138	397
5月31日	140	97	239	171	409
6月1日	100	93	245	104	427
6月2日	110	107	267	125	405
6月3日	540	99	259	222	358
6月4日	130	151	228	170	387
6月5日	97	218	261	205	461
6月6日	100	200	200	144	358
6月7日	97	148	262	221	486
6月8日	77	94	265	206	518
6月9日	87	108	383	215	529
6月10日	94	134	395	213	480
6月11日	84	99	320	207	509
6月12日	120	107	333	221	519
6月13日	140	150	274	6 723	523
6月14日	110	146	187	7 729	549
6月15日	90	185	212	272	559
6月16日	104	347	206	253	521
6月17日	107	129	212	847	571
6月18日	114	99	225	779	501
6月19日	84	154	251	595	544
6月20日	110	138	203	521	593
6月21日	134	102	234	361	544
6月22日	110	166	253	245	645
6月23日	94	151	271	229	664

附表5-3（续）

日期	2019 年	2020 年	2021 年	2022 年	2023 年
6 月 24 日	114	134	317	262	628
6 月 25 日	130	239	294	265	626
6 月 26 日	110	162	314	253	675
6 月 27 日	104	123	295	252	757
6 月 28 日	124	113	281	266	716
6 月 29 日	97	113	373	262	762
6 月 30 日	140	111	307	295	809
7 月 1 日	80	93	228	352	788
7 月 2 日	120	131	256	495	957
7 月 3 日	110	156	351	393	970
7 月 4 日	117	149	413	596	1 004
7 月 5 日	157	185	453	827	911
7 月 6 日	140	122	477	1 247	1 070
7 月 7 日	127	119	495	1 491	959
7 月 8 日	130	156	455	519	1 218
7 月 9 日	170	122	499	483	1 353
7 月 10 日	140	156	491	531	227 038
7 月 11 日	130	159	512	594	55 541
7 月 12 日	147	204	526	562	47 011
7 月 13 日	160	151	689	564	33 146
7 月 14 日	160	149	610	579	8 635
7 月 15 日	130	279	559	864	7 159
7 月 16 日	180	214	677	756	6 120
7 月 17 日	140	170	667	738	4 080
7 月 18 日	160	188	761	676	2 773
7 月 19 日	177	240	790	765	2 315
7 月 20 日	260	180	636	598	2 162

日期	2019 年	2020 年	2021 年	2022 年	2023 年
7 月 21 日	207	194	708	760	2 001
7 月 22 日	290	153	683	591	1 882
7 月 23 日	210	168	646	658	2 416
7 月 24 日	214	163	588	668	2 882
7 月 25 日	184	206	632	675	2 233
7 月 26 日	187	272	767	837	1 884
7 月 27 日	190	248	750	723	2 002
7 月 28 日	157	269	725	674	1 790
7 月 29 日	194	231	487	735	1 886
7 月 30 日	237	223	411	780	1 793
7 月 31 日	227	265	369	863	2 148
8 月 1 日	170	240	295	806	2 146
8 月 2 日	254	306	315	967	1 944
8 月 3 日	240	226	216	943	1 873
8 月 4 日	304	226	220	800	1 866
8 月 5 日	277	365	160	887	2 245
8 月 6 日	297	314	145	1 023	2 145
8 月 7 日	264	299	134	794	2 192
8 月 8 日	274	354	120	798	3 619
8 月 9 日	250	1 555	99	774	2 506
8 月 10 日	190	2 501	100	1 226	2 681
8 月 11 日	220	1 946	89	689	2 717
8 月 12 日	217	945	123	808	1 948
8 月 13 日	264	622	115	708	2 486
8 月 14 日	220	485	125	974	2 088
8 月 15 日	220	418	118	721	1 719
8 月 16 日	214	418	120	693	1 529

日期	2019年	2020年	2021年	2022年	2023年
8月17日	220	409	101	685	2 123
8月18日	207	333	109	631	3 418
8月19日	207	333	226	608	1 763
8月20日	224	263	121	450	1 288
8月21日	257	255	94	482	1 174
8月22日	190	276	79	429	1 091
8月23日	194	302	113	642	993
8月24日	204	200	131	378	840
8月25日	190	225	141	331	830
8月26日	224	290	110	437	753
8月27日	160	218	142	339	587
8月28日	150	234	128	309	659
8月29日	100	188	133	348	577
8月30日	124	206	112	264	492
8月31日	144	165	111	264	589
9月1日	107	180	99	301	587
9月2日	87	155	136	363	651
9月3日	104	183	113	556	859
9月4日	124	171	145	616	702
9月5日	127	210	144	785	622
9月6日	167	197	168	409	672
9月7日	127	215	134	340	642
9月8日	164	217	142	204	526
9月9日	110	235	151	142	641
9月10日	87	159	194	122	627
9月11日	94	191	165	133	707
9月12日	107	328	179	165	763

附表5-3(续)

日期	2019 年	2020 年	2021 年	2022 年	2023 年
9 月 13 日	124	227	185	122	897
9 月 14 日	147	237	184	104	770
9 月 15 日	120	212	203	118	815
9 月 16 日	97	184	243	158	828
9 月 17 日	124	235	226	154	833
9 月 18 日	160	189	239	169	754
9 月 19 日	120	218	265	191	800
9 月 20 日	110	252	190	164	912
9 月 21 日	104	257	227	172	742
9 月 22 日	90	261	222	132	613
9 月 23 日	110	279	216	95	704
9 月 24 日	97	268	232	106	846
9 月 25 日	117	215	271	176	607
9 月 26 日	127	254	310	168	517
9 月 27 日	147	212	220	182	610
9 月 28 日	134	219	299	159	545
9 月 29 日	150	276	291	133	870
9 月 30 日	224	259	338	140	1 522
10 月 1 日	260	411	566	201	1 591
10 月 2 日	394	572	720	203	28 629
10 月 3 日	474	736	710	236	22 846
10 月 4 日	504	954	764	180	1 860
10 月 5 日	334	905	488	201	1 105
10 月 6 日	184	462	408	151	721
10 月 7 日	130	296	236	172	728
10 月 8 日	134	204	557	106	488
10 月 9 日	64	170	214	135	575

附表5-3（续）

日期	2019 年	2020 年	2021 年	2022 年	2023 年
10 月 10 日	87	167	188	116	450
10 月 11 日	114	184	186	123	502
10 月 12 日	117	167	198	165	482
10 月 13 日	100	204	190	110	422
10 月 14 日	104	195	173	105	433
10 月 15 日	127	176	223	94	427
10 月 16 日	94	156	282	90	494
10 月 17 日	97	188	196	180	454
10 月 18 日	90	173	210	115	536
10 月 19 日	140	125	182	71	630
10 月 20 日	247	184	375	114	437
10 月 21 日	107	212	188	110	382
10 月 22 日	104	197	183	155	405
10 月 23 日	80	156	214	123	427
10 月 24 日	90	140	162	115	359
10 月 25 日	74	143	135	123	444
10 月 26 日	60	169	267	165	429
10 月 27 日	110	144	167	355	405
10 月 28 日	54	105	122	437	384
10 月 29 日	97	144	88	1 441	352
10 月 30 日	64	137	99	2 197	381
10 月 31 日	114	160	94	1 198	304
11 月 1 日	77	139	93	1 053	336
11 月 2 日	80	122	68	521	377
11 月 3 日	67	112	80	657	330
11 月 4 日	67	116	78	566	375
11 月 5 日	107	114	40	489	327

附表5-3(续)

日期	2019年	2020年	2021年	2022年	2023年
11月6日	70	128	76	478	308
11月7日	67	142	74	515	351
11月8日	70	158	65	840	329
11月9日	87	107	41	1 709	285
11月10日	94	182	57	1 478	311
11月11日	70	121	84	934	289
11月12日	104	155	49	766	284
11月13日	90	140	61	735	295
11月14日	84	162	88	576	313
11月15日	74	168	72	597	314
11月16日	64	168	70	529	364
11月17日	84	169	57	640	277
11月18日	97	186	109	680	316
11月19日	134	165	137	974	342
11月20日	74	220	73	816	375
11月21日	160	201	75	548	283
11月22日	180	162	79	490	318
11月23日	90	149	57	438	447
11月24日	100	85	70	387	316
11月25日	87	117	82	385	397
11月26日	97	116	39	337	388
11月27日	100	121	74	370	362
11月28日	84	160	73	279	392
11月29日	107	103	91	329	325
11月30日	124	112	104	257	218
12月1日	100	117	67	271	273
12月2日	50	101	65	197	221
12月3日	80	76	73	198	197
12月4日	84	65	60	271	193

附表5-3（续）

日期	2019 年	2020 年	2021 年	2022 年	2023 年
12 月 5 日	80	90	78	185	220
12 月 6 日	80	76 291	105	188	228
12 月 7 日	47	456 519	85	273	222
12 月 8 日	40	20 754	58	202	206
12 月 9 日	57	711	55	159	200
12 月 10 日	57	485	64	190	186
12 月 11 日	100	285	77	154	213
12 月 12 日	164	242	61	143	191
12 月 13 日	70	200	53	161	192
12 月 14 日	70	179	69	145	209
12 月 15 日	87	183	74	204	158
12 月 16 日	80	162	51	124	156
12 月 17 日	94	128	64	171	154
12 月 18 日	87	130	52	229	130
12 月 19 日	84	106	68	286	130
12 月 20 日	100	100	49	567	128
12 月 21 日	74	92	39	345	185
12 月 22 日	80	81	49	284	150
12 月 23 日	77	77	61	256	133
12 月 24 日	110	126	51	232	135
12 月 25 日	100	82	46	201	131
12 月 26 日	60	90	57	180	134
12 月 27 日	84	141	71	209	175
12 月 28 日	77	90	172	181	158
12 月 29 日	90	87	312	178	147
12 月 30 日	94	85	174	218	197
12 月 31 日	74	56	100	229	232

注：笔者根据巨量算数平台爬取的我国31个省（自治区、直辖市）对西江千户苗寨的网络关注度的逐日头条指数数据整理得出。

附录6　我国31个省（自治区、直辖市）对西江千户苗寨的网络关注度的指标数据

附表6-1　我国31个省（自治区、直辖市）对西江千户苗寨的网络
关注度的指标数据及排序

地区	省级行政区	2019 年	2020 年	2021 年	2022 年	2023 年
东部地区	北京	24 760（12）	19 677（5）	18 666（5）	36 290（10）	213 004（8）
	天津	13 610（22）	9 218（22）	9 728（21）	12 711（22）	71 008（22）
	河北	17 791（20）	12 882（18）	13 208（18）	23 116（19）	124 496（17）
	浙江	36 345（6）	18 843（6）	18 360（6）	55 595（5）	271 321（5）
	江苏	27 911（10）	18 454（8）	18 755（4）	40 408（8）	220 994（7）
	山东	23 130（13）	15 301（11）	16 072（11）	29 285（15）	165 789（12）
	广东	64 656（2）	30 119（2）	25 557（2）	96 247（2）	565 341（2）
	福建	25 282（11）	14 999（13）	14 438（13）	32 713（11）	154 260（14）
	上海	23 063（14）	17 694（9）	17 894（8）	31 022（13）	158 030（13）
	辽宁	18 346（18）	12 678（20）	14 199（14）	19 571（20）	87 692（20）
	海南	11 100（25）	7 519（24）	6 557（26）	9 830（24）	38 573（26）
中部地区	河南	21 563（15）	13 887（15）	13 932（16）	30 526（14）	193 666（9）
	山西	13 706（21）	9 897（21）	9 333（22）	15 724（21）	83 072（21）
	江西	21 237（16）	13 280（16）	12 862（19）	29 091（16）	126 975（16）
	安徽	18 143（19）	13 276（17）	13 250（17）	23 267（18）	109 853（19）
	湖北	27 968（9）	14 820（14）	14 975（12）	31 883（12）	148 672（15）
	吉林	10 587（26）	6 827（25）	9 025（24）	9 344（26）	48 123（24）
	湖南	37 014（4）	20 118（4）	18 164（7）	49 304（6）	243 324（6）
	黑龙江	11 163（23）	8 775（23）	9 285（23）	11 957（23）	54 543（23）

附表6-1（续）

地区	省级行政区	2019 年	2020 年	2021 年	2022 年	2023 年
西部地区	重庆	34 416（7）	18 751（7）	17 213（9）	69 640（3）	444 576（3）
	西藏	2 328（31）	778（31）	976（31）	1 356（31）	7 379（31）
	新疆	9 382（28）	3 669（28）	4 235（28）	8 224（27）	35 574（28）
	广西	36 689（5）	16 639（10）	16 207（10）	36 605（9）	183 693（11）
	甘肃	11 152（24）	6 625（26）	6 067（27）	9 392（25）	40 633（25）
	内蒙古	9 835（27）	6 457（27）	6 870（25）	8 131（28）	37 843（27）
	贵州	107 442（1）	66 712（1）	58 206（1）	247 568（1）	878 344（1）
	青海	4 413（30）	1 800（29）	1 732（30）	3 459（29）	12 981（30）
	四川	41 152（3）	23 060（3）	20 865（3）	66 806（4）	424 668（4）
	云南	28 648（8）	15 146（12）	14 102（15）	42 525（7）	184 997（10）
	宁夏	5 841（29）	1 800（30）	2 266（29）	3 306（30）	14 508（29）
	陕西	20 345（17）	12 786（19）	12 813（20）	25 315（17）	117 868（18）

注：①笔者根据百度指数和巨量算数平台爬取的我国31个省（自治区、直辖市）对西江千户苗寨的网络关注度的逐日百度指数、抖音和头条指数数据整理得出；②括号中的数据代表网络关注度排名。

附录7　西江千户苗寨网络关注度人群画像指标数据

附表7-1　2019年全国西江千户苗寨搜索指数省域排名

序号	抖音指数			头条指数		
	省级行政区	分布占比/%	TGI	省级行政区	分布占比/%	TGI
1	贵州	18.54	706.33	广东	12.83	109.55
2	广东	10.21	89.48	贵州	11.69	649.58
3	四川	8.01	150.04	四川	7.30	141.17
4	浙江	6.86	109.18	江苏	5.47	75.48
5	江苏	4.94	66.25	浙江	5.39	102.73
6	湖南	4.77	120.49	河南	5.28	88.03
7	云南	4.75	153.13	湖南	4.91	138.77
8	重庆	3.99	178.07	广西	4.86	156.13
9	河南	3.88	57.95	山东	4.67	62
10	福建	3.69	107.78	云南	4.17	169.79
11	湖北	3.57	94.23	湖北	4.08	105.13
12	江西	3.27	112.2	福建	3.33	110.63
13	广西	3.26	107.81	重庆	3.11	155.82
14	陕西	2.97	97.3	河北	2.71	53.74
15	安徽	2.81	68.1	陕西	2.69	86.43
16	山东	2.50	39.14	安徽	2.56	73.78
17	河北	1.87	41.12	江西	2.44	100.46
18	上海	1.42	63.14	上海	2.11	71.58
19	山西	1.36	56.6	山西	1.71	66.68
20	北京	1.08	49.56	甘肃	1.41	92.73
21	新疆	0.99	53.48	辽宁	1.17	37.15
22	甘肃	0.97	78.12	北京	1.06	34.15
23	辽宁	0.86	35.3	新疆	0.95	66.39
24	海南	0.69	84.59	内蒙古	0.81	50.02

附表7-1(续)

序号	抖音指数			头条指数		
	省级行政区	分布占比/%	TGI	省级行政区	分布占比/%	TGI
25	内蒙古	0.55	39.01	天津	0.68	48.05
26	天津	0.48	42.99	黑龙江	0.68	33.96
27	黑龙江	0.43	27.46	海南	0.65	77
28	吉林	0.39	31.23	吉林	0.59	36.03
29	西藏	0.33	93.75	青海	0.31	86.73
30	青海	0.25	78.33	宁夏	0.29	62.76
31	宁夏	0.25	60.58	西藏	0.06	34.87

资料来源：抖音指数、头条指数。

附表 7-2 2020 年全国西江千户苗寨搜索指数省域排名

序号	抖音指数			头条指数		
	省级行政区	分布占比/%	TGI	省级行政区	分布占比/%	TGI
1	贵州	17.71	674.71	贵州	14.73	818.51
2	广东	11.29	98.95	广东	13.69	116.89
3	浙江	6.35	101.06	四川	8.30	160.51
4	四川	6.31	118.2	广西	5.24	168.34
5	江苏	5.15	69.06	湖南	5.01	141.59
6	湖南	4.50	113.67	浙江	4.41	84.05
7	云南	4.29	138.3	云南	4.25	173.04
8	河南	4.13	61.68	江苏	4.20	57.96
9	湖北	3.48	91.86	重庆	3.85	192.9
10	福建	3.42	99.9	湖北	3.75	96.63
11	广西	3.37	111.45	北京	3.41	109.85
12	山东	3.20	50.1	上海	3.13	106.19
13	重庆	3.17	141.48	福建	3.05	101.32
14	安徽	2.85	69.07	山东	2.78	36.91
15	陕西	2.63	86.17	河南	2.67	44.52
16	江西	2.60	89.21	陕西	2.30	73.9

附表7-2（续）

序号	抖音指数			头条指数		
	省级行政区	分布占比/%	TGI	省级行政区	分布占比/%	TGI
17	河北	2.40	52.78	江西	2.10	86.46
18	山西	1.57	65.33	河北	1.86	36.88
19	上海	1.55	68.92	安徽	1.79	51.59
20	辽宁	1.48	60.75	辽宁	1.57	49.85
21	北京	1.26	57.82	山西	1.23	47.96
22	新疆	1.26	68.07	甘肃	1.05	69.06
23	甘肃	1.02	82.15	天津	0.96	67.83
24	黑龙江	0.87	55.56	新疆	0.96	67.09
25	内蒙古	0.81	57.45	海南	0.78	92.4
26	海南	0.80	98.08	内蒙古	0.72	44.47
27	吉林	0.73	58.45	黑龙江	0.71	35.46
28	天津	0.71	63.59	吉林	0.68	41.53
29	西藏	0.43	122.15	青海	0.31	86.73
30	青海	0.32	100.26	宁夏	0.27	58.44
31	宁夏	0.26	63	西藏	0.15	87.17

资料来源：抖音指数、头条指数。

附表7-3　2021年全国西江千户苗寨搜索指数省域排名

序号	抖音指数			头条指数		
	省级行政区	分布占比/%	TGI	省级行政区	分布占比/%	TGI
1	贵州	20.17	730.62	广东	14.82	128
2	广东	11	96.76	贵州	10.26	583.77
3	浙江	6.46	102.71	四川	8.31	157.22
4	四川	6.27	114.55	广西	5.87	195.45
5	江苏	4.99	66.91	江苏	4.76	65.88
6	云南	4.32	134.78	浙江	4.63	87.43
7	湖南	4.08	110.86	湖南	4.54	144.44
8	河南	3.90	57.33	云南	4.23	178.67

附表7-3（续）

序号	抖音指数			头条指数		
	省级行政区	分布占比/%	TGI	省级行政区	分布占比/%	TGI
9	重庆	3.49	157.6	湖北	4.21	123.73
10	广西	3.40	110.11	重庆	3.90	194.75
11	山东	3.29	51.33	山东	3.39	45.14
12	湖北	3.02	77.03	福建	3.30	109.51
13	福建	2.97	85.98	河南	3.28	55.52
14	安徽	2.68	63.52	上海	3.08	105.71
15	江西	2.66	90.31	陕西	2.64	83.04
16	陕西	2.62	84.75	北京	2.40	79.58
17	河北	2.34	53.11	江西	2.26	96.49
18	上海	1.80	81.39	河北	2.18	42.97
19	北京	1.63	78.24	安徽	2.09	61.54
20	辽宁	1.49	62.84	辽宁	1.66	51.16
21	山西	1.42	60.28	山西	1.32	50.82
22	甘肃	0.89	73.3	甘肃	1.17	76.25
23	新疆	0.83	43.75	新疆	0.96	69.19
24	黑龙江	0.73	46.94	天津	0.92	65.09
25	内蒙古	0.72	53.38	海南	0.81	86.8
26	天津	0.71	66.77	黑龙江	0.79	28.8
27	海南	0.69	78.92	内蒙古	0.74	45.21
28	吉林	0.64	54.89	吉林	0.73	33.89
29	宁夏	0.28	66.15	青海	0.30	100.67
30	西藏	0.27	77.04	宁夏	0.30	62.7
31	青海	0.26	92.64	西藏	0.13	85.73

资料来源：抖音指数、头条指数。

附表 7-4　2022 年全国西江千户苗寨搜索指数省域排名

序号	抖音指数			头条指数		
	省级行政区	分布占比/%	TGI	省级行政区	分布占比/%	TGI
1	贵州	19.13	700.78	广东	19	170.58
2	广东	11.82	106.8	四川	6.37	117.58
3	浙江	7.28	116.6	广西	5.70	188.92
4	四川	6.34	116.57	江苏	5.26	73.62
5	云南	5.56	173.04	贵州	5.20	295.12
6	湖南	4.60	113.51	浙江	5.02	96.27
7	江苏	4.35	59.89	山东	4.53	59.44
8	广西	3.99	127.07	湖南	4.51	129.62
9	河南	3.79	54.72	湖北	4.21	106.07
10	福建	3.48	102.41	河南	4.13	68.69
11	湖北	3.04	77.36	福建	3.82	128.28
12	重庆	3.02	138.89	云南	3.50	143.36
13	陕西	2.85	93.72	上海	2.99	104.8
14	江西	2.60	88.48	重庆	2.82	132.93
15	安徽	2.54	60.4	陕西	2.78	87.83
16	山东	2.50	38.08	北京	2.61	87.37
17	河北	2.15	47.28	河北	2.61	50.6
18	山西	1.75	73.18	安徽	2.39	70.01
19	北京	1.54	79.57	江西	2.34	100.11
20	上海	1.28	59.53	山西	1.69	63.37
21	新疆	0.99	53.68	辽宁	1.46	45.26
22	甘肃	0.96	73.71	甘肃	1.31	80.45
23	辽宁	0.84	35.27	新疆	1.12	74.54
24	海南	0.75	87.41	海南	0.92	100.22
25	内蒙古	0.68	48.89	天津	0.82	57.56
26	天津	0.53	51.61	内蒙古	0.78	47.36
27	黑龙江	0.46	29.95	黑龙江	0.70	33.53
28	吉林	0.40	33.25	吉林	0.63	37.92

附表7-4（续）

序号	抖音指数			头条指数		
	省级行政区	分布占比/%	TGI	省级行政区	分布占比/%	TGI
29	西藏	0.29	85.86	宁夏	0.33	67.32
30	宁夏	0.24	55.86	青海	0.30	84.33
31	青海	0.23	72.92	西藏	0.12	83.84

资料来源：抖音指数、头条指数。

附表7-5　2023年全国西江千户苗寨搜索指数省域排名

序号	抖音指数			头条指数		
	省级行政区	分布占比/%	TGI	省级行政区	分布占比/%	TGI
1	贵州	17.30	660.35	广东	15	132.38
2	广东	10.97	96.81	贵州	7.50	438.82
3	四川	7.87	145.39	四川	7.33	131.87
4	浙江	6.65	107.28	江苏	5.50	76.38
5	云南	4.99	154.52	广西	5.21	173.31
6	江苏	4.75	66.73	浙江	4.95	80.54
7	湖南	4.65	115.29	山东	4.79	63.91
8	河南	4.01	60.27	湖南	4.55	130.21
9	重庆	3.86	180.18	湖北	4.27	108.9
10	广西	3.83	120.46	河南	3.99	68.43
11	福建	3.25	97.81	云南	3.47	145.65
12	湖北	3.25	84.13	福建	3.37	116.45
13	山东	3.10	46.94	重庆	3.01	141.02
14	陕西	2.75	91.51	河北	2.83	56.95
15	安徽	2.63	64.38	上海	2.83	99.87
16	江西	2.44	84.02	陕西	2.62	85.69
17	河北	2.26	48.98	安徽	2.53	74.67
18	山西	1.51	64.19	北京	2.46	83.62
19	上海	1.47	66.42	江西	2.36	100.56
20	北京	1.36	66.01	辽宁	1.93	60.04

附表7-5（续）

序号	抖音指数			头条指数		
	省级行政区	分布占比/%	TGI	省级行政区	分布占比/%	TGI
21	辽宁	1.19	48	山西	1.62	61.91
22	新疆	0.98	53.89	新疆	1.22	90.27
23	甘肃	0.95	70.93	甘肃	1.19	76.41
24	内蒙古	0.71	49.69	天津	0.99	70.06
25	海南	0.70	76.8	黑龙江	0.94	45.11
26	黑龙江	0.62	38.43	内蒙古	0.91	59.03
27	天津	0.59	55.02	海南	0.86	82.79
28	吉林	0.54	42.64	吉林	0.83	51.78
29	西藏	0.30	88.93	宁夏	0.46	100.62
30	宁夏	0.27	61.72	青海	0.31	96.68
31	青海	0.23	71.36	西藏	0.12	85.18

资料来源：抖音指数、头条指数。

附表 7-6　2019 年全国游客西江千户苗寨搜索指数市域排名

序号	抖音指数			头条指数		
	城市	分布占比/%	TGI	城市	分布占比/%	TGI
1	贵阳	9.21	1 534.71	贵阳	6.56	1 320.04
2	重庆	7.87	351.18	重庆	6.54	327.64
3	遵义	6.14	1 257.26	黔东南	6.27	4 022.98
4	成都	5.63	294.9	成都	5.85	281.1
5	黔东南	5.39	2 477.91	广州	5.41	232.7
6	黔南	3.50	1 435.75	深圳	4.62	225.08
7	广州	3.27	154.22	上海	4.35	147.56
8	毕节	3.25	905.63	东莞	3.89	299.63
9	东莞	3.08	222.07	昆明	3.16	391.85
10	深圳	3.04	162.26	佛山	2.63	237.74
11	铜仁	2.69	1 321.13	遵义	2.54	809.68
12	上海	2.60	115.59	武汉	2.45	170.13

附表7-6（续）

序号	抖音指数			头条指数		
	城市	分布占比/%	TGI	城市	分布占比/%	TGI
13	昆明	2.60	320.75	西安	2.25	155.19
14	西安	2.15	162.14	南宁	2.20	286.54
15	杭州	2.14	157.48	长沙	2.04	229.38
16	安顺	2.11	1 400.31	苏州	2.04	151.58
17	宁波	2.10	211.84	杭州	1.99	157.57
18	温州	2.08	231.98	郑州	1.98	159.93
19	苏州	2.05	138.22	黔南	1.92	1 196.21
20	佛山	1.86	178.09	宁波	1.71	197.4
21	北京	1.81	83.04	温州	1.50	223
22	黔西南	1.72	915.84	北京	1.43	46.06
23	长沙	1.67	169.87	泉州	1.26	194.36
24	泉州	1.63	195.41	毕节	1.19	555.48
25	六盘水	1.53	876.62	南京	1.12	104.34
26	金华	1.51	212.39	天津	1.04	73.48
27	武汉	1.38	116.88	南阳	1	175.47
28	郑州	0.93	72.07	安顺	0.99	951.36
29	南宁	0.92	131.53	金华	0.99	184.64
30	南京	0.74	79.76	济南	0.95	96.67

资料来源：抖音指数、头条指数。

附表 7-7　2020 年全国游客西江千户苗寨搜索指数市域排名

序号	抖音指数			头条指数		
	城市	分布占比/%	TGI	城市	分布占比/%	TGI
1	贵阳	9.02	1 503.05	黔东南	7.99	5 126.57
2	黔东南	6.88	3 162.9	贵阳	7.95	1 599.74
3	重庆	6.57	293.17	重庆	6.88	344.67
4	遵义	5.48	1 122.12	成都	6.82	327.71
5	成都	4.90	256.66	北京	6.04	194.55

附表7-7(续)

序号	抖音指数			头条指数		
	城市	分布占比/%	TGI	城市	分布占比/%	TGI
6	广州	4.49	211.75	广州	6	258.07
7	黔南	3.55	1 456.26	上海	5.57	188.95
8	深圳	3.50	186.82	深圳	4.62	225.08
9	东莞	3.22	232.17	昆明	3.40	421.61
10	上海	3.19	141.82	武汉	2.92	202.76
11	毕节	2.99	833.18	遵义	2.70	860.68
12	昆明	2.57	317.05	东莞	2.65	204.11
13	北京	2.54	116.53	南宁	2.47	321.7
14	西安	2.51	189.28	长沙	2.43	273.24
15	铜仁	2.49	1 222.91	佛山	2.43	219.66
16	佛山	2.35	225.01	黔南	2.08	1 295.89
17	苏州	2.25	151.71	西安	2.07	142.77
18	杭州	2.23	164.1	杭州	1.84	145.69
19	温州	2.08	231.98	南京	1.63	151.85
20	长沙	2	203.44	天津	1.51	106.68
21	安顺	1.92	1 274.22	苏州	1.37	101.8
22	武汉	1.92	162.62	柳州	1.27	420.4
23	宁波	1.90	191.67	福州	1.24	180.94
24	金华	1.64	230.67	郑州	1.05	84.81
25	黔西南	1.58	841.3	毕节	1.04	485.46
26	泉州	1.52	182.22	惠州	0.96	152.5
27	六盘水	1.34	767.76	安顺	0.89	855.27
28	郑州	1.33	103.06	桂林	0.87	262.92
29	南京	1.14	122.87	宁波	0.85	98.13
30	南宁	1.14	162.98	怀化	0.61	247.74

资料来源:抖音指数、头条指数。

附表 7-8　2021 年全国游客西江千户苗寨搜索指数市域排名

序号	抖音指数			头条指数		
	城市	分布占比/%	TGI	城市	分布占比/%	TGI
1	黔东南	6.55	2 945.06	重庆	4.95	248.35
2	贵阳	6.03	1 024.61	成都	4.79	224.18
3	重庆	4.40	201.24	贵阳	4.42	928.34
4	遵义	3.30	644.16	广州	4.05	186.94
5	成都	3.17	163.61	上海	3.90	122.43
6	广州	2.74	131.76	深圳	3.41	160.92
7	深圳	2.48	137.72	黔东南	3.11	2 166.67
8	黔南	2.43	966.31	北京	3.03	91.14
9	上海	2.26	95.23	昆明	2.44	306.08
10	北京	2.04	89.97	武汉	2.41	167.31
11	毕节	1.97	494.51	东莞	2.08	152.16
12	东莞	1.92	137.18	南宁	2	259.43
13	杭州	1.75	126.55	佛山	1.98	181.39
14	昆明	1.74	207.47	西安	1.74	116.28
15	西安	1.64	123.9	杭州	1.50	117.32
16	铜仁	1.44	550.34	长沙	1.49	165.41
17	苏州	1.38	91.95	遵义	1.43	461.65
18	长沙	1.37	131.18	南京	1.30	116.46
19	武汉	1.36	108.14	苏州	1.14	83.27
20	佛山	1.33	126.48	天津	1.10	78.2
21	宁波	1.25	126.31	柳州	1.04	354.48
22	温州	1.13	130.21	福州	1.03	161.35
23	郑州	1.13	83.22	郑州	0.97	75.71
24	金华	1.09	157.62	黔南	0.95	623.92
25	安顺	1.09	700.93	宁波	0.86	95.63
26	黔西南	1.02	438.97	惠州	0.79	131.67
27	南宁	1	135.91	桂林	0.65	213.38
28	六盘水	0.87	465.9	温州	0.65	97.82

附表7-8(续)

序号	抖音指数			头条指数		
	城市	分布占比/%	TGI	城市	分布占比/%	TGI
29	南京	0.87	90.29	无锡	0.63	86.16
30	天津	0.81	77.15	厦门	0.59	135.16

资料来源:抖音指数、头条指数。

附表7-9 2022年全国游客西江千户苗寨搜索指数市域排名

序号	抖音指数			头条指数		
	城市	分布占比/%	TGI	城市	分布占比/%	TGI
1	黔东南	4.31	1 864.61	广州	4.11	199.21
2	贵阳	4.26	739.53	深圳	3.94	213.51
3	重庆	3.02	138.86	上海	2.99	104.78
4	遵义	2.56	506.61	成都	2.85	133.79
5	成都	2.13	112.53	重庆	2.82	132.92
6	深圳	2.05	115.08	北京	2.61	87.35
7	广州	1.91	102	东莞	2.33	181.89
8	黔南	1.90	751.03	佛山	1.89	175.52
9	东莞	1.89	140.77	武汉	1.84	125.24
10	毕节	1.84	475.9	贵阳	1.71	370.17
11	北京	1.54	79.55	南宁	1.63	213.37
12	昆明	1.48	185.44	西安	1.52	105.81
13	西安	1.37	109.11	昆明	1.50	188.69
14	杭州	1.30	94.66	杭州	1.32	108.34
15	上海	1.28	59.51	长沙	1.27	142.74
16	铜仁	1.21	564.87	黔东南	1.20	811.71
17	宁波	1.20	122.42	苏州	1.19	89.56
18	佛山	1.16	111.2	郑州	1.11	92.32
19	温州	1.14	133.02	南京	0.99	93.92
20	金华	1.12	162.25	福州	0.90	129.32
21	长沙	1.08	104.93	惠州	0.88	145.71

附表7-9(续)

序号	抖音指数			头条指数		
	城市	分布占比/%	TGI	城市	分布占比/%	TGI
22	黔西南	1.05	517.6	中山	0.85	172.27
23	苏州	1.05	72.83	天津	0.82	57.55
24	安顺	1.01	644.23	泉州	0.81	126.91
25	六盘水	0.98	479.55	宁波	0.80	91.85
26	武汉	0.95	78.46	合肥	0.75	89.39
27	泉州	0.93	114.79	济南	0.74	72.15
28	南宁	0.84	112.06	厦门	0.74	159.68
29	郑州	0.78	65.7	柳州	0.69	235.88
30	惠州	0.78	123.7	青岛	0.69	65.45

资料来源：抖音指数、头条指数。

附表 7-10   2023 年全国游客西江千户苗寨搜索指数市域排名

序号	抖音指数			头条指数		
	城市	分布占比/%	TGI	城市	分布占比/%	TGI
1	贵阳	4.23	721.5	成都	3.28	151.19
2	重庆	3.86	180.13	广州	3.21	151.37
3	黔东南	3.73	1 692.26	重庆	3.01	140.99
4	成都	3	154.63	上海	2.83	99.85
5	遵义	2.53	510.48	深圳	2.72	129.18
6	深圳	1.93	108.09	贵阳	2.58	556.45
7	广州	1.92	88.75	北京	2.46	83.61
8	黔南	1.70	703.37	武汉	1.86	129.99
9	东莞	1.54	118.71	东莞	1.66	136.94
10	上海	1.47	66.41	佛山	1.57	150.92
11	昆明	1.46	167.69	黔东南	1.57	1111
12	毕节	1.45	391.16	昆明	1.46	184.1
13	北京	1.36	66	南宁	1.45	185.6
14	西安	1.29	98	西安	1.38	97.68

附表7-10(续)

序号	抖音指数			头条指数		
	城市	分布占比/%	TGI	城市	分布占比/%	TGI
15	杭州	1.25	88.99	长沙	1.32	143.83
16	长沙	1.22	108.71	杭州	1.23	55.12
17	佛山	1.09	104.79	苏州	1.16	89.41
18	铜仁	1.06	543.3	郑州	1.01	83.26
19	武汉	1.06	82.79	南京	1	95.72
20	宁波	1.05	112.24	天津	0.99	70.04
21	苏州	1.04	74.29	遵义	0.90	287.38
22	金华	0.99	137.84	宁波	0.83	100.41
23	温州	0.99	119.76	福州	0.82	120.11
24	安顺	0.93	619.16	济南	0.77	79.14
25	南宁	0.88	110.32	惠州	0.77	132.76
26	黔西南	0.87	478.18	青岛	0.74	73.45
27	郑州	0.85	64.17	合肥	0.73	87.87
28	泉州	0.83	101.71	石家庄	0.70	71.21
29	六盘水	0.81	453.59	黔南	0.67	447.26
30	惠州	0.65	105.34	中山	0.66	139.05

资料来源:抖音指数、头条指数。

附表 7-11　2019—2023 年西江千户苗寨游客年龄分布画像

年份	抖音指数			头条指数		
	年龄	分布占比/%	TGI	年龄	分布占比/%	TGI
2019年	18~23 岁	8.10	70.19	18~23 岁	4.19	88.71
	24~30 岁	17.98	107.38	24~30 岁	17.85	139.68
	31~40 岁	39.57	121.47	31~40 岁	32.37	98.68
	41~50 岁	29.35	129.81	41~50 岁	31.82	130.55
	50 岁以上	5.01	30.31	50 岁以上	13.77	54.38

年份	抖音指数			头条指数		
	年龄	分布占比/%	TGI	年龄	分布占比/%	TGI
2020年	18~23岁	12.23	105.98	18~23岁	3.07	65
	24~30岁	16.44	98.18	24~30岁	14.29	111.83
	31~40岁	39.13	120.12	31~40岁	35.54	108.34
	41~50岁	27.42	121.27	41~50岁	31.47	129.12
	50岁以上	4.78	28.92	50岁以上	15.63	61.73
2021年	18~23岁	7.81	73.31	18~23岁	2.60	52.7
	24~30岁	17.11	106.53	24~30岁	10.41	73.51
	31~40岁	33.30	84.32	31~40岁	34.25	95.36
	41~50岁	24.78	138.09	41~50岁	27.44	128.66
	50岁以上	17.01	107.34	50岁以上	25.30	106.93
2022年	18~23岁	7.60	65.67	18~23岁	2.75	60.29
	24~30岁	18.57	106.92	24~30岁	9.64	74.81
	31~40岁	34.15	94.9	31~40岁	35.95	96.96
	41~50岁	23.64	130.4	41~50岁	24.22	112.55
	50岁以上	16.04	94.67	50岁以上	27.45	114.58
2023年	18~23岁	5.77	58.18	18~23岁	1.63	56.26
	24~30岁	15.08	81.94	24~30岁	8.17	71.88
	31~40岁	30.91	114.75	31~40岁	29.30	122.08
	41~50岁	24.27	146.62	41~50岁	25.22	128.82
	50岁以上	23.98	85.07	50岁以上	35.68	84.63

资料来源：抖音指数、头条指数。

附表 7-12　2019—2023 年西江千户苗寨游客性别分布画像

年份	抖音指数			头条指数		
	性别	分布占比/%	TGI	年龄	分布占比/%	TGI
2019 年	男性	59	114.69	男性	80	131.71
	女性	41	84.44	女性	20	50.94
2020 年	男性	64	124.41	男性	78	128.41
	女性	36	74.14	女性	22	56.04
2021 年	男性	60	122.72	男性	79	131.73
	女性	40	78.27	女性	21	52.46
2022 年	男性	60	114.34	男性	79	125.51
	女性	40	84.16	女性	21	56.67
2023 年	男性	58	109.01	男性	77	119.3
	女性	42	89.76	女性	23	64.87

资料来源：抖音指数、头条指数。

附录8 西江千户苗寨网络关注度时空演变的影响因素探测结果

附表8-1 西江千户苗寨网络关注度时空演变的影响因素因子探测结果

指标	2019 年		2021 年		2023 年	
	q	p	q	p	q	p
X_1（地区生产总值）	0.353 8	0.003 3	0.360 1	0.002 9	0.352 8	0.000 8
X_2（第三产业增加值）	0.348 4	0.000 7	0.383 6	0.001 5	0.348 0	0.006 4
X_3（居民人均可支配收入）	0.194 7	0.421 3	0.331 4	0.001 5	0.625 2	0.000 7
X_4（互联网宽带接入用户）	0.386 9	0.000 6	0.333 3	0.009 8	0.386 2	0.002 5
X_5（移动互联网用户）	0.367 1	0.003 1	0.421 6	0.000 7	0.383 9	0.000 9
X_6（接待国内旅游人数）	0.835 1	0.000 0	0.446 5	0.001 0	0.394 6	0.000 7
X_7（国内旅游收入）	0.654 6	0.000 0	0.452 7	0.004 4	0.444 5	0.000 3
X_8（旅客客运量）	0.589 8	0.000 0	0.423 9	0.000 7	0.429 0	0.000 2
X_9（万人拥有公共交通车辆）	0.233 6	0.056 5	0.334 2	0.007 5	0.215 7	0.091 0
X_{10}（私人载客汽车拥有量）	0.293 7	0.015 1	0.336 0	0.002 7	0.317 6	0.001 8
X_{11}（年末人口数）	0.356 4	0.000 1	0.388 9	0.001 8	0.331 8	0.003 6
X_{12}（年末城镇人口比重）	0.315 0	0.026 5	0.232 0	0.089 3	0.343 5	0.019 6
X_{13}（大专及以上人口数）	0.363 2	0.007 1	0.321 9	0.001 6	0.322 2	0.001 1
X_{14}（经济联系强度）	0.934 7	0.000 0	0.853 4	0.000 0	0.884 4	0.000 0
X_{15}（地理距离）	0.753 5	0.000 0	0.744 1	0.000 0	0.694 5	0.000 0

附表 8-2　2019 年西江千户苗寨网络关注度时空演变影响因子交互探测结果

项目	影响因子	影响因子														
		X_1	X_2	X_3	X_4	X_5	X_6	X_7	X_8	X_9	X_{10}	X_{11}	X_{12}	X_{13}	X_{14}	X_{15}
q值	X_1	0.353 8	—	—	—	—	—	—	—	—	—	—	—	—	—	—
	X_2	0.436 2	0.348 4	—	—	—	—	—	—	—	—	—	—	—	—	—
	X_3	0.942 4	0.913 7	0.194 7	—	—	—	—	—	—	—	—	—	—	—	—
	X_4	0.483	0.521 4	0.969 5	0.386 9	—	—	—	—	—	—	—	—	—	—	—
	X_5	0.655 4	0.489 8	0.960 8	0.592 6	0.367 1	—	—	—	—	—	—	—	—	—	—
	X_6	0.943 1	0.933 4	0.867	0.943	0.967 6	0.835 1	—	—	—	—	—	—	—	—	—
	X_7	0.900 4	0.947 5	0.948 1	0.899 8	0.924	0.944 3	0.654 6	—	—	—	—	—	—	—	—
	X_8	0.970 6	0.971 1	0.967 4	0.988 8	0.978 1	0.951	0.968 6	0.589 8	—	—	—	—	—	—	—
	X_9	0.473 1	0.386 8	0.880 3	0.626 3	0.966 1	0.982 6	0.872 3	0.985 5	0.233 6	—	—	—	—	—	—
	X_{10}	0.493 2	0.503 6	0.915 7	0.629 9	0.838 7	0.944 2	0.889 8	0.977 2	0.567 7	0.293 7	—	—	—	—	—
	X_{11}	0.531 1	0.423	0.913 5	0.499 9	0.476 1	0.918 9	0.926 9	0.960 7	0.491 6	0.494 1	0.356 4	—	—	—	—
	X_{12}	0.631 6	0.650 9	0.471 8	0.643 1	0.623 6	0.920 2	0.893 9	0.953 9	0.879 3	0.847 4	0.646 8	0.315 0	—	—	—
	X_{13}	0.840 4	0.891 4	0.491 2	0.854 8	0.814 5	0.918 8	0.872 8	0.969	0.796 7	0.813 9	0.902 4	0.435 5	0.363 2	—	—
	X_{14}	0.983 4	0.984	0.981 8	0.965 3	0.967	0.966 6	0.961	0.980 9	0.964 1	0.961	0.959 6	0.978 9	0.976 8	0.934 7	—
	X_{15}	0.980 3	0.974 4	0.930 6	0.942 4	0.960 2	0.943 1	0.949	0.973 2	0.936 8	0.967 8	0.942 6	0.916 7	0.908 6	0.936 5	0.753 5
交互结果	X_1	▲	—	—	—	—	—	—	—	—	—	—	—	—	—	—
	X_2	▲	▲	—	—	—	—	—	—	—	—	—	—	—	—	—
	X_3	□	□	▲	—	—	—	—	—	—	—	—	—	—	—	—
	X_4	▲	▲	□	▲	—	—	—	—	—	—	—	—	—	—	—
	X_5	▲	▲	□	▲	▲	—	—	—	—	—	—	—	—	—	—
	X_6	▲	▲	▲	▲	▲	▲	—	—	—	—	—	—	—	—	—
	X_7	▲	▲	□	▲	▲	▲	▲	—	—	—	—	—	—	—	—
	X_8	□	□	□	□	▲	▲	▲	▲	—	—	—	—	—	—	—
	X_9	▲	▲	□	□	▲	▲	□	▲	▲	—	—	—	—	—	—
	X_{10}	▲	▲	□	▲	▲	▲	▲	▲	▲	▲	—	—	—	—	—
	X_{11}	▲	▲	□	▲	▲	▲	▲	▲	▲	▲	▲	—	—	—	—
	X_{12}	▲	▲	▲	▲	▲	▲	▲	▲	▲	□	▲	▲	—	—	—
	X_{13}	□	□	▲	□	▲	▲	□	□	□	□	□	▲	▲	—	—
	X_{14}	▲	▲	▲	▲	▲	▲	▲	▲	▲	▲	▲	▲	▲	▲	—
	X_{15}	▲	▲	▲	▲	▲	▲	▲	▲	▲	▲	▲	▲	▲	▲	▲

注："▲"表示双因子增强，"□"表示非线性增强。

附表 8-3　2021 年西江千户苗寨网络关注度时空演变影响因子交互探测结果

项目	影响因子	X_1	X_2	X_3	X_4	X_5	X_6	X_7	X_8	X_9	X_{10}	X_{11}	X_{12}	X_{13}	X_{14}	X_{15}
q值	X_1	0.360 1	—	—	—	—	—	—	—	—	—	—	—	—	—	—
	X_2	0.498	0.383 6	—	—	—	—	—	—	—	—	—	—	—	—	—
	X_3	0.969 8	0.969 9	0.331 4	—	—	—	—	—	—	—	—	—	—	—	—
	X_4	0.487 8	0.472 3	0.973 3	0.333 3	—	—	—	—	—	—	—	—	—	—	—
	X_5	0.655 5	0.966 9	0.975 1	0.505 3	0.421 6	—	—	—	—	—	—	—	—	—	—
	X_6	0.660 9	0.979 3	0.957 6	0.603 3	0.641	0.446 5	—	—	—	—	—	—	—	—	—
	X_7	0.666 3	0.983 4	0.949 2	0.637 1	0.517 2	0.577 2	0.452 7	—	—	—	—	—	—	—	—
	X_8	0.655 2	0.635 4	0.970 3	0.525 5	0.523 4	0.647 6	0.533 3	0.423 9	—	—	—	—	—	—	—
	X_9	0.689 9	0.695 7	0.903	0.979 2	0.645 7	0.938 5	0.574 9	0.651 6	0.334 2	—	—	—	—	—	—
	X_{10}	0.525 5	0.950 9	0.967 6	0.897 7	0.586 5	0.979 2	0.598 9	0.616 5	0.625 4	0.336 0	—	—	—	—	—
	X_{11}	0.971 8	0.631 5	0.973 5	0.472 8	0.609 6	0.965 5	0.930 1	0.618 5	0.964 6	0.565 5	0.388 9	—	—	—	—
	X_{12}	0.696 4	0.690 3	0.394 8	0.981 3	0.973 7	0.954	0.957 3	0.964 6	0.655	0.960 1	0.974 5	0.232 0	—	—	—
	X_{13}	0.459 9	0.667 9	0.952 4	0.671 4	0.937 9	0.957 7	0.955 6	0.967 6	0.681 7	0.500 8	0.937 9	0.672 9	0.321 9	—	—
	X_{14}	0.973 4	0.981 6	0.945 7	0.914 1	0.948 9	0.924 4	0.943 8	0.955 9	0.957 9	0.917 5	0.936 8	0.945 4	0.968 6	0.853 4	—
	X_{15}	0.979 9	0.986 7	0.889 6	0.932 4	0.954 1	0.927 8	0.952 6	0.961	0.878 4	0.952 6	0.944 6	0.896 2	0.967 1	0.872 4	0.744 1
交互结果	X_1	▲	—	—	—	—	—	—	—	—	—	—	—	—	—	—
	X_2	▲	▲	—	—	—	—	—	—	—	—	—	—	—	—	—
	X_3	□	□	▲	—	—	—	—	—	—	—	—	—	—	—	—
	X_4	▲	▲	□	▲	—	—	—	—	—	—	—	—	—	—	—
	X_5	▲	□	□	▲	▲	—	—	—	—	—	—	—	—	—	—
	X_6	▲	□	□	▲	▲	▲	—	—	—	—	—	—	—	—	—
	X_7	▲	□	□	▲	▲	▲	▲	—	—	—	—	—	—	—	—
	X_8	▲	▲	□	▲	▲	▲	▲	▲	—	—	—	—	—	—	—
	X_9	▲	▲	□	□	▲	□	▲	▲	▲	—	—	—	—	—	—
	X_{10}	▲	□	□	▲	▲	▲	▲	▲	▲	▲	—	—	—	—	—
	X_{11}	□	□	▲	□	□	▲	▲	□	▲	□	▲	—	—	—	—
	X_{12}	□	□	▲	□	□	□	□	□	□	□	□	▲	—	—	—
	X_{13}	▲	▲	□	□	□	□	□	▲	▲	□	□	▲	▲	—	—
	X_{14}	▲	▲	▲	▲	▲	▲	▲	▲	▲	▲	▲	▲	▲	▲	—
	X_{15}	▲	▲	▲	▲	▲	▲	▲	▲	▲	▲	▲	▲	▲	▲	▲

注："▲"表示双因子增强，"□"表示非线性增强。

附表 8-4　2023 年西江千户苗寨网络关注度时空演变影响因子交互探测结果

项目	影响因子	影响因子														
		X_1	X_2	X_3	X_4	X_5	X_6	X_7	X_8	X_9	X_{10}	X_{11}	X_{12}	X_{13}	X_{14}	X_{15}
q 值	X_1	0.352 8	—	—	—	—	—	—	—	—	—	—	—	—	—	—
	X_2	0.438 2	0.348 0	—	—	—	—	—	—	—	—	—	—	—	—	—
	X_3	0.826	0.900 4	0.625 2	—	—	—	—	—	—	—	—	—	—	—	—
	X_4	0.828 1	0.895 2	0.929 6	0.386 2	—	—	—	—	—	—	—	—	—	—	—
	X_5	0.551 5	0.497 5	0.968 2	0.583 7	0.383 9	—	—	—	—	—	—	—	—	—	—
	X_6	0.666 2	0.657 4	0.935 7	0.966 4	0.962 8	0.394 6	—	—	—	—	—	—	—	—	—
	X_7	0.705 1	0.757 8	0.937 3	0.932 3	0.974 9	0.742 6	0.444 5	—	—	—	—	—	—	—	—
	X_8	0.714 2	0.859 1	0.949	0.561	0.797 4	0.680 8	0.978 4	0.429 0	—	—	—	—	—	—	—
	X_9	0.672 6	0.966 1	0.840 2	0.956	0.638 1	0.721	0.891 4	0.957 8	0.215 7	—	—	—	—	—	—
	X_{10}	0.485 6	0.922 9	0.795 6	0.501 2	0.588 4	0.932 3	0.926 9	0.633 2	0.569 2	0.317 6	—	—	—	—	—
	X_{11}	0.545 8	0.461 1	0.966 4	0.506	0.513	0.674 2	0.972 5	0.546 6	0.955 5	0.611 8	0.331 8	—	—	—	—
	X_{12}	0.622 2	0.598 1	0.822 3	0.932 3	0.900 2	0.881 5	0.744 2	0.900 1	0.934 6	0.864 8	0.897 7	0.343 5	—	—	—
	X_{13}	0.596 6	0.948 5	0.855 9	0.635 8	0.858 9	0.973 8	0.996	0.621 9	0.875 8	0.429 1	0.614 2	0.526 5	0.322 2	—	—
	X_{14}	0.984 6	0.990 4	0.931 9	0.956 4	0.957 9	0.968 6	0.96	0.973 3	0.952 9	0.938	0.957	0.941 8	0.991	0.884 4	—
	X_{15}	0.968 9	0.990 9	0.904 5	0.958 4	0.957 7	0.839 6	0.953 3	0.979 6	0.933 6	0.929 7	0.957 7	0.896 6	0.986	0.916 1	0.694 5
交互结果	X_1	▲	—	—	—	—	—	—	—	—	—	—	—	—	—	—
	X_2	▲	▲	—	—	—	—	—	—	—	—	—	—	—	—	—
	X_3	▲	▲	▲	—	—	—	—	—	—	—	—	—	—	—	—
	X_4	□	□	▲	▲	—	—	—	—	—	—	—	—	—	—	—
	X_5	▲	▲	▲	▲	▲	—	—	—	—	—	—	—	—	—	—
	X_6	▲	▲	▲	□	□	▲	—	—	—	—	—	—	—	—	—
	X_7	▲	▲	▲	□	□	▲	▲	—	—	—	—	—	—	—	—
	X_8	▲	□	▲	▲	▲	□	▲	▲	—	—	—	—	—	—	—
	X_9	□	▲	▲	□	▲	▲	□	▲	▲	—	—	—	—	—	—
	X_{10}	▲	▲	▲	▲	▲	▲	▲	▲	▲	▲	—	—	—	—	—
	X_{11}	▲	▲	□	▲	▲	▲	□	▲	□	▲	▲	—	—	—	—
	X_{12}	▲	▲	▲	□	▲	▲	□	▲	▲	□	□	▲	—	—	—
	X_{13}	▲	□	▲	▲	□	□	▲	▲	▲	▲	▲	▲	▲	—	—
	X_{14}	▲	▲	▲	▲	▲	▲	▲	▲	▲	▲	▲	▲	▲	▲	—
	X_{15}	▲	▲	▲	▲	▲	▲	▲	▲	□	▲	▲	▲	▲	▲	▲

注："▲"表示双因子增强，"□"表示非线性增强。

后记

网络关注度是乡村旅游发展水平的数字化映射。研究乡村旅游网络关注度的时空特征及影响因素，有利于精准了解乡村旅游市场需求分布及变化趋势，提高供给与需求的匹配效率及准确性，推动乡村旅游高质量发展，推进乡村全面振兴。因此，本书构建了乡村旅游网络关注度评价指标体系，从宏观视域分析我国31个省（自治区、直辖市）对乡村旅游的网络关注，并选取贵州典型民族村寨西江千户苗寨为案例点，探析2019—2023年国内市场对乡村旅游及民族村寨型景区如西江千户苗寨网络关注的时空演化规律及影响因素，并据此分别提出相应的高质量发展建议。

回顾两年的学术创作经历，遇到诸多的困扰和疑惑。在此，要诚挚感谢李军、尚海龙、胡北明、舒小林、刘安乐、李军明、张洪昌等老师和张旭、黄帆同学分别在本书撰写的思路方法指导和数据资料搜集方面提供的帮助。此外，在本书创作过程中，笔者还参考了大量的文献资料并引用了部分学术前辈的科研成果，在此也衷心感谢他们。最后，本书的如期出版，离不开西南财经大学出版社金欣蕾编辑以及校对和印制人员等的辛苦付出，在此一并致以诚挚谢意！

刘洋

2025年2月